TRIBUTAÇÃO DOS GRUPOS DE SOCIEDADES PELO LUCRO CONSOLIDADO EM SEDE DE IRC

GONÇALO NUNO CABRAL DE ALMEIDA AVELÃS NUNES
MESTRE EM DIREITO
PROFESSOR ADJUNTO DO ISCA – UNIVERSIDADE DE AVEIRO
DOCENTE DA FACULDADE DE ECONOMIA DA UNIVERSIDADE DE COIMBRA
ADVOGADO

TRIBUTAÇÃO DOS GRUPOS DE SOCIEDADES PELO LUCRO CONSOLIDADO EM SEDE DE IRC

CONTRIBUTO PARA UM NOVO ENQUADRAMENTO DOGMÁTICO E LEGAL DO SEU REGIME

ALMEDINA

TÍTULO:	TRIBUTAÇÃO DOS GRUPOS DE SOCIEDADES PELO LUCRO CONSOLIDADO EM SEDE DE IRC CONTRIBUTO PARA UM NOVO ENQUADRAMENTO DOGMÁTICO E LEGAL DO SEU REGIME
AUTOR:	GONÇALO NUNO CABRAL DE ALMEIDA AVELÃS NUNES
EDITOR:	LIVRARIA ALMEDINA – COIMBRA www.almedina.net
LIVRARIAS:	LIVRARIA ALMEDINA ARCO DE ALMEDINA, 15 TELEF. 239851900 FAX 239851901 3004-509 COIMBRA – PORTUGAL LIVRARIA ALMEDINA – PORTO R. DE CEUTA, 79 TELEF. 222059773 FAX 222039497 4050-191 PORTO – PORTUGAL EDIÇÕES GLOBO, LDA. R. S. FILIPE NERY, 37-A (AO RATO) TELEF. 213857619 FAX 213844661 1250-225 LISBOA – PORTUGAL LIVRARIA ALMEDINA ATRIUM SALDANHA LOJA 31 PRAÇA DUQUE DE SALDANHA, 1 TELEF. 213712690 atrium@almedina.net LIVRARIA ALMEDINA – BRAGA CAMPOS DE GUALTAR, UNIVERSIDADE DO MINHO, 4700-320 BRAGA TELEF. 253678822 braga@almedina.net
EXECUÇÃO GRÁFICA:	G.C. – GRÁFICA DE COIMBRA, LDA. PALHEIRA – ASSAFARGE 3001-453 COIMBRA E-mail: producao@graficadecoimbra.pt OUTUBRO, 2001
DEPÓSITO LEGAL:	171824/01
	Toda a reprodução desta obra, por fotocópia ou outro qualquer processo, sem prévia autorização escrita do Editor, é ilícita e passível de procedimento judicial contra o infractor.

Para a Rita,
a Maria
e a Catarina

NOTA DE APRESENTAÇÃO

O trabalho que agora se publica corresponde à dissertação apresentada em 30 de Novembro de 2000, no Curso de Mestrado em Ciências Jurídico-Políticas, Faculdade de Direito da Universidade de Coimbra – 1999/2000 e discutida pelo autor em 04 de Maio de 2001, perante um júri constituído pelos Doutores Aníbal Almeida, Saldanha Sanches e Casalta Nabais.

Desde essa data até hoje foram introduzidas alterações no regime jurídico da tributação dos grupos de sociedades em sede de IRC, nomeadamente através da Lei 30-G/2000, de 29 de Dezembro de 2000. Entendemos, no entanto, que o texto devia ser publicado na versão originária. Com efeito, grande parte do texto escrito até não é prejudicado pela aprovação do novo regime.

Cumpro com muito gosto o dever de deixar aqui o meu agradecimento ao Sr. Dr. José Guilherme Xavier de Basto pela amizade, atenção, ajuda e ensinamentos que me tem proporcionado ao longo da nossa colaboração. Agradeço ao Doutor Casalta Nabais a disponibilidade e a atenção prestada como orientador e ao Doutor Coutinho de Abreu pelas indicações preciosas que me forneceu. Aos meus colegas da área de Direito do ISCA, agradeço as facilidades que me concederam para que pudesse realizar esta obra.

Gonçalo Avelãs Nunes
Aveiro, Junho de 2001

Siglas e Abreviaturas Utilizadas

AF: Administração Fiscal.
CEF: Centro de Estudos Fiscais.
CGI: Code Général des Impôts.
CIRC: Código do Imposto sobre o Rendimento das Pessoas Colectivas.
CIRS: Código do Imposto sobre o Rendimento das Pessoas Singulares.
CPPT: Código do Procedimento e do Processo Tributário.
CPT: Código do Processo Tributário
CRP: Constituição da República Portuguesa.
CTF: Ciência e Técnica Fiscal.
DPT: Diritto e Pratica Tributaria.
HPE: Hacienda Pública Española.
IEF: Instituto de Estudios Fiscales.
IRC: Imposto sobre o Rendimento das Pessoas Colectivas.
IRS: Imposto sobre o Rendimento das Pessoas Singulares.
LGT: Lei Geral Tributária.
LIS: Ley del Impuesto sobre Sociedades.
MF: Ministro das Finanças
RCIPT: Regime Complementar do Procedimento de Inspecção Tributária.
RDFSF: Rivista di Diritto Finanziario e Scienza delle Finanze.
RIS: Reglamento del Impuesto sobre Sociedades.
RJIFNA: Regime Jurídico das Infracções Fiscais Não Aduaneiras.
RS: Rivista Delle Società.
RTLC: Regime de Tributação pelo Lucro Consolidado.

1. INTRODUÇÃO

Os grupos de sociedades constituem uma realidade extremamente complexa, multifacetada, mutável, flexível, mas ao mesmo tempo rica e apelativa para o direito.

A sua abordagem pelo direito tem sido um caminho difícil, recheado de altos e baixos e de alguns espinhos.

O nosso objectivo inicial consistia em tentar definir um novo e adequado enquadramento jurídico-fiscal da tributação dos grupos de sociedades pelo lucro consolidado, em sede de imposto sobre o rendimento.

Rapidamente verificámos, porém, que, para alcançar tal objectivo, teríamos de fazer primeiro uma abordagem da questão em termos gerais, ou seja, teríamos de definir o que é um grupo de sociedades e qual a posição que o direito em geral assume ou deve assumir perante essa realidade extremamente importante e vasta.

Compreendemos que só esclarecendo algumas questões a este nível poderíamos posteriormente tomar posição e tentar resolver alguns dos problemas que se colocam em sede fiscal e perspectivar e fundamentar algumas das opções que faremos quanto ao enquadramento dogmático e legal da tributação dos grupos de sociedades pelo lucro consolidado, em sede de imposto sobre o rendimento.

Com este limitado objectivo, deixaremos uma breve síntese do entendimento actual do conceito de grupo de sociedades.

Por outro lado, concluímos que o direito deve buscar uma solução para o problema dos grupos que se concretiza em soluções parciais, ou seja, em leis especiais sectoriais para cada ramo do direito e mesmo dentro de cada ramo específico.

À luz das conclusões assumidas neste primeiro capítulo, o objectivo de todo o resto deste trabalho será, então, a definição, na óptica do direito fiscal, de um enquadramento dogmático e legal do regime de tributação conjunta de certo tipo de grupos de sociedades em sede de imposto sobre o rendimento.

2. OS GRUPOS DE SOCIEDADES E O DIREITO – UMA RELAÇÃO DIFÍCIL

> *Ogni disciplina dei gruppi, qualunque sia la fonte del diritto – legislativa o giurisprudenziale – che la caracterizza, si presenta dunque come una sorta di vendetta dell'impresa verso il dirito delle società di capitali, quasi una furibonda rivalsa della vitalità dell'hommo oeconomicus sulla regola giuridica formalizzata e precisa che tutto vorrebbe ridurre all'ordine statico della persona giuridica* (G. Rossi, 1995:1132).

2.1. O grupo de sociedades como realidade extra-jurídica

O estudo do problema da tributação do grupo de sociedades em sede de impostos sobre o rendimento não dispensa a análise do conceito jurídico-societário de *grupo de sociedades*, conceito que deve ser correcto do ponto de vista jurídico e útil no plano da sua funcionalidade.

O *grupo de sociedades*, como salienta quase toda a doutrina[1], é uma figura pré-jurídica do mundo económico que o direito em geral e o direito das sociedades em particular tem tido alguma dificuldade em apreender e regular de forma correcta e eficiente.

Numa primeira análise extra-jurídica, o grupo mais não é do que um tipo de organização e estruturação das empresas ou sociedades que

---

[1] V. neste sentido, por todos, E. Antunes (1993a:3ss) e *Forum Europeaum* (1999:447ss).

permite a estas desenvolver a sua actividade e alcançar os seus fins de uma forma considerada mais adequada, constituindo assim uma solução que, no respeitante à estrutura a assumir por essa sociedade ou empresa, responde de forma mais eficiente às necessidades sentidas pelas empresas, para prosseguirem os seus fins num mundo cada vez mais complexo e competitivo[2].

Enquanto técnica jurídico-societária, o grupo está relacionado com a superação da primeira fase de desenvolvimento das economias capitalistas,[3] com a exigência de investimentos cada vez mais avultados e de formas de organização mais evoluídas, a justificar o acelerado processo de concentração e de centralização de capitais que entretanto se verificou.

Neste sentido, a estrutura do grupo, que em regra é constituída por várias entidades com personalidade jurídica, faculta a divisão e a limitação do risco dos empreendimentos a levar a cabo e permite que algumas dessas entidades estejam sediadas e localizadas em diferentes países, facilitando a internacionalização da actividade económica e dando lugar às conhecidas "empresas ou grupos multinacionais" (muitas vezes sob a forma de conglomerado).

Enquanto conjunto de sociedades com características especiais, o *grupo de sociedades* constitui uma nova técnica de organização e de evolução da estrutura da própria sociedade ou empresa, adequada ao gigantismo que começava a caracterizar algumas dessas sociedades, se estruturadas, em termos tradicionais, numa só entidade jurídica.

Nestes termos, o grupo é identificado por muitos autores como a *concentração na pluralidade* ou a *concentração secundária,* em superação e oposição à figura da fusão, que se concretiza na *concentração na unidade*, e que foi historicamente a primeira forma jurídica a traduzir e a permitir o crescimento das sociedades comerciais[4].

---

[2] Não ignoramos que essas mesmas necessidades de adaptação às necessidades do mercado determinam, por vezes, precisamente o fenómeno contrário da separação e divisão das empresas com vista à especialização.

[3] V. A. Avelãs Nunes (1975), M. Lutter (1981: 659s), F. Amaral Neto (1987: 590ss), E. Figueira 1990:38ss) e E. Antunes (1993a: 3ss e 19ss).

[4] V. neste sentido, R. Ventura (1981) e E. Antunes (1993a:21).

O grupo é, portanto, uma nova estrutura organizativa da actividade empresarial assente no agrupamento de várias entidades.

Parte da doutrina considera-o um novo tipo de empresa, uma *empresa unitária* ou *policorporativa*[5], sustentando outra corrente doutrinária tratar-se apenas de *um conjunto de empresas encadeadas*[6].

Por outro lado, actualmente é mais evidente do que nunca a relevância que os grupos de sociedades têm na economia nacional e na economia internacional[7].

Esta circunstância só por si determina que o direito não pode ficar alheio a essa realidade, tendo que fazer um sério esforço para a abordar, sistematizar e regular, contribuindo, como é a sua função, para um correcto enquadramento dos vários interesses em conflito.

2.2. Tentativa de definição de grupo de sociedades à luz do direito das sociedades

2.2.1. *Noção*

O consenso existente no que diz respeito à descrição do grupo de sociedades enquanto realidade extra-jurídica e a assunção da sua importância nas economias contemporâneas não se têm reflectido na correcta definição da noção de *grupo de sociedades* em termos jurídico-societários. A verdade é que os grupos de sociedades têm levantado e continuam a levantar as maiores dificuldades à doutrina e ao

---

[5] V. por todos E. Antunes (1993a:13ss).

[6] V. Coutinho de Abreu (1996:262). A discussão desta problemática ultrapassa o âmbito deste trabalho. Sobre ela v. M. Pariente (1993:10ss) e Coutinho de Abreu (1996:256ss.) e autores aí citados. Embora concordemos com as propostas de Coutinho de Abreu, por facilidade de linguagem e tendo em conta a autonomia que a nível terminológico existe em direito fiscal, utilizamos o termo empresa, não em sentido jurídico mas no sentido da entidade que assume a forma grupo de sociedades como estrutura organizativa em sentido operativo, aceite em termos económicos.

[7] Dados estatísticos sobre essa importância podem ver-se por exemplo em E. Antunes (1993a:30sss) e Lidoy (1999:23ss).

legislador, quando se encontram perante a necessidade, dir-se-ia mesmo a obrigatoriedade, de definir e regular esta figura[8].

Reflectindo estas dificuldades e levando-as à suas consequências extremas, parte da doutrina defende mesmo que não é possível ao direito societário, nem sequer ao direito em geral, apresentar uma definição jurídica de grupo de sociedades, por entender que estamos perante uma realidade tão multifacetada e tão díspar que qualquer tentativa de a reduzir a um conceito seria infrutífera, incorrecta, simplista e inútil[9].

Apesar da consciência das dificuldades e limitações que a assunção de uma noção de *grupo de sociedades* necessariamente implica, cremos ser possível, como defende a esmagadora maioria dos autores, apresentar uma noção jurídico-societária de *grupo de sociedades*, que seja correcta e útil[10].

Com Engrácia Antunes poderemos dizer que, em termos jurídico--societários, o grupo de sociedades consiste em "um conjunto mais ou menos vasto de sociedades que, conservando embora as respectivas personalidades jurídicas próprias e distintas, se encontram subordinadas a uma direcção económica unitária e comum"[11]. Esta é a noção em geral aceite pela doutrina, que nela identifica três elementos fundamentais: i) a independência jurídica das várias sociedades agrupadas; ii) a falta de personalidade autónoma do grupo; iii) a articulação do grupo através da direcção unitária[12].

---

[8] O consenso não tem sido alcançado nem sequer no que diz respeito à terminologia a adoptar para a identificação desta figura. V. E. Antunes (1993a:28ss).

[9] Por exemplo B. Jadaud, C. Champaud e A. Sauvain, todos citados por E. Antunes (1993a:24).

[10] V. entre muitos outros, M. Lutter (1974), (1975), (1981), R. Ventura (1981), La Rosa (1984), F. A. Neto (1987), E. Figueira (1990), E. Antunes (1993a), A. Mignoli (1995:1137), J. Massaguer (1997:1174) e *Forum Europeaum* (1999: 469ss).

[11] E. Antunes (1993a:24). Noções muito próximas desta encontram-se também nos art. 18º da AktG, 223º do SAE, art. 3º da proposta Cousté, art. 8º do Projecto de 9ª Directivas. Sobre estes diplomas v. *infra*.

[12] V., entre muitos outros, M. Lutter (1974), E. Antunes (1993a:24ss), J. Massaguer (1997) e *Forum Europeaum* (1999:473). A proposta do *Forum* parte, no entanto, por razões meramente pragmáticas, da noção de presunção de controlo (v. p. 475).

2.2.2. Com a ideia de independência jurídica das várias sociedades agrupadas quer-se significar que, quando se fala de grupo, se está a identificar uma realidade em que existem várias sociedades ou outras entidades (dotadas de personalidade jurídica ou não), mas que têm património, fins e organização próprias, apesar de se subordinarem a uma direcção económica comum e unitária[13].

2.2.3. Precisamente porque o grupo é, a maior parte das vezes, constituído por entidades dotadas elas próprias de personalidade jurídica, a grande maioria da doutrina tem entendido não ser juridicamente adequado nem ser necessário que a ordem jurídica atribua personalidade jurídica autónoma ao grupo[14]. E a verdade é que até hoje nenhuma ordem jurídica o fez, o que provará que tal solução não é necessária para prosseguir qualquer dos interesses relevantes das entidades integradas. Cremos que ela seria mesmo contrária à realidade e aos fins pretendidos com a constituição dos grupo de sociedades[15].

Esta opção de não atribuir personalidade jurídica ao grupo de sociedades como entidade distinta das várias sociedades que o compõem não tem impedido, porém, que, por iniciativa do legislador ou por via jurisprudencial, algumas das soluções encontradas pelo direito se aproximem do reconhecimento da personalidade jurídica autónoma do grupo. Para assegurar uma efectiva tutela dos interesses relevantes nesta sede (nomeadamente dos credores, dos sócios e dos trabalhadores da sociedade-dominante e das sociedades-dominadas e das próprias

---

[13] Esta características permite distinguir os grupos de certas outras figuras do direito comercial, como a fusão, ou a constituição de sucursais. Sobre estas figuras e outras – cisão, *holding*, agrupamentos complementares de empresa, consórcio, acordos de empresa, *joint-venture*, etc. – que são parecidas mas distintas do grupo de sociedades, v. F. K. Comparato (1977), R. Ventura (1981:25ss), (1990), F. P. Coelho (1988), E. Figueira (1990) e E. Antunes (1993a:57ss).

[14] Solução que chegou a ser defendida por alguns dos primeiros estudiosos desta problemática, nomeadamente por R. Isay, A. Berle, e N. Coulombel, autores referidos por E. Antunes (1993a:128).

[15] V. por todos E. Antunes (1993a:128ss) e *Forum Europeaum* (1999:473ss). O mesmo já não se pode afirmar em sede fiscal, onde erradamente certos autores e mesmo alguns diplomas legais defendem essa solução, como se irá ver mais adiante.

18 Gonçalo Nuno Cabral de Almeida Avelãs Nunes

sociedades-dominadas), aceita-se que o grupo, sem adquirir a qualidade de sujeito de direitos, se constitua como "unidade de imputação jurídica do tráfego externo", na feliz expressão de Engrácia Antunes[16].

2.2.4. No que diz respeito à *direcção unitária*[17] (o terceiro elemento identificado da noção de grupo de sociedades acima descrita), ela constitui o elemento crucial de toda o noção de grupo[18] e das características únicas que este fenómeno assume. Talvez por isso à volta dela têm surgido muitos dos novos desafios que a existência dos grupos tem vindo a suscitar ao direito societário e não só[19].

Seguindo a lição de Marcus Lutter, diremos que, para haver direcção unitária, "decisivo è soltanto il fatto che la gestione di due o piú imprese venga condotta, nei suoi aspetti essenziali, com punti di vista e com finalità unitari"[20]. O que significa que, apesar de cada uma das sociedades do grupo manter, formalmente, os seus órgãos próprios como centros de definição e execução de uma vontade social própria, na realidade a gestão dos sectores essenciais da vida de todas as entidades integradas no grupo, nomeadamente os sectores financeiro, fiscal, logístico e produtivo, é levada a cabo pelo órgão de gestão da sociedade que dirige o grupo, que é a "cabeça do grupo".

---

[16] V. E. Antunes (1993a:134). V. *infra,* neste mesmo sentido, a solução propugnada nos EUA (a *inter enterprise attribution of rights and responsabilities teory*) e a proposta do *Forum Europeaum* resultante da adopção da *Doutrina Rosenblum.*

[17] Sobre a noção de direcção unitária v. entre outros M. Lutter (1975:1298), G. Ferri (1982:70ss), R. Ventura (1982:52ss), J. Massaguer (1991:1182ss), E. Antunes (1993a:26ss, 146), G. Rossi (1995:1138ss) e *Forum Europeaum* (1999:469ss).

[18] No entanto nenhuma das legislações ou propostas que trataram especificamente da questão dos grupos se "atreveu" a definir direcção unitária, apesar de todas incluírem esse conceito na noção de grupo. V. nota 10 e R. Ventura (1981:52).

[19] Sobre essas consequências em relação a outros ramos do direito, v. entre outros M. Liguori (1978), A. D. Coimbra (1990), E. Antunes (1993a:152ss), M. Caratozzolo (1994), Coutinho de Abreu (1996), C. Silva (1997), G. Rossi (1997), S. Pais (1998) e F. Silva (1999).

[20] V. M. Lutter (1975:1298).

Neste sentido e como escreve Guido Rossi, "la direzione unitaria, contrariamente al controlo, si presenta come influenza extrassembleare, di coordinamento amministrativo e finanziario, di controlo gestionale interno"[21], que no entanto, não foi acompanhada por uma reestruturação das normas aplicáveis à organização e à gestão do grupo como um todo[22].

Por força das alterações que introduz na distribuição dos poderes de decisão entre as sociedades integrantes do grupo e os seus vários órgãos, a característica da direcção unitária é que permite individualizar o grupo dentro do domínio mais vasto das coligações entre sociedades ou da participação de sociedades em sociedades[23].

O que precisamente distingue uma relação de simples participação de uma sociedade no capital de outra da relação de participação que determina a existência de um grupo (essa nova e mais evoluída forma de associação entre sociedades) é precisamente a direcção unitária, característica que confere um fim determinado e novo a essa participação, e que determina a especificidade desse conjunto de sociedades a que se vai atribuir a designação de *grupo de sociedades juridicamente relevante*.

Nestes termos, compreende-se que, sendo a direcção unitária o elemento que atribui características especiais e únicas aos grupos de sociedades dentro do leque mais vasto dos agrupamentos de sociedades, à sua volta se tenham suscitado novos e complexos desafios ao tradicional direito das sociedades.

Assim, "ao passo que *lato sensu* ela [a noção de grupo de sociedades] visa designar todo um sector da realidade que possui no fenómeno do controlo intersocietário[24] o seu centro de gravidade – escreve E. Antunes[25] –, *stricto sensu* a expressão grupo de sociedades não designa senão o termo perficiente desse mesmo fenómeno, onde o controlo intersocietário é levado até às ultimas consequências, através

---

[21] V. G. Rossi (1995:1138).

[22] Sobre as novas perspectivas abertas sobre este problema em sede de superação das abordagens clássicas do direito dos grupos, v. *infra*, p. 34ss.

[23] V. por exemplo os arts. 481°-487° e 488°-508° do nosso CSC.

[24] V. desenvolvidamente sobre esses instrumentos de controlo E. Antunes (1993b).

[25] V. E. Antunes (1993a:25).

da subordinação das sociedades controladas ou dominadas a uma unidade de estratégia, direcção e interesse definida pela sociedade dominante"[26].

Se tivermos em conta o que foi dito, cremos ser possível afirmar que, em sede de direito societário, é possível assumir uma noção de *grupo de sociedades* válida, útil e funcional.

2.3 Classificações dos *grupos de sociedades*

O *grupo de sociedades* relevante em sede jurídico-societária, nos termos que acabámos de definir, é, por força das suas próprias características e funções, uma realidade multifacetada. Esta característica tem levado alguns autores, com o objectivo de melhor a identificar, estudar e regulamentar, a elaborar um conjunto mais ou menos vasto de classificações dos grupos, com base nos mais variados critérios[27].

Destas classificações destacam-se, pela sua importância prática, aquelas que distinguem:

    i) os grupos de direito dos grupos de facto, problemática que abordaremos mais à frente[28];

    ii) os grupos de subordinação ou verticais[29], dos grupos paritários, horizontais ou de coordenação, sendo os primeiros aqueles em que existe uma relação de domínio ou de subordinação entre a sociedade-dominante e as sociedades-dominadas, e os segundos aqueles que se caracterizam pelo facto de as várias sociedades se sujeitarem a uma direcção comum mas numa base de igualdade, sem um vínculo de subordinação[30];

---

[26] Em concreto, tendo em conta a opção do nosso legislador sobre a diferença entre sociedades coligadas e grupos, v. F. P. Coelho (1988), E. Figueira (1990), E. Antunes (1993a:212ss) e Coutinho de Abreu (1996).

[27] V. por exemplo E. Figueira (1990:42ss) e E. Antunes (1993a:44ss).

[28] V. *infra*.

[29] Exs.: os grupos por domínio total (arts. 488°-491°) e os grupos por contrato de subordinação (arts. 493°-508° C.S.C.).

[30] Ex: art. 492° do C.S.C.

Tributação dos grupos de sociedades pelo lucro consolidado em sede de IRC — 21

iii) os grupos de origem societária dos grupos de base contratual e dos grupos de base pessoal: os primeiros são os que resultam do fenómeno das participações societárias[31]; os segundos, os que origem nos vários contratos de subordinação previstos (de forma taxativa ou não) em algumas ordens jurídicas (que assim legalizam o exercício da direcção unitária, o que acarreta um regime específico)[32]; os últimos caracterizam-se pelo facto de a unidade de direcção do grupo se fundamentar unicamente na identidade dos membros dos órgãos de gestão das várias entidades.

Todas as legislações que optaram por definir um regime jurídico--societário específico para os grupos e mesmo aquelas que se limitam a definir regulamentações parciais ou a aplicar as regras do direito societário comum ao fenómeno dos grupos têm em conta estas classificações e as suas diferentes implicações quando se trata de definir o âmbito de aplicação das diferentes soluções jurídicas encontradas.

2.5. Os grupos de sociedades e o direito societário clássico: uma convivência difícil

O *grupo de sociedades* é, portanto, uma realidade para a qual, tendo em conta as características *supra* identificadas, o direito societário clássico não tem respostas adequadas, centrado que está na figura da sociedade isolada como elemento fundamental a regulamentar.

Esta nova realidade caracteriza-se por ter no seu centro não a sociedade isolada, autónoma e independente, mas sim um conjunto mais ou menos vasto de sociedades em que uma ou mais de entre elas podem, de facto ou de direito, exercer uma direcção unitária, influenciando directa ou indirectamente as principais opções da(s) outra(s) sociedade(s) pertencente(s) a esse grupo[33].

---

[31] Ex.: grupos por domínio total (arts. 488º-491º do C.S.C.).

[32] Ex.: contrato de subordinação (arts. 493º-508º do C.S.C.).

[33] Neste sentido, v. M. Lutter (1974:1ss), (1975:1296ss), (1981:654ss), R. Ventura (1981: 34ss), F. P. Coelho (1988:303ss), E. Antunes (1993a:78ss), M. Pariente (1993:31ss), G. Rossi (1995:1131ss) e *Forum Europeaum* (1999:467).

Em consequência do exercício da direcção unitária, são postos em causa os dogmas essenciais que servem de pressuposto a todo o tradicional direito das sociedades, centrado na regulamentação de uma sociedade comercial entendida como entidade autónoma e fechada, com o seu capital e órgãos próprios, aos quais cabe em exclusivo definir a vontade social no intuito de alcançar e desenvolver o seu fim ou interesse social também próprio[34].

Perante estas características, o regime jurídico-societário tradicional traduzia-se, nas suas linhas essenciais, pela atribuição de personalidade jurídica às sociedades, pelas regras da intangibilidade do capital e da total independência e autonomia dessas mesmas entidades a pressões e influências exteriores e, em alguns casos específicos, pela atribuição a certos tipos de sociedades da vantagem da responsabilidade limitada dos sócios perante terceiros.

2.5. As respostas do direito das sociedades *clássico*

Reconhecendo que o direito societário clássico não continha as respostas adequadas aos conflitos e problemas suscitados pelos grupos de sociedades, a doutrina procedeu, num primeiro momento, à identificação dos principais conflitos e insuficiências resultantes do grupo a que o direito clássico das sociedades não dava resposta e que careciam de regulamentação e solução.

Após essa avaliação e perante a conclusão de que existiam profundas incompatibilidades entre os conflitos de interesses inerentes aos grupos e as regras consagradas no direito societário então em vigor, parte da doutrina chegou a equacionar a hipótese de considerar pura e simplesmente ilegal a figura dos grupos de sociedades[35], considerando

---

[34] V. desenvolvidamente M. Lutter (1974), F. Konder Comparato (1978), R. Ventura (1981:34ss), A. La Rosa (1984:404ss), F. P. Coelho (1988), E. Figueira (1990:38ss) e E. Antunes (1992), (1993a:78ss).

[35] Sobre as objecções que, nos finais do séc. XIX, inícios séc. XX, vários autores partindo do modelo clássico do direito das sociedades, colocavam à simples possibilidade de uma sociedade poder participar no capital social de outra e, por maioria de razão, a uma ideia de grupo de sociedades, v. E. Antunes (1993a:81ss).

Tributação dos grupos de sociedades pelo lucro consolidado em sede de IRC   23

que a solução residia em extrair todas as consequências dessa ilegalidade.

No entanto, a opção praticamente unânime foi a de aceitar o grupo de sociedades como uma realidade incontornável, perfeitamente legítima, encarando-a como uma das formas normais que uma empresa ou entidade pode assumir para desenvolver a sua actividade em condições mais adequadas e produtivas. O direito não deveria, pois, ignorar e muito menos ilegalizar esta realidade, antes deveria reconhecê-la e regulamentá-la[36].

Superada esta primeira fase e admitida a legalidade dessa nova figura do grupo de sociedades, a fase seguinte consistiu na identificação dos interesses fundamentais que eram colocados em risco pelo grupo, para que o direito das sociedades os pudesse regulamentar e acautelar o melhor possível.

Neste sentido, os interesses inicialmente identificados como os mais prejudicados pela criação do grupo de sociedades, e por isso mais carecidos de meios de tutela adequados à sua salvaguarda, foram os interesses patrimoniais dos sócios minoritários, dos credores e da(s) própria(s) sociedade(s) dominada(s)[37], interesses gravemente atingidos por força do poder de direcção unitária atribuído ao órgão de gestão da sociedade-dominante.

Após esta avaliação, as atitudes assumidas pela doutrina e pelo legislador, nos vários países que se confrontaram com os grupos de sociedades, foram de três tipos[38]:

i) definir uma disciplina de carácter geral mas específica, de direito societário, aplicável aos grupos, opção tomada por muito poucos países – Alemanha, Brasil, Portugal, Croácia, Eslovénia e Taiwan[39];

---

[36] V. neste sentido, por todos, E. Antunes (1993a:137ss) e *Forum Europeaum* (1999:455).

[37] Nesta fase foi esta a principal avaliação das consequências da criação dos grupos (v. nota anterior e *infra*, p. 34, p. 2.6, em relação à superação desta perspectiva).

[38] V. G. Rossi (1995:1131ss) e E. Antunes (1993a138ss),

[39] V. *Forum Europeaum* (1999:453).

ii) regulamentar os grupos de sociedades através de leis especiais aplicáveis a certos sectores específicos do direito societário [40];

iii) não legislar[41]e deixar que a jurisprudência[42], recorrendo às normas gerais do direito das sociedades[43], resolvesse os problemas que fossem surgindo por força da existência dos grupos de sociedades.

2.5.1. Esta última opção revelou-se, no entanto, na avaliação feita pela grande maioria da doutrina, que partilhamos profundamente ineficaz e incorrecta.

Os grupos suscitam um conjunto de problemas e de questões que exigem respostas normativas específicas e adequadas, exigência reforçada pela importância que os grupos assumem hoje na realidade económica e empresarial[44].

Um direito dos grupos de sociedades devidamente estruturado nos termos e com o enquadramento que definiremos mais à frente é não só útil como absolutamente necessário. Caso contrário – como bem salienta Engrácia Antunes – a "discrepância entre direito e realidade

---

[40] Exs.: legislação sobre OPAs, direito da bolsa, publicidade obrigatória, etc. (v. neste sentido *Forum Europeaum* (1999:450ss)).

[41] Entre os autores que defenderam esta hipótese destacam-se J. Boucourechliev, F. Galgano, R. Rodière, citados por Coutinho de Abreu (1996:273; nota 716).

[42] É de realçar, porém, que a proposta assumida pelo *Forum Europeaum* (1999:486, 494), em sede de uma solução legal, resultou da construção jurisprudencial elaborada pela *Cour de Cassation* francesa, a *Doutrina Rozenblum*. V. *infra*, p. 28.

[43] Exs.: teoria do abuso de direito, responsabilidade dos gerentes, etc.. Sobre a panóplia de soluções existentes no direito estrangeiro, v., para a França, Y. Chaput (1981) e M. Pariente (1993:41ss); para a Itália, P. Jaeger (1982:87ss), A. La Rosa (1984), M. Spolidoro (1986:1318ss); em geral, K. M. Lutter (1981: 664ss), Hopt (1987:388ss), E. Antunes (1993a 138/139) e *Forum Europeaum* (1999:484). Sobre as soluções no direito americano v. *infra*, p. 38 a p. 2.8..

[44] Certos autores chegam mesmo a falar da substituição do direito das sociedades comerciais pelo direito dos grupos das sociedades comerciais (v. E. Antunes (1993a:15/16)).

Tributação dos grupos de sociedades pelo lucro consolidado em sede de IRC   25

arrisca-se mesmo a criar uma perigosa lacuna jurídica para um sector cada vez mais importante da vida económico-societária hodierna, arrastando consigo perigosas consequências de desregulação para todos os destinatários juridico-societários (sócios, credores sociais, administradores, trabalhadores e estado"[45].

2.5.2. Inseridas no primeiro tipo de opções apresentado temos, por um lado, as soluções legislativas adoptadas pela Alemanha[46], pelo Brasil[47] e por Portugal[48], que estabeleceram um sistema geral mas específico de direito societário dos grupos, *um direito de defesa contra abusos*[49]. São os regimes legislativos ainda em vigor nestes países.

Inseridas ainda neste modelo de regulação dos grupos de sociedades, que se caracteriza pela definição de um regime geral e específico dos aspectos jurídicos dos grupos, podemos referir também as propostas de regulamentação constantes do projecto de Estatutos da Sociedade Anónima Europeia (SAE)[50] e o Projecto de 9ª Directiva Comunitária relativa aos grupos de sociedades (PDC)[51] e a proposta Cousté (P. Cousté)[52], projectos que, apesar de nunca terem chegado a ser aprovados e a entrar em vigor, trazem elementos importantes para a compreensão desta opção.

---

[45] V. E. Antunes (1993a:17). Neste mesmo sentido, por exemplo, M. Lutter (1974: 7ss), (1981: 656ss), P. Jaeger (1982), A. Piras (1984:241ss), A. La Rosa (1984:413ss), J. Massaguer (1991), G. Rossi (1995), A. Mignoli (1995), Coutinho de Abreu (1996:272ss) e *Forum Europeaum* (1999:455ss). Sobre esse novo modelo e o novo enquadramento de limites do direito societário dos grupos v. *infra 2.6.*

[46] Aktiengezets de 06.09.1965 (AktG) arts. 15° a 22° e 291° a 328°.

[47] Lei n° 6004, de 15.12.76 (Lei das Sociedades Anónimas – LSA).

[48] Código das Sociedades Comerciais (1986), arts. 488° a 508°.

[49] V. por ex. M. Lutter (1975:1295ss), E. Antunes (1993a:117 *in fine* e 140ss e 216ss), Coutinho de Abreu (1996.250) e *Forum Europeaum* (1999:491ss).

[50] V. versão original em BO Suple. 4/75.

[51] In Doc. CEE n° 11/328.74 e 11/593.75.

[52] "Proposition de Loi n° 1055 sur les groupes de sociétes et la protection des actionaires, du personel et des tiers". Esta proposta, apresentada à Assembleia Nacional Francesa por um grupo de deputados liderados pelo Sr. Cousté, sucessivamente em 1970, 1973, 1974 e 1978, nunca foi aprovada.

Todas estas propostas e sistemas normativos criaram uma regulamentação jurídico-societária constituída por normas de natureza específica, que definem um regime jurídico-societário de carácter geral aplicável aos grupos: o direito reconhece os grupos desde que verificados certos requisitos e condições, estabelecendo para os mesmos um regime jurídico aplicável.

O objectivo fundamental destas soluções foi instituir um conjunto de mecanismos de tutela dos interesses dos sócios minoritários das sociedades-dominadas, dessas mesmas sociedades e dos seus credores sociais[53], constituindo, nestes termos, um *direito de defesa contra abusos*.

Nessas legislações e projectos estão presentes essencialmente dois modelos de regulação[54]: o modelo contratual do *Konzernrecht* alemão[55] e o modelo orgânico do projecto de SAE e do Projecto da 9ª Directiva Comunitária, embora este último, o modelo orgânico, nunca tenha estado em vigor, já que nenhuma dessas propostas chegou a ser aprovada.

2.5.3. *O* Konzernrecht

O ponto de partida de todas estas soluções normativas, apesar das diferenças a que faremos referência, foi o célebre *Konzernrecht* da *Aktiengesetz* alemão de 1965[56], cuja característica mais marcante é a distinção entre "grupos contratuais" e "grupos de facto"[57].

---

[53] V. neste sentido, entre outros, M. Lutter (1974), (1975), (1981), R. Ventura (1981), A. Piras (1982), A. La Rosa (1984), K. Hopt (1987:378ss), F. P. Coelho (1988), J. Massaguer (1991:1175ss), E. Antunes (1993a:117ss), G. Rossi (1995:1132), H. Hirte (1995:219ss), Coutinho de Abreu (1996:247ss) e *Forum Europeaum* (1999:485, 491ss).

[54] V. neste sentido M. Lutter (1981), R. Ventura (1981:38ss), E. Antunes (1993a:148ss), Coutinho de Abreu (1996:247ss).

[55] Nesta mesma linha inserem-se a legislação portuguesa, a brasileira, a húngara e a denominada proposta Cousté.

[56] Esta legislação alemã, por sua vez, como esclarece M. Lutter (1974:1ss), teve como fonte de inspiração as soluções norte-americanas.

[57] Sobre este sistema alemão e aqueles que lhe estão mais próximos, v. M. Lutter (1974), (1975), (1981), F. K. Comparato (1978), R. Ventura (1981), A. Piras (1982), A. La Rosa (1984), K. Hopt (1987), A. Neto (1987), F. P Coelho (1988), E. Antunes (1993a: 141ss) e H. Hirte (1995).

De acordo com o regime definido na *Aktiengesetz*, são *grupos contratuais* aqueles que resultam da celebração de actos jurídicos de natureza contratual[58], taxativamente previstos na lei, entre a sociedade--dominante e cada uma das sociedades-dominadas que no conjunto constituem o grupo de sociedades de origem contratual. Nesses actos, as sociedades consagram as regras essenciais referentes à constituição, organização e funcionamento do próprio grupo.

Para a lei alemã, só estes se podem verdadeiramente denominar grupos de sociedades e só a eles é aplicável o sistema legislativo vinculativo que constitui o núcleo do direito societário dos grupos de abordagem clássica. O regime adoptado reconhece à sociedade-dominante o poder de dar instruções e ordens que podem mesmo prejudicar os interesses das sociedades-dominadas, desde que sirvam os interesses do grupo[59]. Em contrapartida, estabelece um conjunto de mecanismos de tutela dos interesses da sociedade-dominada,[60] dos seus sócios minoritários[61] e dos seus credores sociais[62].

Os *grupos de facto* [63] – que não constituem verdadeiros grupos – correspondem a todas as relações, à margem das previstas nos actos de natureza contratual acima referidos, em que uma sociedade exerce domínio sobre outra com base em qualquer outro instrumento jurídico ou factual.

A lei alemã, ao não reconhecer a estas coligações de sociedades a qualidade de grupos para efeitos legais, não lhes aplica as regras especiais estabelecidas para os grupos de direito e não reconhece legitimi-

---

[58] Sobre estes contratos v. L. Bianchi (1984). A solução apresentada pelo *Forum Europeaum* (1999:531ss) propõe como forma de superação das ambiguidades ligadas a esses falsos contratos a instituição da figura da *declaração unilateral de grupo*.

[59] V. arts. 291°, 308°, 323° da AktG, arts. 27°-33° da proposta Cousté e arts. 272° e 273° da LSA.

[60] V. arts. 300°, 302°, 324° da AktG, art° 32° da proposta Cousté.

[61] V. arts. 304°-307° da AktG e arts. 13°-23° da proposta Cousté.

[62] V. arts. 303°, 321°, 322° da AktG, 24° da proposta Cousté.

[63] V. arts. 17°, 311°-317° da AktG, 243° da LSA e arts. 34° a 37° da proposta Cousté.

dade à sociedade-dominante para dar instruções prejudiciais aos próprios interesses da sociedade-dominada.

As regras aplicáveis a estas situações baseiam-se no direito clássico das sociedades, que pressupõe a independência patrimonial, de organização e de direcção. Nestes termos, sempre que o domínio exercido pela sociedade-dominante sobre a sociedade-dominada cause danos na esfera desta, a sociedade-dominante é obrigada a compensar as perdas sofridas por aquela[64].

Para o efeito estatuiu-se a obrigatoriedade da elaboração de um relatório anual, a cargo da sociedade-dominante, onde são identificados todos os actos praticados entre ela e as sociedades-dominadas, para que se possa avaliar se os mesmos são ou não susceptíveis de causar danos aos interesses da sociedade-dominada, dos seus sócios ou dos seus credores.

Em resumo, temos portanto um modelo dualista, que distingue os *grupos de sociedades,* taxativamente previstos na lei e para os quais foram instituídos algumas normas específicas de tutela dos interesses dos sócios minoritários e dos credores das próprias sociedades-dominadas, das *situações de mero domínio*, sujeitas em princípio às regras do direito comum das sociedades.

Por outro lado, o *Konzernrecht* é um sistema voluntário, ou seja, a sociedade-dominante só se sujeita ao regime previsto para os grupos se decidir celebrar um dos contratos taxativamente previstos na lei. Se o não fizer, essas regras, como vimos, não lhe são aplicáveis, recorrendo-se antes às regras gerais do direito das sociedades. Como salienta Engrácia Antunes, este é "um modelo de carácter dualista e dispositivo (flexível)"[65].

---

[64] V. arts. 311° da AktG, arts. 246°, 116° e 117° da LSA e art. 34° da proposta Cousté.

[65] V. E. Antunes (1993a:145).

2.5.4. *O Modelo orgânico*

O que distingue o modelo orgânico previsto nas propostas de SAE[66] e de PDC[67] do modelo contratual é a circunstância de a aplicação do seu regime (muito parecido com aquele que está estipulado para os grupos de direito no modelo contratual alemão) estar apenas dependente da verificação de certos factos previstos na lei, factos que funcionam como presunções da existência de um grupo. Uma vez verificados, esses factos tornam imperativa a aplicação do regime previsto para o grupo de sociedades ao grupo constituído pelas sociedades envolvidas, independentemente da vontade da sociedade-dominante.

Uma vez verificados os factos previstos na lei, as normas pensadas para os grupos de sociedades (com soluções equivalentes às definidas para os grupo de direito no modelo contratual alemão) seriam imperativamente aplicadas, independentemente da celebração de qualquer contrato entre a sociedade-dominante e as demais sociedades, cuja vontade é absolutamente irrelevante.

Se tivesse sido convertido em lei, este seria um modelo unitário e imperativo, rígido, de aplicação obrigatória e inflexível[68].

2.5.5. *Os meios de tutela comuns aos dois modelos de regulação dos grupos de sociedades que constituem o clássico direito societário dos grupos*

Estes modelos – o *Konzernrecht* e o *modelo orgânico* – pretendiam essencialmente, como dissemos, instituir um regime específico, mas geral, de enquadramento dos grupos, que tutelasse os interesses dos sócios minoritários ou sócios livres das sociedades-dominadas, em

---

[66] A última versão da SAE publicada no LO n[os] c263 e c176, de 16.10.89 e de 8.07.91, já não continha nenhum capítulo referente aos grupos.

[67] Propostas que nunca chegaram a ser aprovadas e estão hoje abandonadas.

[68] V. em termos mais desenvolvidos um estudo comparativo destas propostas em M. Lutter (1974:17ss), (1981:662ss), R. Ventura (1981), F. P. Coelho (1988) e E. Antunes (1993a:148ss).

alguns casos os interesses das próprias sociedades-dominadas e, por último, os interesses dos credores dessas mesmas sociedades. É este regime que Engrácia Antunes identifica como um *direito de defesa contra abusos*[69].

Dentro dessa lógica, ambos os sistemas instituíram meios de tutela para salvaguarda dos interesses dos denominados *sócios livres*, meios que consistem na consagração de dois direitos potestativos a exercer em alternativa contra a sociedade-dominante, à escolha dos interessados, que os podem exercer, em último termo, por via judicial.

Em síntese, são estes os dois direitos consagrados[70]:

1. O *direito à garantia do lucro* desde o momento em que se dá a integração no grupo[71], direito que permite aos sócios da sociedade--dominada exigir da sociedade-dominante que esta lhes garanta, independentemente dos resultados reais da sociedade-dominada a que pertencem, o direito a um dividendo equivalente a pelo menos o valor que essa sociedade-dominada atribuía antes da integração no grupo;

2. Em alternativa, o *direito à alienação das suas quotas ou acções*[72], nos termos do qual os sócios livres da sociedade-dominada podem exigir que a sociedade-dominante adquira, por um preço justo – que em último recurso é fixado judicialmente –, as suas participações minoritárias no capital da sociedade-dominada, aquando da sua integração no grupo.

Ainda dentro dos regimes aqui referenciados e para tutela dos credores da sociedade-dominada, foi instituído um regime especial de responsabilidade civil extra-contratual, ilimitada e acessória da socie-dade-dominante pelas dívidas das sociedades-dominadas pertencentes

---

[69] V. E. Antunes (1993a:208).

[70] Além destes existem ainda outros de carácter instrumental. Sobre estes últimos, v. E. Antunes (1993a:629ss).

[71] V. art. 494°, n° 1 b) do C.S.C., art. 304° da AktG, art. 14°, n° 1 b) da PDC e art. 13° da P. Cousté.

[72] V. art. 494°, n° 1 a) do C.S.C., art. 305° da AktG, art. 14°, n° 1 a) da PDC e art. 13° da P. Cousté.

Tribuação dos grupos de sociedades pelo lucro consolidado em sede de IRC   31

ao grupo[73], regime nos termos do qual, preenchidos que sejam certos requisitos, a sociedade-dominante do grupo pode ser accionada e obrigada a responder, perante terceiros credores de uma das sociedades--dominadas, pelas dívidas por estas contraídas.

Por último e em relação aos instrumentos de salvaguarda dos interesses da própria sociedade-dominada, esses regimes instituíram um direito à compensação pelas perdas anuais por ela suportadas durante o período em que estiver integrada no grupo, direito que pode ser exercido perante a sociedade-dominante, pelos órgãos sociais das sociedades-dominadas ou mesmo pelos sócios destas [74].

Resumidamente[75], são estes os meios de tutela consagrados, a favor dos sócios minoritários, dos credores e das próprias sociedades--dominadas, nas várias soluções normativas existentes ou pensadas no âmbito da opção por um direito societário dos grupos.

2.5.6. *Balanço do* direito de defesa contra abusos

Estas soluções legais – e nomeadamente as que ainda hoje vigoram nos poucos países que optaram por instituir este modelo de direito societário dos grupos – revelaram-se, no entanto, pouco claras, ineficientes e incompletas quando se tratou da sua aplicação às situações suscitadas pela realidade dos grupos[76].

---

[73] V. art. 501° do C.S.C, art. 322° da AktG, art. 87° da PDC e art. 24° da P. Cousté e art. 239° da SAE.

[74] V. art. 502° do C.S.C, art. 302° da AktG, art. 30° da PDC e art. 47° da P. Cousté.

[75] V. desenvolvidamente sobre estes meios de tutela M. Lutter (1974), (1975), (1981), W. Bayer (1981:141), P. Jaeger (1981:86ss), R. Ventura (1981), A. La Rosa (1984:1195ss). M. Spolidoro (1986), K. Hopt (1987), F. P. Coelho (1988), J. Massaguer (1991:117), E. Antunes (1993a:127ss) (1993b), H. Hirte (1995:219ss) e G. Rossi (1995:1131ss. Em relação às normas portuguesas, v. arts. 481°-508° do CSC, que consagram um modelo deste tipo (cfr. em especial E. Antunes (1993a:209ss e 481ss).

[76] Sobre as críticas que são feitas a estes regimes, muito mais vastas e complexas do que o exposto, mas em relação às quais não faz sentido fazer aqui o seu estudo pormenorizado, v. M. Lutter (1974), (1975), (1981), W. Bayer (1981:141), P. Jaeger (1981:86ss), R. Ventura (1981) e A. La Rosa (1984:1195ss). M. Spolidoro

Revelaram-se incompletas, porque, regra geral, excluem do âmbito de aplicação os grupos que não sejam constituídos exclusivamente por sociedades comerciais (mesmo dentro destas só admitem certos tipos de sociedades comerciais). Fora do seu âmbito de aplicação ficam quaisquer outras formas de desenvolvimento de uma actividade produtiva[77], como por exemplo as cooperativas, as pessoas singulares, as sociedades de pessoas e as sociedades estrangeiras [78].

Revelaram-se pouco efectivas devido às insuficiências e ineficiências inerentes aos meios de tutela criados, que em alguns casos são de complexa aplicação.

Paralelamente, os danos, elemento essencial de todo um sistema baseado na lógica de indemnização e compensação, revelaram-se de difícil ou mesmo de impossível quantificação.

No que diz respeito ao regime aplicável aos grupos de facto, tornaram-se mais do que evidentes, aquando da sua aplicação, as insuficiências ligadas ao regime desses grupos, nomeadamente a incipiente e ineficaz tutela dos interesses dos sócios minoritários e dos credores, em virtude da dificuldade da prova do prejuízo causado pelas decisões da sociedade-dominante, circunstância que impossibilita a reparação dos danos, já de si de quase impossível quantificação[79].

Por nós, acompanhamos os autores que sustentam a falência do modelo alemão e dos que nele se inspiraram, por entenderem que esta abordagem do direito societário dos grupos é claramente insatisfatória

---

(1986), F. P. Coelho (1987), K. Hopt (1987), J. Massaguer (1991:1177), E. Antunes (1993a:127ss) (1993b), H. Hirte (1995:219ss), G. Rossi (1995:1131ss) e *Forum Europeaum* (1999:448s).

[77] Sobre a problemática de saber se ao estado são aplicáveis as normas dos grupos v. W. Zolner (1978:29ss); em relação às empresas publicas em Portugal v. Coutinho de Abreu (1996:251ss).

[78] Sem ignorar que se cuidava aí apenas de regulamentar os aspectos jurídico--societários dos grupos e não o direito geral e específico e abrangente sobre os mesmos, salientamos que o *Forum Europeaum* (1999:468) limita o âmbito das suas propostas unicamente às sociedades, reconhecendo, por outro lado, que o faz apenas por razões pragmáticas e de segurança inerentes à sua ideia de harmonização mínima necessária.

[79] V. *supra*, nota 75.

e insuficiente[80]. Como defende José Massaguer [81]" questo trattamento normativo del gruppo di società è, tuttavia, insoddisfacente e non sufficiente. Il diritto societario ha disciplinato, con maggiore o minore estensione e sucesso, la situazione di dipendenza societaria, dimenticando peró l´impresa sottostante, l´impresa policorporativa che rappresenta la caractteristica del gruppo di società. La formazione e realizzazione del gruppo pregiudica l´individualità patrimoniale e organizzativa della società contrololata e, con ció, questa, i suoi soci e i suoi creditori. D´altro canto, però, dà origine anche ad una nuova impresa che spezza l´iguaglianza tra unità giuridica e unità economica e che, in mancanza di uno specifico regime normativo, reclama un´organizzazione giuridica propria".

Por outro lado, e como assinala o mesmo José Massaguer, a direcção unitária como elemento essencial da noção de grupo implica que, materialmente, "la gestione dell´impresa policorporativa è governata dalla direzione unitaria del gruppo che la società contrololante assume e realizza. Ebbene, la riorganizzazione di fatto dell´impresa non va accompagnata da uma parallela riorganizzazione normativa della struttura interna delle società che fanno parte del gruppo. Nella prassi, la frammentazione e la riorganizzazione dell´impresa sociale sono state compensate dal legame della sua sorte con i disegni della direzione unitaria. Sul piano del diritto, tuttavia, non viene modificato lo schema di base della 'società isola', come forma di organizzazione dell´impresa unitaria. Di qui la consequenza che la creazione di un grupo di siocietà produce un evidente squilibrio 'constituzionale' nella società controlante.... e la dissoluzione delle funzione e delle competenze dell´assemblea generale e il loro abbandono nele mani dell´organo di amministrazione"[82].

---

[80] V. J. Massaguer (1991), G. Rossi (1995:1132), e *Forum Europeaum* (1999:451).

[81] V. J. Massaguer (1991:1177-1178).

[82] V. J. Massaguer (1991:1183) e neste mesmo sentido e desenvolvidamente E. Antunes (1993a:93ss).

2.6. Um novo direito societário dos grupos – *uma disciplina da organização e funcionamento dos grupos societários*[83]

O novo modelo de direito societário dos grupos de sociedades desenvolvido pela doutrina, em superação da abordagem clássica do direito dos grupos, concretiza-se na afirmação da necessidade de institucionalização de um regime jurídico-societário dos grupos que aborde a problemática da estrutura e organização interna do grupo – *disciplina da organização e funcionamento dos grupos societários*[84], desenvolvendo um *Facilating Group Management* ou um *Konzern Binnenordnung*[85]. Trata-se, ao fim e ao cabo, de estabelecer um conjunto de regras que definam um novo e necessário equilíbrio entre os poderes e competências dos vários órgãos das sociedades do grupo, profundamente alterados (em confronto com a abordagem da perspectiva clássica), por força da sua integração no grupo e da direcção unitária a ele inerente.

Esta nova concepção do direito societário dos grupos como *disciplina da organização e funcionamento dos grupos societários* traduz-se em um sistema normativo que revê, adapta e reformula os poderes e competências dos vários órgãos das sociedades do grupo. Pretende-se assim evitar que toda a capacidade de decisão e todos os poderes a ela inerentes fiquem concentrados nos órgãos de gestão da sociedade-dominante, fugindo não só ao controlo da assembleia e dos sócios da sociedade-dominada, mas também (e esta é uma nova vertente decor-

---

[83] V. E. Antunes (1993a:132).

[84] No plano interno, mas também no plano externo, em termos da sua representação perante terceiros. O grupo, "como uma verdadeira unidade de imputação jurídica no tráfico externo" (E. Antunes (1993a134)), é uma perspectiva que não esquece, porém, que o grupo não tem personalidade jurídica e que as responsabilidades são assumidas pelas sociedades, nomeadamente a sociedade-dominante, ou pelos membros dos seus órgãos de gestão, e não pelo grupo.

[85] Grande parte das propostas do *Forum Europeaum* (1999:455ss) assentam precisamente nesta visão das coisas.

Tributação dos grupos de sociedades pelo lucro consolidado em sede de IRC   35

rente da análise feita pela doutrina mais recente), ao controlo da assembleia e dos sócios da própria sociedade-dominante.[86]

Trata-se de um direito societário que se pretende capaz de pôr de pé mecanismos de organização e de tomada de decisões que permitam o mais elevado grau de participação possível dentro do grupo, um direito capaz de organizar de forma estruturada e ponderada a nova realidade orgânica que é *o grupo de sociedades,* construindo equilíbrios que permitam o seu funcionamento mas que não resultem no total e inaceitável menosprezo dos direitos e interesses de alguns dos intervenientes em favor de outros. Um direito, em suma, que há-de visar a definição de adequados e eficientes mecanismos de tutela, designadamente responsabilizando a sociedade-dominante ou os gerentes da sociedade-dominante, nos casos de abuso e de incumprimento das regras estabelecidas.

2.7. A necessidade da harmonização europeia em relação *ao núcleo essencial de um direito societário dos grupos*[87]

Perante o fracasso, desadequação e abandono das propostas de 9º Directiva e da SAE, a doutrina mais moderna[88] tem vindo também a defender que um novo regime jurídico-societário dos grupos, com este conteúdo e este enquadramento e devidamente limitado no seu âmbito de aplicação, só faz sentido e só poderá produzir os efeitos pretendidos

---

[86] V. neste mesmo sentido a proposta do *Forum Europeaum* (1999:469ss e resumidamente 566-575), que, nas suas várias vertentes, define um nível mínimo de harmonização do que deveria ser um direito societário dos grupos, numa perspectiva que merece o noso aplauso. V. ainda M. Lutter (1981), autor que, pela primeira vez, levantou estas questões, criando aquilo a que alguns chamam a "escola de Lutter". V. também A. La Rosa (1984:411ss), K. Hopt (1987:382ss), J. Massaguer (1991:1182ss), E. Antunes (1993a:26ss e 130ss) e (1994), G. Rossi (1995:1138ss) e Coutinho de Abreu (1996: 250).

[87] In *Forum Europeaum* (1999:455).

[88] Além dos muitos e ilustres autores que fazem parte do *Forum Europeaum* (1999:455s), v. ainda G. Rossi (1995:1131), P. Blumberg (citado por Rossi) e Coutinho de Abreu (1996:278/279).

se se integrar num novo processo de harmonização europeia ao nível das matérias consideradas como o *núcleo essencial*[89] de um direito societário europeu dos grupos[90], considerado como ponto de partida indispensável para as outras regulamentações complementares europeias ou nacionais.

Esta harmonização do núcleo essencial tem como objectivo a criação de um *equal legal playing field*[91]e é absolutamente necessária para uma Europa que não pode esquecer as necessidades do mercado comum, da união económica e monetária, da livre circulação de capitais, da crescente internacionalização das empresas e, portanto, a obrigatoriedade de estabelecer uma regulamentação mínima de certos aspectos essenciais ao normal funcionamento desses instrumentos importantes de desenvolvimento, integração e aproximação europeias.

Nestes termos e em consonância com a perspectiva adoptada pelo *Forum Europeaum,* parece-nos absolutamente imperioso que se avance rapidamente para a definição de um direito societário europeu dos grupos, que, no respeito pelo princípio da subsidiariedade – aplicável neste domínio, de acordo com os Tratados [92] –, definisse um regime jurídico comum aplicável às matérias consideradas nucleares constitutivas de um *standard mínimo* de harmonização europeia em matéria de direito societário dos grupos.

É que sem esta "armonización del nucleo essencial que respete la competencia de los Estados miembros respecto del lugar, en tanto que concurran mediante la formulación o no del Derecho de grupos... En tanto que se intervenga en el plano Europeo, no se trata de alcanzar una armonización minima ni máxima, sino, meramente, la correcta... Por el contrario, el legislador nacional, sin standardización previa no podrá conseguir una regulación unitária en garantia del inversor, a nível del mercado europeu de capitales, del concedente de crédito y del cocontratante ante los tipicos riesgos del grupo"[93].

---

[89] In *Forum Europeaum* (1999:455).

[90] Perspectiva que vai também, como se verá mais à frente, condicionar as opções assumidas em sede fiscal.

[91] V. *Forum Europeaum* (1999:459,461).

[92] V. art. 5º do Tratado da União Europeia (TUE).

[93] In *Forum Europeaum* (1999:463 e 467).

Tributação dos grupos de sociedades pelo lucro consolidado em sede de IRC   37

Neste sentido, vale a pena tentar identificar as matérias que deveriam ser abrangidas por esse mínimo indispensável de harmonização, matérias que constituiriam o núcleo essencial do novo direito societário dos grupos. Fá-lo-emos acompanhando as conclusões do *Forum Europeaum*[94]:

1) Definição de um conceito específico de grupo para efeitos jurídico-societários, assente (por razões de segurança jurídica a que uma proposta de harmonização mínima deve ser sensível) exclusivamente no critério de participação societária elevada (à roda dos 90%) e abrangendo exclusivamente sociedades[95].

2) Estabelecimento de regras mínimas de publicidade referentes à existência e à composição do grupo e ao direito de todos os interessados a uma informação correcta sobre a situação interna do grupo.

3) Definição de uma correcta noção de direcção do grupo e do conceito de controlo especial a ela inerente, adoptando a *Doutrina Rozenblum* da *Cour de Cassation* francesa como solução legal para o necessário equilíbrio entre os interesses próprios de cada uma das sociedades do grupo e a prevalência dos interesses do grupo perante aqueles.

Resumidamente, poderemos dizer que, no seguimento da *Doutrina Rozenblum,* as conclusões do *Forum* estabelecem como requisitos para a admissibilidade do reconhecimento legal do grupo: i) a existência de uma sólida estrutura de grupo; ii) a comprovação de uma política coerente desse mesmo grupo; iii) a existência de um equilíbrio entre as vantagens e as desvantagens, ao nível interno, na prossecução dos interesses do grupo perante os interesses de cada uma das sociedades que o integram.

4) Instituição de um regime legal de ofertas obrigatórias de aquisição, por parte da sociedade-dominante, das participações dos sócios minoritários em sociedades a integrar no grupo.

---

[94] V. *Forum Europeaum* (1999:569a 575).

[95] Em termos aproximados aos adoptados pelo art. 1º, nº 2 e art. 2º da 7ª Directiva.

5) Consagração de um direito à separação do grupo por parte das sociedades-dominadas e de um dever de aquisição da posição minoritária por parte da sociedade-dominante.

6) Adopção de um regime de declaração unilateral por parte da sociedade-dominante, como instrumento que, em alternativa aos falsos contratos de grupo do direito alemão, institua o grupo como realidade juridicamente relevante [96].

7) Instituição de um regime de responsabilidade civil dos membros dos órgãos de gestão nas denominadas situações de crise ou de *wrongful trading*.

Resulta assim evidente, a nosso ver, a necessidade e a urgência deste caminho da harmonização, como instrumento essencial para assegurar que a União Económica e Monetária e, nomeadamente, a criação de um mercado de capitais integrado, obedeça a uma regulamentação mínima dos aspectos cruciais do grupos de sociedades, factor importante para o bom funcionamento do mercado único[97].

2.8. Breve referência à situação do direito societário dos grupos de sociedades nos EUA

Para que este breve resumo sobre a situação actual da relação entre os grupos de sociedades e o direito não fique incompleto, deixa-

---

[96] Falsos no sentido em que a vontade das sociedades-dominadas não era livre e autodeterminada, não existindo, por isso, verdadeiramente, duas declarações de vontade.

[97] Como se sabe, muitos são aqueles que se opõem a esta perspectiva, por não considerarem útil e necessária a harmonização, ou por entenderem que ela deve fazer--se de acordo com a lógica do próprio mercado – *harmonização de facto* –, por autoregulação dos próprios interessados. V. Coutinho de Abreu (1996: 279 nota 727). Sobre estes mesmos problemas em sede fiscal v. *infra* cap. 5°.

remos uma sucinta referência ao direito norte-americano e às soluções nele consagradas a este respeito[98].

Em termos genéricos, podemos afirmar que não existe nos EUA um direito dos grupos, no sentido de que não existem normas legais de carácter jurídico-societário especificamente aplicáveis a essa realidade[99].

No entanto, tem vindo a afirmar-se um conjunto de posições doutrinais e jurisprudenciais que constituem aquilo que poderemos considerar um embrião desse direito.

No essencial, a posição da jurisprudência americana caracteriza-se pela aceitação e aplicação cada vez mais frequente da teoria da *enterprise law*, nos termos da qual, verificados certos pressupostos, a *parent society* e a(s) *subsidiary(ies) society(ies)* vão ser consideradas uma só sociedade no que diz respeito à assunção da responsabilidade contratual ou extra-contratual perante terceiros.

Esta nova posição jurisprudencial tem vindo a ser assumida em detrimento da *entity law*, segundo a qual cada sociedade assumia as suas responsabilidades isoladamente, sem ter em conta os vínculos existentes entre ela e outra ou outras sociedades.

Este posicionamento da jurisprudência americana tem dado lugar a uma nova e mais vasta aplicação da doutrina do *piercing the corporate veil,* agora aplicada não só em relação a uma *entity* isolada mas também em relação a um grupo no seu todo, identificado como uma *polycorporate enterprise* que engloba as várias *entities*.

---

[98] V. sobre esta matéria E. Mazzoni (1982), E. Antunes (1994) e A. Daccó (1997). Não podemos deixar de fazer aqui uma referência à obra fundamental de P. Blumberg, *The Law of corporate groups* (que não consultámos, porque não a encontrámos disponível e porque o seu estudo e compreensão extravasavam o âmbito desta pequena introdução). Os seus vários volumes constituem um elemento de trabalho essencial para quem queira fazer um estudo aprofundado do direito societário dos grupos.

[99] Por exemplo no campo do direito fiscal essa legislação já existe e, para efeitos fiscais, a legislação americana já reconhece a existência dos grupos, nomeadamente por força da *functionally integrated enterprise,* expediente que veio legitimar um estado a tributar os lucros de todo um grupo, quer as várias empresas estejam situadas no seu território quer elas se repartam por outros estados dentro dos EUA.

A aplicação da doutrina do *piercing the corporate veil* às *polycorporate enterprises* tem lugar através da verificação prévia da presença de *standards* ou presunções previamente estabelecidos – *the economic integration* ou *the unitary business enterprise* –, que constituem indicadores ou presunções da existência de uma integração económica forte, em que todas essas *entities* estão sob o mesmo controlo, circunstância que permite que o conjunto dessas *entities* forme um grupo (a referida *polycorporate enterprise*).

A doutrina da *enterprise law* tem sido aplicada em vários ramos do direito além do direito societário, nomeadamente no direito do trabalho, do ambiente, da responsabilidade do produtor, etc..

No que se refere ao direito societário, a doutrina da *enterprise law* tem levado a que os tribunais americanos, no sentido de tutelarem os interesses dos sócios minoritários, dos credores e dos sócios da sociedade-dominante (numa perspectiva que abrange os danos eventualmente sofridos mas também a protecção dos direitos de participação na vida da sociedade que lhes são reconhecidos[100]), construam soluções em que a *parent society* se responsabiliza pelas dívidas da(s) *subsidiary(ies) society(ies)*, e a(s) *subsidiary(ies) society(ies)* se responsabilizam pelas dívidas da *parent society* ou mesmo de outra(s) *subsidiary(ies) society(ies)* do mesmo grupo.

No entanto, apesar destes avanços e desta nova percepção do direito dos grupos, o direito dos EUA também não reconhece personalidade jurídica própria aos grupos[101], apesar da doutrina da *polycorporate enterprise*. Mas, à semelhança da mais moderna doutrina europeia, aceita-se que, para certos efeitos, o grupo constitua um novo centro de imputação de direitos e deveres através da assunção de uma *intra-enterprise attribution of rights and responsabilities,* que, enquadrada pela doutrina da *enterprise law,* pode levar a que todas as entidades do grupo sejam responsabilizadas pelos danos causados a terceiros por qualquer uma das entidades que o integram.

---

[100] Numa perspectiva, como se pode ver, muito próxima daquela que perpassa na mais moderna doutrina europeia.

[101] V. *supra* p. 8ss.

Tributação dos grupos de sociedades pelo lucro consolidado em sede de IRC   41

Como pode ver-se, apesar da diferença dos sistemas jurídicos e do recurso a meios estruturalmente distintos, o direito americano[102] tem chegado, no que diz respeito às soluções materiais, a resultados que se aproximam muito daqueles que caracterizam a mais moderna doutrina europeia sobre este assunto, circunstância a que não será estranho o facto de se deparar com o mesmo problema e de ter partido de pressupostos muito idênticos.

2.9. A abordagem actual dos grupos de sociedades pelo direito em geral.

Paralelamente a este movimento de redefinição da função e do conteúdo do direito societário dos grupos, tendo em conta as insuficiências das abordagens jurídico-societárias clássicas e assumindo as limitações inerentes ao novo modelo proposto de direito societário dos grupos, a maioria da doutrina, dada a importância cada vez maior que o grupo vem assumindo como forma de organização das empresas, tem vindo a concluir que a abordagem dos grupos de sociedades pelo direito só é possível se for assumida de uma forma multi-disciplinar, através de diferentes regimes normativos especiais, complementares da regulamentação jurídico-societária.

Assim, a perspectiva que se concretizava num modelo de regulação dos grupos, baseado num sistema jurídico societário de carácter geral mas específico, tem que dar lugar – e esta é também uma vertente inovadora da nova abordagem deste problema – a um conjunto de regimes normativos, complementares das normas de natureza jurídico--societária, que no seu todo constituam o regime jurídico dos grupos de sociedades nos seus vários aspectos[103].

Em certos domínios estes regimes normativos já existem e estão plenamente em vigor, como é o caso das normas de consolidação contabilística, de consolidação fiscal, de direito do trabalho, de direito

---

[102] O direito norte-americano foi, aliás, precursor em alguns destes aspectos (neste sentido v. J. Massaguer (1991:1179)), como já tinha sido em relação às soluções clássicas da AktG (v. nota 55).

[103] V. *Forum Europeaum* (1999:467).

da concorrência e de direito bolsista[104]. Mas continuam a não existir regimes normativos que regulem devidamente certos vectores da actividade e da relevância jurídica dos grupos, como é o caso da responsabilidade ambiental, da responsabilidade penal e contraordenacional dos grupos.

Só através da conjugação desses vários regimes normativos se conseguirá que os grupos, enquanto tais, passem a ser satisfatoriamente enquadrados e regulados pelo direito. Não restam hoje grandes dúvidas de que este é mesmo o único caminho possível para se conseguir uma regulamentação correcta do fenómeno dos grupos, já que estes reflectem uma realidade multi-disciplinar, mutante e flexível, que não poderá ser cabalmente apreendida por uma suposta legislação jurídico-societária de carácter geral, específica e fechada, do tipo das soluções normativas clássicas.

Mais do que definir um conjunto de regras gerais, específicas e fechadas de natureza jurídico-societária sobre grupos, o direito deve assumir que os grupos suscitam vários problemas, que provocam a colisão de interesses diferenciados e muitas vezes contraditórios. A resposta do direito tem de se adaptar a esses condicionalismos e deve traduzir-se num conjunto de sistemas normativos especializados aplicáveis aos vários aspectos juridicamente relevantes da vida dos grupos[105].

Nas palavras dos ilustres membros do *Forum Europeaum*[106], pode mesmo afirmar-se que "desde hace bastante tiempo, todos los conocedores del derecho empresarial saben que el grupo constituye un problema en casi todos los sectores jurídicos; por doquier se refiere el ordenamento juridico (inicialmente) al singular sujeto de Derecho aislado, para constatar, demasiado tarde y en la mayoría de los casos, que se contrapone, realmente, una asociación policorporativa. De este modo, han surgido

---

[104] V. *Forum Europeaum* (1999:466).

[105] É este o sentido da proposta feita pelo *Forum Europeaum* (1999:466ss). À mesma conclusão chegam E. Antunes (1993a:216), M. Pariente (1993:42ss), A. Mignoli (1995:1128ss) e G. Rossi (1995:1147ss).

[106] De entre os quais se destacam, M. Lutter, Peter Hommelhoff, Klaus Hopt, Peter Doralt, Yves Guyon, Pier Giusto Jaeger, Embid Irujo, D. D. Prentice, entre muitos outros.

diferentes ramas: Derecho privado general del grupo, Derecho del trabajo del grupo, Derecho de la cogestión del grupo, Derecho concursual del grupo, Derecho tributário del grupo, Derecho de la responsabilidad medioambiental del grupo, sin que sea el último el Derecho de la rendición de cuentas del grupo". E mais à frente acrescenta o texto em referência que "las propuestas del Forum Europeaum se limitan a los aspectos juridico-societários, com el fin de alcanzar un estandar mínimo para la dirección de los grupos y la protección de los inversores, socios minoritários y acreedores de las sociedades dominadas"[107].

Tratar-se-á de diferentes sistemas normativos (societário, fiscal, contabilístico, bolsista, laboral, etc.) que, não se ignorando uns aos outros, devem no entanto preservar alguma autonomia para que possam prosseguir os seus interesses específicos e assim alcançar em conjunto um correcto enquadramento normativo do fenómeno dos grupos e das várias e multifacetadas consequências da *direcção unitária*.

Neste sentido, é perfeitamente legítimo e compreensível que conceitos como *sociedade-dominante* e *sociedade-dominada*, instrumentos de domínio, percentagens de controlo a partir das quais se presume o domínio ou mesmo o próprio conceito de grupo juridicamente relevante, possam assumir características, formas ou mesmo conceitos específicos e diferenciados conforme o ramo do direito em que são aplicados.

As especificidades assumidas por esses conceitos devem ser aceites pelo próprio legislador e são muitas vezes essenciais para que as normas aplicáveis alcancem uma tutela mais adequada dos interesses em causa em cada um dos diferentes ramos do direito, interesses que a maior parte das vezes são diferentes daqueles que foram considerados aquando da aprovação das normas jurídico-societárias.

Este é, a nosso ver, o caminho a seguir pelo direito fiscal, caso pretenda fazer uma correcta abordagem dos grupos na sua sede própria.

2.10. Conclusões

Concluímos com as palavras de Guido Rossi quando afirma que "dopo aver concluso positivamente sul riconoscimento e sulla legitti-

---

[107] V. *Forum Europeaum* (1999:466/467).

mazione dei gruppi da parte degli ordinamenti, la seconda conclusione che si può trarre è che piú discipline speciale e settoriale sono necessarie per regolare i riflessi che la direzione unitaria impone nei vari campi de diritto... Si abbandonino quindi le velleitarie tendenze a legiferare sul gruppo, ma si dia via libera all´applicazione del diritto comune negli ambiti di sua competenza, come è quello dei fatti illeciti, e alle leggi speciali nei settori del diritto antitrust, del lavoro, delle procedure concursuali, del diritto tributario e così via. E sará compito di queste leggi speciale, come del resto giá avviene, di valutare l´intensità delle manifestazioni tipiche della direzione unitaria e fornire di conseguenza una disciplina diversificata per le varie fattispecie "[108].

Em jeito de resumo deste capítulo, deixamos três conclusões essenciais para a abordagem que se segue no âmbito do direito fiscal[109]:

i) Em primeiro lugar, uma correcta noção e conhecimento da estrutura interna e dos interesses em conflito em sede jurídico-societária, a par de um adequado enquadramento jurídico dos grupos;

ii) em segundo lugar, a consciência e a perspectiva de que o fenómeno dos grupos só pode ser apreendido pelo direito recorrendo a vários sistemas normativos especiais que captem as diferentes vertentes e efeitos do mesmo;

iii) por último, a percepção de que qualquer abordagem feita pelo direito fiscal a essa figura, em sede de tributação dos grupos para efeitos de imposto directo sobre o rendimento, não ignorando as soluções existentes nos outros ramos do direito, nomeadamente no direito societário, pode ter que obedecer a regras próprias, independentes das seguidas nos outros ramos do direito, para poder proteger e prosseguir, da melhor forma possível, os interesses específicos relevantes em matéria fiscal.

---

[108] V. G. Rossi (1995:1149).

[109] A conclusões idênticas chegou Lidoy (1999:42), apesar de, mais tarde, vir propor soluções algo diferentes das aqui apresentadas.

3. FUNDAMENTOS FISCAIS E EXTRA-FISCAIS DA TRIBUTAÇÃO CONJUNTA DO *GRUPO DE SOCIEDADES* EM SEDE DE IMPOSTO SOBRE O RENDIMENTO

3.1. Introdução

O sistema hoje vigente de tributação do rendimento das pessoas colectivas está pensado, estruturado e centrado nas sociedades isoladamente consideradas ou pelo menos em entidades perfeitamente individualizadas em termos jurídicos[110].

Quando se pretende instituir um regime de tributação conjunta do grupo, tem-se em mente um regime específico de tributação que, nos seus traços gerais, abstraindo e superando a individualidade jurídica de cada uma dessas entidades, tribute em conjunto os grupos de sociedades para efeitos de imposto sobre o rendimento.

É um sistema que parte de pressupostos muito diferentes do regime geral, sendo por isso absolutamente necessário que se procure justificar, fundamentar e legitimar, em termos coerentes e válidos, tal opção, que pressupõe a inversão de algumas regras do sistema geral de tributação das sociedades.

---

[110] Pressupõe-se, portanto, a opção pela tributação autónoma do rendimento das sociedades, opção hoje corrente em quase todos os países. Assim, não abordaremos aqui a problemática da necessidade ou da correcção da existência de um imposto sobre o rendimento das sociedades e portanto da capacidade tributária autónoma das mesmas. Sobre esta problemática, que ultrapassa o âmbito deste trabalho, v. Alberto Xavier (1974:369ss), *Carter Report* (1975: Vol III, 5ss), Xavier de Basto (1980), *Meade Report* (1980:362), Kay & King (1990:152ss) e Nobes & Jones (1992:212ss) e Tomás Tavares (1999:37ss).

A identificação desses fundamentos[111] tem que decorrer de uma correcta e adequada ponderação dos princípios fundamentais que, dentro e fora do sistema fiscal, podem justificar e aconselhar que o *grupo de sociedades* no seu todo[112] deva ser tributado como uma só entidade, manifestando uma capacidade tributária única.

Em primeiro lugar e assumindo o papel principal no que diz respeito à justificação e legitimação da instituição de um regime específico de tributação dos grupos de sociedades em sede de imposto sobre o rendimento, temos os princípios ou fundamentos de natureza essencialmente fiscal, resultantes da aplicação dos princípios estruturantes dos sistemas fiscais.

Em segundo lugar e assumindo também algum relevo, podem identificar-se para justificar tal opção vários fundamentos de natureza extra-fiscal, relacionados com os fins não fiscais que hoje são assumidos por qualquer imposto ou sistema fiscal[113].

No seu todo e em conjunto são estes fundamentos que, de acordo com a perspectiva adoptada pela maioria da doutrina, justificam e fundamentam a opção pela instituição de um regime de tributação conjunta dos grupos de sociedades em sede de imposto sobre o rendimento[114].

3.2. Fundamentos

3.2.1. O principal fundamento que justifica e recomenda a opção pela tributação conjunta do *grupo de sociedades* em sede de imposto

---

[111] Sobre estes vários fundamentos v. Alberto Xavier (1974:376ss), Giménez (1991:18ss), Barthelemy (1991:351ss e 381ss), Serlooten (1997:521ss), Lidoy (1999:63ss) e Morgenstein (2000:14ss).

[112] Sobre o conceito de grupo relevante para este efeito v. *infra,* cap. 4º.

[113] Sobre os fins extra-fiscais dos impostos v. Casado Ollero (1991), C. Nabais (1994:149ss), (1998:226ss) e (2000:48ss).

[114] Certos autores defendem, no entanto, que não é necessária a tributação conjunta do grupo. V. por exemplo Valcarel (1977: 533ss).

Tributação dos grupos de sociedades pelo lucro consolidado em sede de IRC   47

sobre o rendimento resulta do *princípio da neutralidade* na tributação dos rendimentos da actividade empresarial[115].

Como se sabe, este princípio, em sede de imposto sobre o rendimento das sociedades, significa que o sistema fiscal deve tributar o rendimento da mesma forma, independentemente da estrutura organizativa e da forma escolhida pelo seu titular para estruturar a sua empresa e exercer determinada actividade[116].

Na perspectiva do legislador fiscal, este princípio visa evitar que as soluções consagradas em sede fiscal possam determinar a forma jurídica adoptada pelas empresas, procurando conseguir que a estrutura jurídica escolhida concretize a melhor solução para optimizar os lucros e as vantagens do investimento efectuado sem desvirtuamentos introduzidos por razões de natureza fiscal.

O *grupo de sociedades* – já o dissemos – resulta de uma evolução natural e necessária das empresas com vista a melhor exercerem a sua actividade em condições de mercado cada vez mais complexas e competitivas. Em certas circunstâncias, justifica-se que uma determinada sociedade, para melhor desenvolver a sua actividade, opte por criar ou adquirir outra ou outras sociedades em vez de optar pelo sistema clássico e normal de crescimento, que seria a criação de departamentos ou sucursais.

Neste contexto, o que se deve questionar em sede fiscal é se há alguma razão de natureza fiscal que justifique que o rendimento dessa nova entidade, o *grupo de sociedades*, considerado como a forma economicamente mais adequada para desenvolver uma determinada actividade empresarial, deva ser tributado de forma diferenciada em sede de imposto sobre o rendimento, só porque toda a estrutura clássica dos impostos sobre o rendimento estava centrada na figura da socie-

---

[115] Sobre o princípio da neutralidade nos sistemas fiscais v. Allan (1972:80ss), Kay & King (1990:19ss,162), Xavier de Basto (1991:98ss), Nobes & James (1992:16ss) e Bakija & Slemrod (1996:112ss).

[116] Neste mesmo sentido, afirmando a importância deste princípio como fundamento da tributação conjunta do grupo, v. Jadaud (1972:395ss), La Rosa (1982: 204), Bermudez (1983:1002ss), M. P. Lousa (1988:200ss), Giménez (1991:22), Villegier (1992:20), M. Pariente (1993:160ss), Seerloten (1997: 522), Lidoy (1999:127), Cozian, *in* Morgenstein (2000:11) e Morgenstein (2000:14).

dade isoladamente considerada. Ou se, pelo contrário, se deve definir um regime específico que, na prática, adapte ao *grupo de sociedades* o sistema em vigor, cujo ponto de referência é a sociedade autonomamente considerada.

Este regime específico deve respeitar os interesses dos particulares e da AF e deve impor uma carga tributária sobre o rendimento do grupo que se aproxime o mais possível daquela que incidiria sobre esse rendimento se ele fosse gerado por uma sociedade isoladamente considerada, no quadro dos sistemas fiscais vigentes.

Aceitando esta última perspectiva, é perfeitamente defensável e razoável que o legislador fiscal, perante esta nova realidade que é o *grupo de sociedades*, não previsto pelos sistemas fiscais clássicos em sede de imposto sobre o rendimento das sociedades, opte por instituir um regime em que a capacidade contributiva do grupo vá ser quantificada em conjunto e vá ser objecto de uma tributação única em sede de imposto sobre o rendimento, desde que esse grupo assuma certas características e particularidades que o próprio legislador fiscal defina.

Trata-se, afinal, de, em sede de imposto sobre o rendimento, abstrair da individualidade jurídica de cada uma das entidades que constituem o grupo, optando por tributá-las como uma unidade, permitindo assim que o grupo se possa apresentar enquanto grupo (como unidade) para efeito de quantificação da matéria tributável. E isto significa evitar que, em sede fiscal, independentemente da forma assumida pela entidade a tributar, o que interessa é identificar e tributar o rendimento real enquanto unidade para efeitos de tributação, não discriminando as empresas que tenham optado por se constituir em *grupo de sociedades* como forma jurídica de enquadramento da sua actividade.

Assim como, dentro de uma mesma sociedade, se somam os resultados positivos de um certo sector de actividade com os resultados negativos de outro sector, considerando apenas o saldo final como fiscalmente relevante – ao mesmo tempo que se consideram irrelevantes em sede fiscal as operações realizadas entre os vários sectores de uma mesma sociedade –, este mesmo tratamento deve aplicar-se ao grupo de sociedades, desde que se preencham certos requisitos[117].

Justifica-se, com efeito, a nosso ver, a instituição de um regime que, ao nível do grupo, possibilite esse mesmo tratamento em matéria fiscal, desconsiderando as operações internas realizadas entre as várias sociedades do grupo e permitindo a compensação de resultados negativos apurados pelas sociedades integradas. Pelo menos em certos casos, o respeito do *princípio da neutralidade do imposto* só se consegue através de um regime de consolidação dos resultados, que derroga o *princípio da personalidade do imposto*[118] e assim elimina as desvantagens da não neutralidade da tributação separada das sociedades pertencentes ao grupo.

Por outro lado, nem sequer se pode afirmar que preocupações com o princípio da neutralidade fiscal na tributação das sociedades são estranhas aos sistemas fiscais clássicos. São razões que se prendem com a neutralidade fiscal que justificam certas soluções perfeitamente aceites e consagradas nos sistemas fiscais vigentes, nomeadamente o regime específico aplicável a um conjunto de operações de transformação das sociedades tais como as fusões, cisões, entradas de activos, permuta de acções e liquidações de sociedades (arts. 62ºss do CIRC)[119]. E o mesmo se pode afirmar em relação ao regime da transparência fiscal,[120] da associação em participação[121] e dos ACEs [122].

Se bem vemos, nenhuma razão impede a consagração e o desenvolvimento de um regime específico de tributação de certo tipo de grupos de sociedades em sede de imposto sobre o rendimento, solução

---

[117] Sobre estes requisitos, nomeadamente a percentagem de capital que é exigida em sede fiscal para se poder falar de tributação do grupo, diremos algo mais à frente.

[118] V. Patrick Seerloten (1997:522).

[119] Sobres estes mecanismos v. M. Faria (1987) e F. Pereira (1992), (1994a), (1997).

[120] Sobre esta questão v. Sars (1983), Bermudez (1983), Abelló (1983), Falcon y Tella (1984), DGCI – Parecer 18/89, S. Sanches (1990), Queralt e outros (1998:653ss), S. Sanches (1998: 213ss) e Nabais (2000:361).

[121] V. L. M. Leitão (1993).

[122] Sobre os ACE v. Guimarães (1985) e Morgado (1997).

que, sem pôr em causa princípios essenciais da tributação, é a que melhor respeita as exigências do princípio da neutralidade fiscal.

3.2.2. Outro fundamento apresentado pela doutrina para justificar a opção pelo regime da tributação do lucro consolidado é o *princípio da capacidade contributiva* como concretização do *princípio da igualdade*.

Aceitando-se que as pessoas colectivas têm, pelo menos funcionalmente, capacidade contributiva autónoma[123], o regime de tributação conjunta do *grupo de sociedades* em sede de imposto sobre o rendimento é aquele que, tendo em conta a realidade do grupo, melhor se coaduna com as exigências do princípio da capacidade contributiva enquanto concretização do princípio da igualdade[124], princípio este que, como se sabe, tem consagração constitucional implícita por referência ao art. 13º da CRP, e tem hoje consagração legal no art. 5º, nº 2 da LGT.

Este princípio não tem, em nossa opinião, a importância que lhe é atribuída por parte da doutrina, nomeadamente espanhola[125], no que diz respeito à justificação do regime de tributação dos grupos de sociedades. Na verdade, tal como é defendido pela mais moderna doutrina portuguesa e estrangeira[126], a relevância deste princípio faz-se sentir essencialmente ao nível do imposto sobre o rendimento das pessoas singulares, como elemento de coesão e de estruturação do sistema fiscal no seu todo e não ao nível de cada um dos impostos. De todo o modo, entendemos que ele tem uma função de limite último.

Nestes termos, o princípio da capacidade contributiva é entendido como o limite último para certas opções do legislador em sede de impostos sobre as sociedades. E esse limite vai ter implicações na estruturação do regime jurídico-fiscal aplicável aos *grupo de socie-*

---

[123] V. nota 110.

[124] Sobre o princípio da igualdade fiscal v., entre muitos outros, Allan (1972:131ss), Delgado (1979), Tipke (1984), Nobes & James (1992:67ss), F. Mosheti (1994), Valcarel (1994), Bakija & Slemrod (1996:47ss), S. Sanches (1998:141ss), Queralt e outros (1998:151ss), J. Rocha (1998) e Nabais (1998:435ss), (2000:154s).

[125] V. por todos Gimenez (1991:19ss).

[126] V. por todos C. Nabais (1998:462ss) e Tomás Tavares (1999:15ss).

dades, no que diz respeito, por exemplo, à assunção da titularidade dos vários deveres decorrentes da relação jurídica fiscal, na definição de quem é o devedor e de quem são os responsáveis ou substitutos fiscais no seio do grupo[127].

Não ignoramos, é claro, que, verdadeiramente, o próprio princípio da neutralidade fiscal, tal como o definimos, é ele mesmo um reflexo ou emanação do princípio da igualdade e da capacidade contributiva em sede da tributação das pessoas colectivas. E, nesse sentido, podemos aceitar, em parte, o ponto de vista da doutrina espanhola a este respeito, imputando ao princípio da igualdade e da capacidade contributiva o fundamento último do regime de tributação conjunta dos grupos de sociedades em sede de imposto sobre o rendimento.

3.2.3. Ainda dentro dos argumentos de natureza fiscal que podem ser aduzidos para justificar a opção pela tributação conjunta do grupo, grande parte dos autores[128] invoca também a preocupação hoje existente em qualquer moderno sistema tributário de evitar ou eliminar a chamada dupla tributação económica dos dividendos,[129] nomeadamente no que se refere às sociedades ou às entidades tributáveis em sede de imposto sobre o rendimento das pessoas colectivas.

A distribuição dos dividendos entre as várias sociedades está sujeita à tributação em cascata. Em geral, todos os sistemas fiscais procuram eliminar este efeito, recorrendo, fundamentalmente, aos mecanismos da isenção, da imputação,[130] ou ao regime da transparência fiscal[131]. No entanto, e para certos casos, estes mecanismos não são

---

[127] V *infra*, cap. 6°.

[128] Neste mesmo sentido v. La Rosa (1982), Bermudez (1983:1002ss), Giménez (1991:26ss), Villegier (1992:20), Seerloten (1997: 522) e M. Cozian, *in* Morgenstein (2000:11).

[129] Sobre a dupla tributação económica v. A. Xavier (1974:369ss), Frommel (1975: 24ss), La Rosa (1982:207ss), Di Stefano (1985:3961ss), Guimarães (1989), Santos (1990), Nobes & James (1992:212ss), A. Xavier (1993:35ss), Bakija & Slemrod (1996.235ss) e G. Teixeira (2000). Numa perspectiva crítica da necessidade de atenuação da dupla tributação dos lucros distribuídos v. R. F. Ferreira (1989:97ss).

[130] Sobre estas técnicas em geral v. autores citados na nota anterior.

[131] Sobre a transparência fiscal v. *supra*, nota 120.

suficientes nem sequer os mais adequados. A consciência disto mesmo abriu caminho à hipótese da tributação em conjunto dos rendimentos do grupo[132]. Esta solução permite eliminar totalmente a dupla tributação económica, já que, como veremos, só vai haver lugar ao apuramento de um único resultado de conjunto e a uma única liquidação. Mas ela permite igualmente a compensação de perdas entre as sociedades integradas no grupo, efeito que, em último termo, evita também a dupla tributação.

Um regime que estabeleça uma tributação conjunta dos grupos de sociedades em sede de imposto sobre o rendimento constitui, pois, uma solução que, em certos casos, além de facultar outras vantagens, permite eliminar totalmente a dupla tributação económica dos rendimentos[133].

3.2.4. Aos fundamentos de natureza fiscal já aqui aduzidos para justificar a adopção de um regime de tributação conjunta dos grupos de sociedades pode-se ainda acrescentar mais um: a introdução de um regime desse tipo constitui um elemento importante no sentido de desincentivar o recurso aos meios fraudulentos de evasão fiscal por parte das sociedades integradas[134].

Na verdade, o regime que defendemos é um regime de tributação conjunta que, pensada, intencional e conscientemente, faculte às sociedades integradas a compensação dos resultados e a desconsideração fiscal das operações realizadas entre essas mesmas sociedades. Um tal regime, ao permitir uma adequada gestão fiscal, efectuada com um

---

[132] Tal aconteceu nos inícios deste século, havendo divergências sobre se a novidade surgiu primeiro na Alemanha ou nos EUA (v. A. Frias (1997:254)).

[133] A referência à dupla tributação económica, excluindo a dupla tributação jurídica, é intencional, já que, no modelo de tributação conjunta defendido, apenas se admite a inclusão de sociedades com sede em território português. Esta, é, aliás, a solução mais corrente, salvo algumas excepções. Sobre esta matéria diremos nos caps. 5° e 7°.

[134] V. neste mesmo sentido M. P. Lousa (1988:202 e 247ss), Giménez (1991:28ss), Uckmar (1996:6), Lidoy (1999:118ss), Morgenstein (2000:18ss). Giménez relativiza a importância deste fundamento invocando razões com as quais concordamos parcialmente, mas que não eliminam as considerações aqui feitas.

grau razoável de segurança e previsibilidade, constitui em si mesmo uma importante vantagem para essas sociedades integradas em grupos, circunstância que, só por si, poderá desincentivar o recurso, por parte delas, a técnicas de evasão ou elisão fiscal[135].

Um regime com estas características neutraliza, por exemplo, as eventuais vantagens decorrentes do recurso a técnicas como os preços de transferência[136] ou a sub-capitalização,[137] que visam contornar as regras fiscais vigentes com mira na optimização de resultados ou na fuga aos impostos[138]. Com efeito, um regime que permite integrar os resultados das várias sociedades e desconsiderar, para efeitos de imposto sobre o rendimento, as operações dentro do grupo, elimina parcialmente as vantagens decorrentes do recurso a mecanismos fraudulentos, pelo menos nos casos em que essas operações se efectuam entre empresas integradas, efeito que, em si mesmo, constitui uma vantagem para a própria administração fiscal.

Por outro lado, uma correcta e adequada definição do regime de tributação conjunta – com os deveres de colaboração que lhe estão associados e com as exigências de organização que impõe às sociedades do grupo e nomeadamente à sociedade-dominante – pode ser um importante factor de desenvolvimento de um legítimo, adequado e desejado planeamento fiscal, a levar a cabo pelas sociedades do grupo. E este é um elemento absolutamente essencial para que, nos dias de hoje, se faça uma correcta aplicação das potencialidades que os siste-

---

[135] Sobre estes dois conceitos e vários instrumentos existentes para o seu combate v. G. Avelãs Nunes (2000) e bibliografia aí citada, S. Sanches (2000) e N. Sá Gomes (2000).

[136] Sobre esta problemática v. La Rosa (1982:229), Jans (1976), *OCDE Report* (1979), *OCDE Report* (1995) e M. Abreu (1990:109ss), J. Figueiredo (1991), M. Faria (1993), (1996), Pozzo (1997) e Petrella (1998).

[137] V. sobre este assunto Jans (1976), La Rosa (1982:229), R. Lousa (1993) e (1996), (2000) e António Xavier (2000).

[138] Esta análise não prejudica o entendimento defendido mais à frente, segundo o qual se, apesar disso, os grupos cometerem actos que caibam dentro do âmbito de aplicação da norma geral anti-abuso do art. 38º, nº 2 da LGT, esta lhe deve ser aplicável.

mas fiscais facultam aos contribuintes, diminuindo assim o recurso aos meios ilegais e fraudulentos de evasão fiscal.

Nestes termos, a adopção de um regime de tributação conjunta pode ser útil como instrumento indirecto de combate à fraude fiscal.

3.2.5. Por último, e ainda dentro dos argumentos de natureza fiscal que podem ser invocados para justificar a opção por um sistema de tributação conjunta dos grupos em sede de imposto sobre o rendimento, pode-se afirmar que um regime desse tipo constitui um instrumento que, pela sua neutralidade, potencia a actividade económica das empresas de um determinado país, sem que se ponham em causa os princípios e regras hoje em vigor em matéria de combate à *concorrência fiscal prejudicial*[139].

Ao contrário das formas de incentivo às empresas por vezes levadas a cabo pelos estados, a tributação conjunta não é um incentivo nem um beneficio fiscal. É um regime cujas potencialidades resultam da eliminação das desvantagens decorrentes da não neutralidade do regime comum de tributação separada dos grupos, o que faz dele um regime eficaz, fiscalmente correcto e que não colide com os princípios e regras de combate à *concorrência fiscal prejudicial* que têm vindo a ser definidos em várias instâncias internacionais, como o Relatório da OCDE, *Harmful Tax Competition – an Emerging Global Issue* e o *Código de Conduta da UE*[140].

A tributação conjunta dos grupos assegura assim um elevado grau de eficácia na prossecução de objectivos extra-fiscais, respeitando os limites impostos no sentido de evitar a *concorrência fiscal prejudicial*. E não vemos que da sua aplicação resulte qualquer efeito perverso.

---

[139] Sobre esta problemática v. OCDE Report (1998), *Harmful Tax Competition-an Emerging Global Issue*; U.E. Vienna Conference Proceedings (1998) – *Tax Competition and Co-ordination of Tax Policy in the UE*. V. também Wrede (1997), C. Palma (1999), Santos & Palma (1999).

[140] Publicado in CTF, n° 393 (1999:176ss). Sobre o Código de Conduta v. F. Pereira (1998:210ss).

3.2.6. Referiremos a seguir alguns dos fundamentos extra-fiscais que justificam a adopção de um regime de tributação conjunta dos grupos de sociedades em sede de imposto sobre o rendimento. Na verdade, os sistemas fiscais prosseguem hoje, e cada vez mais, outros fins que não os estritamente fiscais, nomeadamente objectivos de incentivo à actividade económica em geral e à actividade empresarial em particular.

É hoje mais evidente do que nunca a necessidade que os estados têm, isoladamente ou integrados em espaços de integração económica como aquele em que Portugal está inserido, de desenvolver soluções fiscais que, determinadas por princípios fiscais essenciais e no respeito desses princípios, prossigam fins não fiscais, como o apoio à reestruturação e desenvolvimento das suas unidades produtivas, com vista a permitir-lhes sobreviver e ter êxito num mercado cada vez mais concorrencial e global[141].

É neste quadro que deve entender-se a consagração, em vários países, de regimes de integração fiscal para os *grupo de sociedades* e de outro tipo de medidas, como por exemplo as normas fiscais hoje aplicáveis às operações de fusão, cisão e alterações das sociedades comerciais (arts. 60°ss do CIRC).

Tendo em conta os argumentos aduzidos no número anterior, não restam dúvidas de que também neste âmbito a introdução de um regime de tributação conjunta dos grupos de sociedades em sede de imposto sobre o rendimento é uma opção válida e cada vez mais comum, como medida que se concretiza na eliminação das desvantagens decorrentes da não neutralidade do regime comum de tributação separada dos grupos.

3.2.7. Um aspecto pouco referido mas que tem importância nesta sede, no sentido de ajudar à fundamentação da opção pela definição de um regime de tributação conjunta dos grupos de sociedades em sede de imposto sobre o rendimento, é a relevância, neste âmbito, do princípio

---

[141] Esta é uma das justificações apresentadas por quase todo os autores e pelos legisladores nos preâmbulos dos vários diplomas. V. Morgenstein (2000:14ss).

da liberdade de empresa (art. 80° c) da CRP), nomeadamente na vertente da liberdade de organização empresarial.

A CRP consagra hoje expressamente este princípio, o qual, no sentido positivo, impõe ao legislador a adopção de medidas de promoção do livre exercício da liberdade de empresa, e, num sentido negativo, determina que o legislador não deve impor restrições desproporcionadas ou injustificadas ao seu exercício[142].

Assim entendido, o princípio da liberdade de empresa constitui um ponto de referência para o próprio legislador, no sentido de não introduzir obstáculos ou restrições injustificadas, ou desnecessárias, nomeadamente de natureza fiscal, ao direito de livre organização empresarial, no qual se inclui obviamente o direito de organizar a actividade empresarial através de um *grupo de sociedades*.

Nestes termos, entendemos que o princípio constitucional da liberdade de empresa constitui também um fundamento de natureza extra-fiscal válido, que ajuda a justificar a opção por parte do legislador fiscal no sentido da definição de um regime de tributação conjunta dos grupos de sociedades em sede de imposto directo sobre o rendimento.

3.2.8. Por outro lado, as conclusões a que chegámos no capítulo segundo, no que se refere *à revolução constitucional* ao nível dos poderes e competências das várias sociedades e dos próprios órgãos das sociedades integradas no grupo, não podem deixar de ter reflexos na definição do correcto e adequado regime jurídico-fiscal para esses mesmos grupos de sociedades.

Sempre que não exista *grupo de sociedades* os poderes de decisão cabem, dentro de cada uma das sociedades, aos respectivos sócios, que os exercem através dos órgãos de gestão eleitos ou em assembleia geral. A existência de um grupo de sociedades implica a concentração desses poderes no órgão de gestão da sociedade-dominante. Esta concentração de poderes não pode deixar de ser levada em conta pelo direito fiscal, não obstante a independência que defendemos quanto às

---

[142] V. neste mesmo sentido Lidoy (1999:36ss).

opções normativas a adoptar nos vários ramos do direito que regulam o fenómeno dos grupos. Neste sentido, a concentração dos poderes de decisão no órgão de gestão da sociedade-dominante constitui, a nosso ver, mais um fundamento de natureza extra-fiscal que aconselha a tributação conjunta dos grupos de sociedades.

Em suma: tudo aponta para um regime fiscal que faça um correcto enquadramento da posição das várias sociedades do grupo dentro do lado passivo da relação jurídico-fiscal e reconheça o grupo apenas enquanto unidade para efeitos de quantificação e apuramento da matéria tributável[143]. Só assim as situações criadas e reconhecidas pelo direito fiscal não estarão completamente desfasadas da realidade existente nessas mesmas sociedades.

No respeito pelo seus princípios específicos e na prossecução dos interesses próprios deste ramo do direito, justifica-se que, para certo tipo de grupos de sociedades que assumam as características definidas pelo próprio legislador, o direito fiscal consagre um regime de tributação conjunta do *grupo de sociedades* em sede de imposto sobre o rendimento.

3.2.9. Por último – como é advogado por vários autores e foi reconhecido, por exemplo, pelas administrações fiscais francesa, espanhola e portuguesa –, a aplicação de um regime de tributação do grupo, desde que obedecendo a algumas características bem definidas, pode ser uma medida vantajosa para a própria administração fiscal[144].

Já vimos acima que a instituição de um regime desse tipo permite evitar alguns dos mais conhecidos problemas de evasão fiscal. Mas ela oferece ainda outras vantagens à AF:

a) constitui um instrumento de reforço da garantia patrimonial de cobrança do imposto (basta recordar os regimes da substituição e responsabilidade fiscal no seio do grupo, que analisaremos à frente);

---

[143] V. *infra*, cap. 6º.

[144] V. M. Lousa (1988), Giménez (1991:31ss), Lidoy (1999:144ss) e Morgenstein (2000:15ss).

b) diminui o número de instituições a controlar e a fiscalizar pela AF, porque concentra na sociedade-dominante o cumprimento de um vasto conjunto de deveres de colaboração relevantes para todas as sociedades integrantes do grupo;

c) contribui para tornar efectivo um princípio de verdade nas declarações fiscais das sociedades, ao instituir um regime favorável, que desincentiva, como já vimos, o recurso a práticas de evasão ou elisão fiscal[145].

3.2.10. Não poderíamos concluir este capítulo sobre os fundamentos que justificam a aplicação de um regime de tributação conjunta dos grupos de sociedades em sede de imposto sobre o rendimento sem fazer uma referência àquela que é considerada, pela maioria da doutrina, como a principal desvantagem, para o estado, de um regime deste tipo: a perda de receita que este sistema acarreta, ao permitir, nomeadamente, a compensação de perdas entre os resultados das várias sociedades do mesmo grupo e a eliminação das operações internas para efeitos fiscais.

Cremos que tal apreciação deve ser ralativizada por força de duas ordens de razões[146].

Em primeiro lugar – já o referimos –, porque, na avaliação das perdas e ganhos de um regime deste tipo, não se pode esquecer que, ao desincentivar a evasão fiscal e ao promover a declaração de resultados reais, um tal regime pode determinar que as receitas arrecadadas sejam na realidade aproximadas ou pelo menos não muito inferiores às alcançadas através de um regime diferente.

Por outro lado, cremos que, verdadeiramente, não se pode falar de perda de receita por parte do estado em resultado da introdução de um regime como o que defendemos. Com efeito, se o mesmo obedecer aos

---

[145] No caso português isso seria especialmente relevante, tendo em conta os níveis de evasão fiscal existentes, nomeadamente em sede de IRC. Sobre estes níveis de evasão v. Relatório da Comissão para o Desenvolvimento da Reforma Fiscal (1996:550ss), N. S. Gomes (1996:116ss), Meireles (1999:41ss), G. Avelãs Nunes (2000).

[146] Em sentido idêntico v. Lidoy (1999:151ss).

princípios essenciais da tributação, os seus efeitos, mesmo nas receitas, são assumidos, quantificáveis e controláveis pelo legislador e pela administração fiscal, não se verificando qualquer perda de receita, no sentido em que as vantagens da eliminação da não neutralidade do regime de tributação separada dos grupos são desejadas e assumidas pelo legislador.

3.3. Conclusão

Em jeito de conclusão, pensamos poder afirmar que um regime de tributação conjunta dos grupos de sociedades em sede de imposto sobre o rendimento oferece quatro vantagens fundamentais em termos de sistema fiscal e de organização empresarial, as quais fundamentam a sua legitimidade[147]:

i) em primeiro lugar, possibilita e potencia a adopção da forma societária que melhor corresponda às necessidades produtivas do mercado, ao eliminar as desvantagens da não neutralidade da tributação separada;

ii) em segundo lugar, proporciona uma grande transparência e visibilidade a todos os fluxos entre as sociedades do grupo, já que os mesmos vão ser fiscalmente irrelevantes, o que afasta qualquer vantagem do recurso a métodos evasivos;

iii) em terceiro lugar, a tributação conjunta faculta à AF e à própria sociedade-dominante uma visão conjunta e mais aproximada da verdadeira situação financeira e patrimonial e da capacidade contributiva da unidade empresarial que constitui o *grupo de sociedades*;

iv) por último, a tributação conjunta constitui um instrumento útil, válido e adequado de apoio à reestruturação das empresas e de promoção da competitividade, mesmo a nível internacional.

---

[147] V. neste sentido Lidoy (1999:141ss).

Nestes termos, consideramos perfeitamente fundamentada a opção pela definição por parte do legislador de uma solução que, a nível fiscal, opte pela tributação em conjunto do *grupo de sociedades*, enquanto entidade que, em certas circunstâncias e para certos efeitos, irá ter relevo ao nível da regulamentação do imposto sobre o rendimento das pessoas colectivas.

4. DIFERENTES REGIMES DE TRIBUTAÇÃO CONJUNTA DOS GRUPOS DE SOCIEDADES EM SEDE DE IMPOSTO SOBRE O RENDIMENTO. A OPÇÃO PELO RTLC

4.1. Introdução

Os regimes de tributação dos grupos de sociedades caracterizam-se, regra geral, por instituírem um procedimento que, em maior ou menor grau, abstrai da autonomia jurídica das entidades que integram os grupos e permite que, de alguma forma, a unidade constituída pelas sociedades que constituem o grupo se reflicta nas operações de quantificação e liquidação, instituindo mecanismos de apuramento conjunto da matéria tributária ou simplesmente permitindo a compensação de resultados entre as várias sociedades[148].

Com este objectivo, surgiram fundamentalmente três modelos de abordagem jurídico-fiscal específica dos grupos de sociedades[149], os quais reflectem outras tantas formas de entender e perspectivar a tributação em conjunto das sociedades que integram o grupo. São eles o modelo de tributação resultante da *teoria da unidade*, o *regime de separação* e o *Organschaft* alemão.

---

[148] Como se viu no cap. 2°, foi mesmo para efeitos fiscais que se iniciou o movimento de apreensão pelo direito dessa nova realidade que são os grupos.

[149] Neste sentido e numa perspectiva das várias soluções no direito comparado, v. B. Jadaud (1972:371ss), Alberto Xavier (1974:376ss), Melcon (1977: 190ss), La Rosa (1982:211ss), Di Stefano (1986:3966ss), M. R. Lousa (1988:244ss), Giménez (1991:12ss), Barthelemy (1991:437ss) e A. Frias (1997:254ss).

4.2. Modelo de tributação resultante da *teoria da unidade*.

De acordo com a denominada *teoria da unidade* (*Einheitstheo-rie*)[150], o regime jurídico-fiscal do grupo fundamenta-se na sua unidade económica e não na autonomia jurídica das sociedades que o compõe. O grupo é considerado, para efeitos fiscais, como uma *unidade jurídica fictícia* em que as várias sociedades – e nomeadamente a sociedade--dominante e as sociedades-dominadas – deixam de ser sujeitos jurídicos diferentes para se converterem numa unidade para efeitos fiscais. A matéria colectável vai ser calculada de forma conjunta, dando lugar a uma única liquidação e eliminando assim a dupla tributação.

Esta unidade, no entanto, só é relevante em sede de imposto sobre o rendimento, excluindo-se assim a sua aplicabilidade a outro tipo de impostos, como o IVA[151].

Neste sistema, para efeito de imposto sobre o rendimento, a matéria a tributar é única e só é tributada uma vez.

A base tributável conjunta apura-se essencialmente através de dois tipos de operações, que vão concretizar a unidade e integração do regime:

a) a eliminação, para efeitos fiscais, das operações realizadas entre as várias entidades pertencentes ao grupo (operações internas), sendo fiscalmente relevantes apenas as praticadas com terceiros em relação ao grupo;
b) a compensação das perdas das várias entidades componentes do grupo.

Depois de apurada a base tributária conjunta, haverá lugar a uma única liquidação, dando lugar a uma única dívida fiscal.

Por último, este sistema implica ainda que cabe à sociedade--dominante a apresentação da declaração conjunta de rendimentos, na

---

[150] Elaborada na Alemanha e nos EUA nos princípios deste século, deve o seu desenvolvimento aos estudos de O. Buhler. V. A. Frias (1997:254).

[151] Apesar de também poderem coexistir regimes específicos de consolidação para efeitos de IVA.

qual se apura precisamente o resultado unitário a partir da matéria tributável apurada em conjunto, de acordo com as regras específicas aplicáveis aos grupos de sociedades.

A tributação do grupo de sociedades de acordo com os regimes baseados na teoria da unidade é normalmente de aplicação voluntária, ou seja, cabe à sociedade-dominante do grupo optar ou não pela tributação de acordo com este regime específico. Não é, portanto, de aplicação imperativa.

Consideramos o modelo que aqui fica esquematicamente definido como uma solução óptima a ter como ponto de referência, embora muito difícil de instituir em concreto na sua plenitude.

Este tem sido, no entanto, o regime que tem inspirado a maioria das soluções adoptadas pelos países que decidiram dar um tratamento fiscal especial aos grupos, entre os quais vários países da UE, que têm hoje sistemas que se aproximam deste modelo[152]. É o caso de Portugal, Espanha, França, Dinamarca e Holanda (este último país com o seu regime de integração de sociedades só detidas a 100% – a *fiscale eenheid* – é aquele que mais se aproxima do modelo aqui sucintamente apresentado)[153]. De idêntica inspiração é o denominado *consolidated tax return*, adoptado nos EUA[154].

4.3. Regime da separação ou da mera compensação de resultados

Um outro modelo adoptável para efeitos de tributação conjunta do grupo de sociedades é o *regime da separação*, segundo o qual não se determina um resultado único ou de conjunto nem há lugar a qualquer eliminação de operações entre entidades pertencentes ao mesmo grupo.

Segundo o regime da separação, as sociedades integrantes do grupo podem apenas compensar os resultados positivos e negativos

---

[152] V. Di Stefano (1986:3697) e Meidgaard (1995:447).

[153] V. Melcon (1977:199), Di Stefano (1986:3970s), M. R. Lousa (1988:264ss) e A. Frias (1997:25).

[154] Sobre este último exemplo v. Melcon (1977:190ss), M. R. Lousa (1988: 265ss) e Barthelemy (1991:443ss).

com vista à determinação da dívida fiscal de conjunto, mas os resultados a compensar são apurados separadamente, de acordo com as regras normais aplicáveis a cada uma das entidades agrupadas.

Tal como no regime anterior, o resultado apurado em conjunto é relevante apenas para efeitos de determinação da matéria tributável do imposto sobre o rendimento, não sendo relevante para qualquer outro imposto[155].

Também este regime é, regra geral, de aplicação voluntária, cabendo à sociedade-dominante exercer essa opção.

Estamos, portanto, perante um regime que se limita a permitir que os resultados das várias sociedades do grupo, apurados com total independência e de acordo com as regras gerais, sejam compensados para efeitos de determinação da dívida fiscal.

Incluem-se neste modelo o *group relief*[156], vigente no Reino Unido, e os sistemas em vigor na Irlanda, Suécia e Finlândia.

4.5. *Organschaft*

Por último, temos o *Organschaft* alemão, um sistema *sui generis* que se pode classificar como intermédio em relação aos dois regimes acabados de definir [157].

Em termos resumidos, podemos definir o *Organschaft* como um regime de tributação dos grupos de sociedades que, ao contrário dos anteriores, é de aplicação automática por força da lei, desde que estejam preenchidos os requisitos de facto fixados pelo legislador[158].

---

[155] No entanto, podem existir, como é o caso do Reino Unido, regimes paralelos especificamente aplicáveis em sede de IVA e do *Advance Corporation Tax* (distribuição de resultados). V. Barthelemy (1991:446ss).

[156] Sobre este sistema v. Melcon (1977:199ss), Di Stefano (1986:3969ss), M. R.Lousa (1988:262ss) e Barthelemy (1991:446ss).

[157] Sobre este regime v. desenvolvidamente Jadaud (1972:371ss), Melcon (1977:198ss), La Rosa (1982:212ss), Di Stefano (1986:3967ss), M. R. Lousa (1988: 261ss), Giménez (1991:120ss), Barthelemy (1991:437ss), Tamarindo (1995) e A. Frias (1997:255).

[158] Certos autores defendem que os sistemas de consolidação baseados na teoria da unidade também deveriam ser obrigatórios. V. *infra*, cap. 7°.

Tributação dos grupos de sociedades pelo lucro consolidado em sede de IRC   65

Nos termos definidos na lei, basta que exista um conjunto de sociedades, ligadas por um vínculo complexo (caracterizado por quatro aspectos essenciais), para que esse grupo constitua uma unidade fiscalmente relevante, à qual se aplica imperativamente o regime de tributação no *Organschaft*.

Vejamos então quais os requisitos indispensáveis para que, nos termos da lei, se presuma a existência da unidade relevante em sede fiscal:

a) Em primeiro lugar, deve verificar-se um vínculo jurídico entre as sociedades a integrar no grupo, ou seja, a sociedade-dominante tem que deter, directa ou indirectamente, pelo menos 75% do capital ou a maioria dos direitos de voto das sociedades-dominadas.

b) Em segundo lugar, essa unidade tem que ser também uma unidade económica, no sentido de que, apesar de se admitir que as actividades prosseguidas possam ser de diferente natureza, elas devem estar ligadas ou ser complementares entre si.

c) Em terceiro lugar, a sociedade-dominante tem que exercer de facto o poder de direcção que detém sobre as sociedades-dominadas, ou seja, tem que existir uma verdadeira e real unidade organizativa e administrativa entre as várias sociedades do grupo.

d) Por último, para se poder falar de *Organschaft* relevante em sede de imposto sobre as sociedades, as sociedades integradas no *Organschaft* devem celebrar entre elas um *contrato de domínio,* acompanhado de um *contrato de transferência dos lucros das sociedades-dominadas* para a sociedade-dominante[159].

Preenchidos estes requisitos[160] – que, relembre-se, podem ser invocados pela própria administração fiscal –, o *Organschaft* vai ser

---

[159] Sobre estes contratos e o modelo alemão de regulação do direito societário dos grupos v. *supra* cap. 2º.

[160] Outros requisitos são ainda exigíveis, mas a sua abordagem não cabe neste breve resumo. Desenvolvidamente v. autores e obras citados na nota 157.

relevante em sede de três impostos: o IVA, o *Gewerbesteur*[161] e o imposto sobre o rendimento das sociedades[162].

Quanto a este último, que é o que aqui interessa, o *Organschaft* determina que a matéria tributável do grupo de sociedades vai ser apurada conjuntamente e resulta da compensação de resultados entre a sociedade-dominante e as sociedades-dominadas, imputando-se àquela o resultado do conjunto. Procede-se, pois, à soma algébrica dos resultados das várias sociedades, agrupados para efeitos de tributação, na titularidade da sociedade-dominante e só aqui tributados[163].

O *Organschaft* é, assim, uma solução muito específica do direito alemão, dificilmente exportável para outros países[164].

4.5. Regime adoptado

Em jeito de síntese, podemos concluir que, no essencial, o que distingue o primeiro sistema – o da consolidação de resultados – dos dois últimos é que, naquele, a matéria tributável relevante em sede de imposto sobre o rendimento é apurada em cunjunto unitariamente e em resultado da eliminação das operações realizadas entre as várias sociedades que integram o grupo. O apuramento do resultado fiscalmente relevante, ao contrário do que acontece nos outros dois regimes, não obedece às regras gerais aplicáveis a qualquer sociedade em sede de imposto sobre o rendimento das sociedades, antes é efectuado através de um regime específico que, respeitando as regras de determinação da matéria tributável, vai proceder ao seu apuramento e quantificação

---

[161] Uma espécie de taxa profissional que constitui receita dos órgãos locais.

[162] O *Organschaft* é ainda juridicamente relevante em outros ramos do direito como o direito laboral e o direito societário. V. Barthelemy (1991:441ss).

[163] Teoria da imputação (*zurechtnungstheorie*). Sobre estes aspectos v. A. Frias (1997:256).

[164] Existem, no entanto, dois países que adoptaram regimes semelhantes: a Áustria e o Luxemburgo.

expurgando os valores resultantes de um conjunto de operações internas ao grupo, que não vão ser consideradas fiscalmente relevantes.

Nestes termos, o grupo é considerado como uma unidade perante terceiros, o que significa que as únicas operações fiscalmente relevantes são as praticadas com entidades externas ao grupo, não sendo consideradas em sede de quantificação do resultado as operações entre as várias sociedades do grupo. O apuramento do resultado de cada uma das sociedades terá de ser feito de acordo com as regras específicas aplicáveis.

A matéria tributável unitária será apurada em conjunto e resulta da soma algébrica dos resultados das várias sociedades, apurados nos termos específicos referidos, podendo ainda haver lugar a deduções à colecta especificamente aplicáveis neste âmbito.

Dentro deste modelo, o que essencialmente distingue as diferentes opções adoptadas nos vários países, além do modelo de procedimento tributário aplicável, é precisamente o âmbito e o alcance das operações internas que vão ser desconsideradas, a amplitude da compensação dos resultados e o regime de deduções à colecta aplicável[165].

Nos dois últimos regimes acima definidos, a opção é muito diferente. Nestes apenas se procede à soma algébrica dos resultados individuais das várias entidades pertencentes ao grupo, apurados de forma totalmente autónoma e de acordo com as regras gerais.

A opção do nosso legislador tem pendido para uma solução do primeiro tipo, ou seja, para a construção de um regime fiscal dos grupos em sede de imposto sobre o rendimento na esteira da teoria da unidade, aplicável apenas em sede de imposto sobre o rendimento das pessoas colectivas, e o resultado único é determinado a partir da compensação de perdas e da eliminação das operações internas em sede de regras de quantificação da matéria tributável.

Essa foi a solução consagrada no DL 417/87, de 31 de Dezembro, que introduziu pela primeira vez em Portugal um regime deste tipo, ainda na vigência do sistema fiscal anterior. E é também a opção que

---

[165] Sobre estes aspectos v. *supra*, cap. 8°.

caracteriza o regime actualmente em vigor, tendo em conta o disposto nos artigos 59°ss. do CIRC[166].

Esta opção é, a nosso ver, a mais correcta[167], uma vez que os regimes resultantes da *teoria da unidade* – os regimes de consolidação ou de integração fiscal –, são aqueles que melhor prosseguem os objectivos fiscais e extra-fiscais aqui expostos e que justificam a opção por um regime específico de tributação do grupo para efeitos do imposto sobre o rendimento. Ponto é que eles sejam enquadrados por um adequado, flexível mas rigoroso procedimento de aplicação, que consagre regras específicas anti-evasão e aplique as normas anti-abuso existentes[168].

Estes regimes de consolidação são aqueles que, na sua estrutura e objectivos, mais se assemelham à determinação de um resultado único global o mais aproximado possível daquele que resultaria se o grupo de sociedades fosse uma única entidade jurídica e lhe fossem aplicáveis as regras gerais de tributação das sociedades em sede de imposto sobre o rendimento. Ora este é o objectivo último do princípio da neutralidade fiscal, fundamento de qualquer regime de tributação conjunta dos grupos[169].

Não resistimos, a este propósito, a reproduzir as eloquentes palavras de Maurice Cozian, quando, no prefácio do livro de Morgenstein[170] e referindo-se ao regime de integração fiscal francês adoptado em 1988, afirmou que, "l´anné de 1988 fera date dans l´histoire da la fiscalité des enterprises. La France se dote enfin, à l´image des grands pays industriels, d´un régime fiscal digne de son nom, celui

---

[166] Após a conclusão deste trabalho o legislador abandonou o regime de consolidação fiscal, em que as operações internas são desconsideradas, para consagrar um modelo decorrente do regime da separação, que se concretiza em permitir uma mera compensação de resultados entre as sociedades pertencentes ao grupo, referimo-nos às alterações introduzidas nesta sede pela Lei 30 – G/2000, de 29 de Dezembro.

[167] Assim pensam também a maioria dos autores.

[168] Sobre este procedimento, diferente daquele que hoje vigora em Portugal, v. *infra,* cap. 7°.

[169] V. *supra,* cap. 3°.

[170] V. Morgenstein (2000:11).

de l´intégration. Ce n´est pas un regime confidentiel octroyé sur agrement, mais un régime de droit commum, applicable sur option. Le régime de l´intégration fiscale naît sous le double signe du libéralisme (il n´y a pas à demander la benediction de l´administration) et la neutralité (la filialisation des activités n´est pas pénalisée par rapport aux structures unitaires). En clair, la compensation des bénéfices et des déficits est desórmais possible, tandis que des mécanismes correcteurs assurent la neutralité des transactions, des distribuitions et des aides intragroupe. Le rêve en somme...”

Em síntese. Defendemos a adopção de um regime específico aplicável aos grupos em sede de imposto sobre o rendimento das sociedades, inserido no modelo resultante da teoria da unidade (regime de tributação pelo lucro consolidado). Trata-se de um regime segundo o qual, para efeitos de tributação em sede de imposto sobre o rendimento, um conjunto de sociedades com características especiais – o grupo fiscalmente elegível – procede às operações de apuramento e quantificação da matéria tributável em conjunto, por força da aplicação de regras que permitem a eliminação dos resultados, decorrentes de operações realizadas entre elas e da compensação de resultados seguindo-se a soma algébrica dos resultados, culminando com uma liquidação única para efeitos de IRC.

Identificá-lo-emos como *Regime de Tributação pelo Lucro Consolidado* (RTLC).

O nosso objectivo, daqui para a frente, será precisamente o de tentar definir um correcto enquadramento jurídico-fiscal para um RTLC que se deseja constitucional e legalmente adequado aos fins pretendidos.

Paralelamente, não ignorando que existe hoje em Portugal um RTLC em vigor, faremos uma apreciação crítica da solução consagrada pelo nosso legislador e da interpretação e aplicação que da mesma é feita pela Administração Fiscal Portuguesa (AF).

Procuraremos identificar, analisar e tentar solucionar os vários problemas que, em sede da relação jurídico-fiscal nos seus variados aspectos, resultam da adopção de um RTLC em matéria de imposto sobre o rendimento das pessoas colectivas.

5. NOÇÃO DE *GRUPO DE SOCIEDADES* ELEGÍVEL PARA EFEITO DE TRIBUTAÇÃO PELO RTLC

5.1. Introdução

Defendemos atrás as necessidade e a justeza da existência de um regime de tributação conjunta dos grupos de sociedades em sede de imposto sobre o rendimento. Apreciámos depois os vários modelos de tributação dos grupos de sociedades em sede de IRC, optando por um regime inserido no modelo da teoria da unidade – o RTLC. É necessário agora esclarecer o que é um *grupo de sociedades,* precisamente para efeitos de tributação pelo RTLC em sede de imposto sobre o rendimento.

Existem várias noções de grupo de sociedades juridicamente relevantes, às quais se fez referência no capítulo segundo. Mesmo no âmbito restrito do direito fiscal, esta noção pode ter diferentes sentidos[171], o que aconselha a que comecemos por definir qual o conceito de grupo relevante nesta sede, antes de passarmos a um estudo pormenorizado do regime jurídico dos grupos tributados em conjunto no IRC.

5.2. Necessidade de uma noção própria de *grupo de sociedades* elegível para efeitos de tributação pelo RTLC.

Retomamos aqui as conclusões do final do segundo capítulo deste trabalho sobre a necessidade de no plano do direito, efectuar uma abordagem multi-disciplinar e de necessário assumir uma autonomia conce-

---

[171] V. por exemplo arts. 45° e 57° do CIRC.

ptual das várias perspectivas do fenómeno do *grupo de sociedades*, como única forma de compreender e regular correctamente esse fenómeno extremamente complexo e multifacetado.

Uma noção válida, útil e operacional de *grupo de sociedades* para efeitos de tributação em sede de imposto sobre o rendimento não pode deixar de ter em conta os interesses, princípios e fins a alcançar pelos sistemas fiscais no seu todo e pelos impostos sobre o rendimento em particular, nomeadamente os fundamentos, já enunciados, que justificam a institucionalização de um mecanismo de tributação conjunta das várias sociedades que integram o grupo.

Neste contexto, entendemos que a solução mais adequada em sede fiscal será o legislador assumir a definição de uma noção própria de *grupo de sociedades,* válida para efeitos de tributação pelo RTLC em sede de imposto sobre o rendimento[172].

Este entendimento é justificado por duas ordens de razões.

1. A primeira prende-se com a circunstância de, como vimos, os fins prosseguidos pelo direito fiscal, serem naturalmente muito diferentes daqueles prosseguidos pelo direito societário, pelo direito do trabalho, pelo direito do mercado dos valores mobiliários e mesmo pela contabilidade.

Nestes ramos do direito os interesses a salvaguardar prendem-se essencialmente com a garantia dos direitos dos accionistas, das próprias sociedades ou dos credores, dentro da perspectiva de alcançar um justo equilíbrio entre esses interesses, muitas vezes contraditórios[173].

No direito fiscal, os interesses que é necessário conciliar e proteger são muito díspares e prendem-se com exigências decorrentes do princípio da capacidade contributiva, da necessidade de evitar a dupla tributação económica dos rendimentos, e decorrentes essencialmente, do princípio da neutralidade fiscal. Segundo este princípio, o sistema

---

[172] Neste mesmo sentido v. Lidoy (1999:155) e Morgenstein (2000:20ss). Não concordando com esta opção, v. Giménez (1991:14) e E. Antunes (1993:176 nota 380).

[173] V. *supra,* cap. 2° e Tomás Tavares (1999:37ss).

Tributação dos grupos de sociedades pelo lucro consolidado em sede de IRC   73

fiscal deve tributar igualmente – como dissemos no capítulo anterior – o rendimento de uma empresa independentemente da forma por ela assumida – mesmo que essa forma seja um conjunto de sociedades que juridicamente são independentes mas que estão sob uma direcção única, prosseguem objectivos comuns, e em que uma sociedade detenha uma elevada percentagem do capital de todas as outras -, respeitando sempre os princípios formais a que deve obedecer um sistema fiscal moderno num Estado de Direito Democrático como é Portugal (a *Constituição Fiscal Formal*)[174].

Para que a noção de *grupo de sociedades* possa ter um sentido jurídico-fiscal útil e operativo, é necessário, pois, que ela permita a tutela dos interesses e princípios que são relevantes em sede fiscal.

2. A segunda consideração que justifica a definição, por parte do legislador fiscal, do seu próprio conceito de grupo, relevante em sede de tributação directa do rendimento, prende-se com preocupações de segurança jurídica.

A remissão para um regime extra-fiscal, nomeadamente para uma noção de *grupo de sociedades* contida, por exemplo, no direito societário, pode introduzir um grau de insegurança e indeterminação inadequado em matéria fiscal.

Como se sabe, a construção das normas fiscais obedece a princípios diferentes daqueles que presidem às do direito societário. Em direito fiscal, e no que diz respeito aos seus aspectos essenciais – nomeadamente a normas de incidência –, vigora o princípio da legalidade fiscal, princípio que obriga o legislador fiscal a um especial cuidado na definição dos tipos legais que vão determinar a aplicabilidade de certo regime legal a uma dada parcela da realidade[175].

Em direito fiscal, o grau de indeterminação e de livre apreciação é intencionalmente muito mais limitado do que aquele que é aceite no direito societário. O direito fiscal deve assumir a definição dos con-

---

[174] Sobre estes princípios e conceitos, v., entre muitos outros, J. B. Gouveia (1993:46ss), (1996:37ss) e C. Nabais (1998:403ss).

[175] Sobre a relação entre o direito fiscal e o direito civil v. desenvolvidamente S. Cipollina (1992).

ceitos que são apropriados à prossecução dos fins que lhe são próprios, e não deve adoptar acriticamente conceitos provenientes de outros ramos do direito. Estes, além de poderem ser profundamente desadequados aos fins prosseguidos pelo direito fiscal, podem transpor para o direito fiscal uma margem de indeterminação e de insegurança indesejáveis e mesmo inconstitucional.

Em síntese: ao contrário do que defende uma parte da doutrina, entendemos que o direito fiscal deve definir, de acordo com os seus princípios e fins, uma noção de *grupo de sociedades* elegível para efeitos de tributação conjunta em sede de imposto sobre o rendimento, noção que seja adequada a prosseguir os objectivos a que se propõe e que justificam a tributação conjunta do grupo em sede de imposto sobre o rendimento.

5.3. Noção de *grupo de sociedades* elegível para efeitos de tributação pelo RTLC em sede de imposto sobre o rendimento

Neste sentido e avançando para uma tentativa de definição de *grupo de sociedades* elegível para efeito de tributação conjunta em sede de imposto sobre o rendimento, compreende-se que o nível de integração entre as sociedades do grupo tenha que ser especialmente intenso, exigindo-se elevados níveis de participação no capital das várias sociedades-dominadas por parte da sociedade-dominante para que se possa falar de *grupo de sociedades* fiscalmente elegível.

Para os efeitos que aqui nos interessam o *grupo de sociedades* tem de apresentar um elevado grau de integração do capital e a sociedade--dominante deve assegurar a direcção única do grupo, de modo a poder afirmar-se que, ao tributar-se o conjunto, se está a tributar *uma capacidade contributiva única*, que, por isso mesmo, deve ser tributada unitariamente, sem qualquer discriminação e muito menos dupla tributação económica, em obediência ao princípio da neutralidade fiscal.

A necessidade de instituir um regime deste tipo só se torna legítima no caso de se estar em presença de um grupo muito especial, um grupo fortemente integrado, centralizado, estruturado e hierarquizado, no qual exista, acima de tudo, uma elevada integração do capital. Ou seja: a sociedade-dominante deve deter uma percentagem muito elevada do capital de todas as outras sociedades, pois só nestes casos se pode falar da existência de uma única entidade com uma única capacidade contributiva, que não deve ser descriminada em sede de tributação pelo facto de ter optado por se organizar sob a forma de *grupo de sociedades* em detrimento de outras estruturas possíveis (como a fusão por exemplo).

Assim sendo, justifica-se também que, ao contrário do que se verifica no direito societário, o critério que obrigatoriamente tem que estar presente para que, em sede fiscal, se proceda à identificação e definição do grupo, seja o da participação social e já não, por exemplo, o do controlo do direito de voto ou o do controlo dos órgãos sociais.

Em direito fiscal, um grupo em que exista uma forte direcção unitária, mas em que a integração do capital seja reduzida, não se enquadra no tipo de grupo que, por força do princípio da neutralidade fiscal, justifique a sua tributação conjunta.

Com efeito, o que, em sede fiscal, se quer assegurar é que haja uma unidade económica demonstrativa de uma *única capacidade contributiva*, o que é diferente e vai além da unidade de organização ou de um poder de direcção único.

Em matéria fiscal, como se sabe, as questões de dupla tributação económica, colocadas por níveis de participação menos elevados em que não se pode falar de um grupo fiscalmente elegível nos termos expostos, estão hoje acauteladas por normas específicas existentes em quase todos os sistemas fiscais mais modernos, que visam precisamente atenuar ou eliminar essa dupla tributação[176].

Estas são situações em que se verifica o fenómeno das participações sociais, que podem mesmo, para outros ramos do direito, constituir verdadeiros grupos de sociedades juridicamente relevantes, mas que o não são em sede fiscal ao ponto de justificarem a aplicação de um regime específico como o proposto para os grupos de sociedades fiscalmente elegíveis que aqui estamos a considerar.

Nestes termos, o aspecto determinante, para a identificação do grupo para efeitos de tributação conjunta em sede de imposto sobre o rendimento, vai ser o nível de participação social que a sociedade-

---

[176] Exs.: arts. 45° e 72° do CIRC.

-dominante detém, directa ou indirectamente, no capital das sociedades-dominadas[177]. Este requisito é de tal forma determinante que, na sua ausência, os grupos devem ser excluídos do âmbito de aplicação do RTLC, ainda que exista uma direcção unitária.

Por outro lado e tendo precisamente em conta as preocupações e objectivos específicos do direito fiscal em sede de impostos sobre o rendimento, o grupo juridicamente relevante nesta sede deveria poder assumir uma composição que incluisse, além das sociedades, outro tipo de pessoas colectivas, ou mesmo entidades sem personalidade jurídica, desde que cumprissem certos requisitos legalmente exigidos.

Temos plena consciência de que esta é uma questão difícil de abordar, por nela convergirem alguns dos principais problemas que se colocam hoje aos sistemas fiscais.

Numa perspectiva cautelosa e que tem em conta preocupações de segurança jurídica[178], a solução que aqui defendemos vai no sentido de que os grupos só podem ser integrados por sociedades comerciais (mas por todos os tipos de sociedades).

Admitimos, no entanto, que em países com soluções diferentes da nossa seja possível que outras pessoas colectivas, ou mesmo entidades desprovidas de personalidade jurídica, possam integrar o grupo de sociedaes tributado pelo RTLC, desde que todas elas obedeçam a certos requisitos previamente fixados na lei[179].

Requisitos essenciais reveladores da existência de um grupo fortemente integrado, titular de uma *única capacidade contributiva,* serão então os seguintes:

1) a sociedade-dominante deve deter, directa ou indirectamente, mais do que 90% do capital de cada uma das outras sociedades integradas;

---

[177] Neste mesmo sentido v. Lidoy (1999:96ss).

[178] Sobre a importância do princípio da segurança jurídica no direito fiscal, v. C. Nabais (2000:150ss).

[179] V. por exemplo o art. 81° da LIS espanhola, segundo o qul podem integrar o grupo como sociedade-dominante entidades que não sejam sociedades comerciais, desde que detadas de personalidade jurídica. Ou então a AF francesa (BO 4 h-9-88, citada por Morgenstein (2000:55)).

2) todas as sociedades integradas devem ser tributadas em sede de imposto sobre o rendimento de acordo com o mesmo regime de tributação, que é o regime-regra aplicável às sociedades comerciais.

Neste mesmo sentido, a noção de grupo para efeitos fiscais – mais uma vez por razões de segurança jurídica, mas também por razões que se prendem com a ideia da tributação de uma unidade económica para efeitos fiscais – pressupõe que a matéria tributável seja a mesma, isto é, que obedeça às mesmas regras de determinação e quantificação. Este é um requisito essencial para que a integração pretendida seja possível e justa, pelo que, a nosso ver só podem integrar o grupo as sociedades cuja matéria tributável seja determinada e quantificada de acordo com o regime-regra aplicável às sociedades comerciais[180].

Por último, entendemos que, enquanto não se proceder a uma necessaria harmonização das normas de determinação da matéria tributável, as sociedades a integrar deverão ter sede e direcção efectiva no mesmo país[181]. A disparidade de soluções em sede de regras de definição do lucro tributável inviabiliza, na nossa opinião, um sistema prático viável e acessível de integração de sociedades cuja base tributável e cujos resultados são determinados de acordo com regras totalmente díspares[182].

---

[180] Em Portugal esta exigência corresponde ao regime definido nos arts. 17°ss do CIRC.

[181] Sobre a questão da necessidade de harmonização dentro da UE, ao nível das normas essenciais da determinação da matéria tributável em sede de imposto sobre o rendimento das sociedades, v., entre muitos outros, Muray (1990), Ruding (1992), M. Alexandre (1992), Bonneli (1992), Hamaerkers (1992), A. Dourado (1992), A. Easson (1992), A. Pires (1993), F. Pereira (1993), (1997), Daly (1995), P. P. Cunha (1996), G. Pinheiro (1998) e R. Esteves (1999).

[182] Certos regimes permitem, apesar disso, a integração de resultados de sociedades estrangeiras (v. por exemplo, para a Dinamarca, Meldgaard (1995:447)). Na França vigora um regime especial que prevê essa possibilidade (o *benefício mundial*). Sobre este regime v. Barthelemy (1991:415ss), Villegier (1992:15) e Pariente (1993:168ss).

Em síntese: a noção de *grupo de sociedades* juridicamente útil, válida e elegível para que, em sede fiscal, sirva de ponto de partida à definição de um regime conjunto de tributação em sede de imposto sobre o rendimento, deve, pois, ser uma noção que tenha como elementos de referência um conjunto de sociedades em que a sociedade-dominante detenha uma percentagem muito elevada (igual ou superior a 90%) do capital social das demais sociedades (sociedades-dominadas), cujos rendimentos sejam tributados de acordo com um regime comum que coincida com o regime geral aplicável às sociedades comerciais.

Esta é a noção de *grupo de sociedades* que deve servir, a nosso ver, de ponto de referência a uma correcta abordagem jurídico-fiscal desta figura, o que não significa que, em concreto e por força das especificidades dos diversos regimes e para a salvaguarda de interesses fiscalmente relevantes e de preocupações decorrentes da evasão fiscal, ela não careça de um maior desenvolvimento e mesmo de definição a nível legal[183].

5.4. Regime legal vigente

No que diz respeito à definição legal do *grupo de sociedades* elegível para efeitos de tributação pelo RTLC em sede de IRC, registou-se recentemente uma alteração na alínea b) do nº 1, do art. 59º do CIRC (a Lei nº 87-B/98, de 31 de Dezembro, que aprovou o OGE para 1999, instituindo um novo regime que, adequadamente interpretado, se aproxima da perspectiva por nós defendida.

No regime anterior o legislador fiscal não tinha assumido uma definição específica de grupo de sociedades elegível para efeitos de tributação pelo RTLC: o artº. 59º, nº 2, b) do CIRC limitava-se a remeter para o CSC e determinava que só existia grupo se "a sociedade dominante tivesse, nos termos do CSC, o domínio total das demais sociedades do grupo".

---

[183] V. neste sentido, *supra*, cap. 7º.

Tribução dos grupos de sociedades pelo lucro consolidado em sede de IRC   79

A noção de *grupo de sociedades* elegível para efeitos de tributação conjunta em IRC coincidia, pois, com uma das formas que o *grupo de sociedades* pode assumir no nosso direito societário.

Como se sabe, o CSC é um dos poucos diplomas legais que, no âmbito do direito societário, contém um regime específico aplicável aos grupos de sociedades. Esse regime aproxima-se, nos seus elementos essenciais, do modelo alemão do *Konzernrechts* previsto na *Aktiengestzs*[184]: a lei enumera taxativamente os tipos de grupos de sociedades legalmente admitidos, que são o grupo por contrato de subordinação, o grupo paritário e o grupo por domínio total[185].

De acordo com o teor do art° 59°, n° 2°, b) do CIRC, o nosso legislador fiscal entendia, portanto, que *grupo de sociedades* elegível para efeitos de IRC era, portanto, o *grupo por domínio total* previsto nos arts. 488°-491° do CSC.

No entanto, tal solução desde cedo levantou problemas e suscitou críticas, nomeadamente por parte de alguns comercialistas[186].

Essas críticas manifestavam-se, em primeiro lugar, na estranheza e incompreensão pelo facto de o legislador fiscal ter limitado ao *grupo por domínio total* o âmbito de aplicação das normas do IRC relativos aos grupos, excluindo da noção de *grupo de sociedades* elegível os *grupos por contrato de domínio*, quando é certo que nestes, analisados de um ponto de vista comercial e tendo em conta as preocupações que presidiram à opção do legislador fiscal, o vínculo existente pode mesmo ser mais forte e efectivo do que nos grupos por domínio total.

Outro aspecto criticado no regime anterior era o facto de a DGCI[187] (Circular 15/94, ponto 2.2.)[188] ter interpretado o art. 59°, n° 2, b) do CIRC no sentido de considerar preenchido o requisito nele referido (a existência de um *grupo por domínio total*), desde que a socie-

---

[184] V. cap. 2°.

[185] V. por todos E. Antunes (1993:481ss).

[186] V. E. Antunes (1993:173ss).

[187] Circular 4/90 ponto 3 , Circular 15/94 ponto 2.2. e M. R. Lousa (1988:284), (1989a:65).

[188] Sobre a noção e função das Circulares no nosso direito fiscal, v. *infra* cap. 7°.

dade-dominante detivesse, à data do pedido de concessão, 90% ou mais do capital das sociedades-dominadas, independentemente de a participação detida no início da formação do grupo ter sido inferior a 100%.

Esta interpretação dada pela DGCI ao art. 59°, n°2, b) do CIRC, subvertia, na prática, a noção de domínio total do CSC[189]. Isto porque, de acordo com os termos explícitos do CSC, só existe grupo por domínio total quando a sociedade-dominante detiver inicialmente 100% do capital das sociedades-dominadas, embora se admita que, num momento posterior, o controlo de 90% do capital seja suficiente para que essa relação se mantenha. A interpretação correcta do art. 59° do CIRC, por força da remissão para o CSC, implicaria, pois, que só preencheriam as condições previstas no CIRC aqueles grupos em que, aquando da sua criação, a sociedade-dominante detivesse 100% do capital das sociedades-dominadas.

A interpretação dada pela DGCI contrariava o regime legal do CIRC, já que este remetia para o CSC, enquanto a DGCI excluía as regras do CSC.

Por nossa parte, também entendemos que a interpretação constante da Circular 15/94 era de duvidosa legalidade e de duvidosa constitucionalidade, à luz do princípio da legalidade fiscal: uma circular não pode subverter o regime legal num aspecto referente aos elementos essenciais dos impostos, como é a definição das normas de incidência.

Como efeito útil a retirar desta polémica, entretanto ultrapassada, interessa realçar que ela é um exemplo que evidencia mais uma vez os riscos e inconvenientes de uma solução legislativa que remete para um conceito extra-fiscal (neste caso societário) a noção de *grupo de sociedades* elegível para efeitos de tributação conjunta em sede de IRC.

Ultrapassadas estas polémicas, o regime hoje em vigor está estabelecido no mesmo art. 59°, n° 1° e n° 2, alínea b) do CIRC (com a redacção da Lei n° 87-B/98, de 31 de Dezembro que aprovou o OGE para 1999): nos termos do qual existe *grupo de sociedades* quando "a sociedade dominante, por si ou conjuntamente com outras que com ela estejam em relação de grupo, dispõe de, pelo menos, 90% do capital social das demais sociedades do grupo".

---

[189] V. neste sentido E. Antunes (1993:174, nota 376).

O novo texto do CIRC deixou de remeter para o CSC. Mas tal circunstância não significa, só por si, que essa remissão tenha sido abandonada. Consideramos este novo preceito algo confuso, podendo dar lugar a duas possíveis interpretações, contraditórias entre elas.

A) Segundo uma primeira interpretação – a que nos parece mais adequada tendo em conta as opções por nós enunciadas – o novo preceito parece definir como grupo fiscalmente elegível o conjunto de sociedades constituído por uma sociedade-dominante que detém, directa ou indirectamente, 90% ou mais do capital social de todas as outras sociedades[190].

Ao acabar com a remissão expressa para o regime do CSC, o novo texto do CIRC admite que o grupo elegível pode ser integrado por *sociedades de qualquer tipo*. Diferentemente, à luz do regime anterior, por força da remissão para os arts. 481º e 488ºss do CSC, o grupo fiscalmente elegível só podia ser integrado por sociedades por acções, sociedades por quotas e sociedades em comandita por acções, por ser esse o regime decorrente do CSC para os *grupos de domínio total*[191].

Hoje, perante a ausência dessa remissão expressa e nos termos desta interpretação do art. 59º, nº 1 e nº 2, b) do CIRC, todos os tipos de sociedades podem integrar um grupo fiscalmente elegível, nomeadamente as sociedades civis e as sociedades comerciais de pessoas (desde que, evidentemente, satisfaçam os demais requisitos exigíveis, que referiremos no capítulo 7º).

Assim interpretado, este preceito institui uma importante mudança no regime legal, alargando consideravelmente o âmbito de aplicação deste regime. Poderá mesmo afirmar-se, a nosso ver, que o legislador fiscal optou pela definição de um conceito próprio e específico aplicável só para efeitos do IRC, independente do CSC, conceito que pode já abranger outras hipóteses além dos grupos de domínio total dos arts. 488ºss do CSC ou mesmo outros não definidos no CSC.

---

[190] A Circular 15/94, tanto no que se refere ao ponto nº 1 como em noutros aspectos relevantes, está hoje desactualizada à luz nova redacção do art. 59º, nº 1, b) do CIRC, decorrente da Lei nº 87-B/98, de 31 de Dezembro.

[191] V. neste sentido E. Antunes (1993:175ss, 712ss).

B) Os preceitos legais em causa admitem, porém, uma outra interpretação. É que duas expressões contidas nos n°s 1 e 2, b) do art. 59° do CIRC suscitam as maiores dúvidas e reticências em relação ao sentido que o legislador lhes atribui: a expressão "existindo *grupo de sociedades*" (art. 59°, n° 1 do CIRC) e a expressão "que com ela estejam em relação de grupo" (art. 59°, n° 2, b) do CIRC e o teor do n° 7 do mesmo art. 59°, em que inexplicavelmente, o legislador ainda se refere ao conceito de domínio total)[192].

Invoca-se que ambas as expressões insinuam que o *grupo de sociedades* fiscalmente elegível neste âmbito é um grupo já existente, ou seja, um conjunto de sociedades que já constituem um grupo reconhecido fora do direito fiscal. Neste caso, só poderá tratar-se dos grupos de sociedades definidos nos arts. 488°ss do CSC, de entre os quais só serão fiscalmente elegíveis aqueles em que a sociedade-dominante detenha 90% ou mais do capital das sociedades-dominadas.

Se esta interpretação for correcta, o legislador estará, afinal, a remeter para o regime do CSC, o que significa que, por força dos arts. 481° e 488°, só podem fazer parte do *grupo de sociedades* fiscalmente elegível as sociedades por quotas, as sociedades anónimas e as sociedades em comandita simples. Estaremos de novo reconduzidos à conclusão de que os grupos fiscalmente elegíveis serão apenas aqueles que são reconhecidos pelo CSC, ou seja, os *grupos por domínio total* (arts. 488° a 491° do CSC) e os *grupos por contrato de subordinação* (arts. 493°--499° do CSC)[193], desde que cumpram o requisito adicional referido – a sociedade-dominante deve deter 90% ou mais do capital das sociedades-dominadas.

Se assim for, terá de concluir-se que o legislador fiscal continua a optar por não definir um conceito autónomo e específico de *grupo de*

---

[192] Embora neste último caso pensemos que se trata de mais um daqueles exemplos em que o legislador alterou um determinado preceito (art. 59°, n° 2, b)) mas se esqueceu de conferir se essa expressão era utilizada noutros preceitos da legislação em vigor.

[193] Os *grupos por contrato paritário* do art. 492° do CSC estão excluídos, já que aí não existe relação de subordinação entre as sociedades não se podendo falar de sociedade-dominada e sociedade-dominante. V. por todos E. Antunes (1993:755ss).

sociedades fiscalmente elegível, tendo-se limitado, em confronto com o regime anterior, a alargar o âmbito de aplicação aos grupos de sociedades por contrato de subordinação em que a sociedade-dominante detenha 90% ou mais do capital das sociedades-dominadas.

Perante esta dualidade de interpretações, que posição tomar? Em primeiro lugar, diremos que não entendemos como é que o legislador persiste em definir conceitos jurídicos essenciais de forma confusa pouco correcta, gerando assim uma grande insegurança aquando da sua interpretação e posterior aplicação[194].

Diremos, em segundo lugar, que o facto de o legislador ter afastado a referência expressa ao CSC nos leva a considerar como mais correcta a primeira interpretação acima referida.

Defendemos, porém, que a redacção do art. 59° do CIRC, ao dar a noção de *grupo de sociedades elegível para efeitos de tributação pelo RTLC em sede de impostos sobre o rendimento,* deve ser melhorada de modo a exprimir de forma clara e explícita o sentido e o conteúdo que actualmente acolhe de forma implícita e sinuosa.

---

[194] Como exemplo de preceitos que adoptam e definem de forma correcta a noção aqui defendida de *grupo de sociedades* elegível para efeitos de tributação conjunta em sede de imposto sobre o rendimento, v. na França o art. 223°-A do CGI e na Espanha art. 81° da LIS.

6. A ESTRUTURA DA RELAÇÃO JURÍDICO-FISCAL DECORRENTE DA TRIBUTAÇÃO DOS GRUPOS DE SOCIEDADES PELO RTLC

6.1. Enquadramento do problema

6.1.1. *Introdução*

Expusemos atrás as razões que justificam, a nosso ver, a institucionalização de um regime de tributação conjunta dos grupos em sede de imposto sobre o rendimento. Justificámos também a nossa opção pelo método de consolidação em matéria de apuramento de um único resultado tributável, e esclarecemos o sentido da definição de *grupo de sociedades fiscalmente elegível em sede de imposto sobre o rendimento.*

Ensaiaremos a seguir a caracterização do regime jurídico-fiscal de tributação unitária do grupo que consideramos mais apropriado e mais funcional. Trata-se de definir o correcto enquadramento do grupo de sociedades dentro da relação jurídico-fiscal, esclarecendo nomeadamente qual o papel do grupo e das sociedades que o integram na correcta estruturação da relação jurídico-fiscal que nasce por força do RTLC.

Para o efeito, será necessário proceder à identificação dos vários elementos da relação jurídico-fiscal complexa que surge por força do RTLC, relação que, como se demonstrará, vai assumir características *sui generis* pelo facto de estarmos perante a figura do grupo de sociedades tributado pelo RTLC.

Por último, confrontaremos a solução propugnada com o regime hoje vigente em Portugal, tal qual está consagrado no CIRC e normas complementares.

6.1.2. *Conceitos operativos*

Para que possamos proceder à análise da relação jurídica decorrente do RTLC, é necessário, antes de mais, esclarecer alguns conceitos essenciais que irão ser utilizados na clarificação e definição da estrutura da relação jurídica emergente do RTLC no âmbito do IRC.

É hoje plenamente aceite pela doutrina a extrema complexidade da relação jurídico-fiscal nos seus vários elementos[195]. Esta complexidade revela-se não só no que se refere à caracterização dos titulares dos diferentes poderes tributários, mas também no que respeita à definição do seu sujeito activo e, principalmente, do sujeito passivo[196].

A natureza e conteúdo da(s) prestação(ões) são hoje também muito diversificados, por estarmos perante diferentes tipos de prestações: a principal ou pecuniária e os deveres de cooperação ou colaboração[197], as também denominadas prestações acessórias (dependentes da principal) e as prestações complementares (aquelas que existem independentemente da principal)[198].

---

[195] Sobre esta questão, v. Russo (1994), Lapatza (1994), S. Sanches (1995: 52ss) e C. Nabais (2000:201ss).

[196] V. por todos C. Nabais (2000:202ss).

[197] Utilizamos a terminologia adoptada por S. Sanches (1995:70ss), que define esses deveres como o "conjunto de deveres de comportamento resultantes de obrigações que têm por objecto prestações de facto, de conteúdo não directamente pecuniário, com o objectivo de permitir à Administração a investigação e determinação dos factos fiscalmente relevantes. Fazendo com que ao lado das prestações fiscais pecuniárias surja uma complexa teia de prestações não-pecuniárias, que se destinam a tornar possível a determinação exacta das primeiras". Daqui conclui o autor – e nós com ele – que a lei fiscal vem-se assumindo progressivamente como uma norma de conduta dirigida cada vez mais aos particulares e não à Administração (1995:96). Estes deveres de cooperação, ainda segundo S. Sanches (1995:77ss), dividem-se em três grandes categorias: os "deveres de cooperação directamente conexos com a situação de devedor fiscal, os deveres de cooperação de sujeitos passivos da relação tributária, e os deveres de cooperação por motivo de dívida fiscal de outrem" .

[198] Sobres estas distinções, v. S. Sanches (1995:72ss), (1998:108ss e 237ss) e C. Nabais (2000:202ss).

No que diz respeito ao tipo de relações que nascem por força da relação jurídico-fiscal, a sua natureza é também muito heterogénea. Na verdade, as relações fundamentais são ainda de natureza pública, porque têm como titular activo o estado *lato sensu,* investido nos seus poderes de *imperium,* decorrentes de um conjunto de normas fiscais que se dirigem cada vez mais aos particulares e que assumem, por isso, a natureza de normas de conduta[199]. Mas outras são já relações privadas, relações entre sujeitos privados, nas quais se questiona qual o papel do direito fiscal, na sua regulamentação e definição[200].

Neste contexto e partindo da relação jurídica que nasce por força da existência de um grupo, cabe perguntar quem é que deve ou pode assumir as várias posições subjectivas no lado passivo da relação jurídico-fiscal em que intervém um grupo.

Num primeiro momento, esta análise será efectuada numa perspectiva dogmática, explicando aquele que seria, a nosso ver, o enquadramento mais correcto para o grupo tributado pelo RTLC em matéria de definição da relação jurídico-fiscal emergente. Num segundo momento, procederemos a uma abordagem das soluções normativas vigentes.

Antes de tomarmos uma posição quanto à solução que julgamos mais correcta e útil, consideramos necessário definir alguns conceitos operacionais, numa tentativa de esclarecer uma posição dentro da discussão existente nestas matérias, tanto no plano doutrinal como no plano legal[201].

No que se refere ao lado passivo da relação jurídica, adoptaremos aqui os conceitos de *contribuinte,* de *devedor de imposto* e de *sujeito passivo stricto sensu,* na acepção que lhes é dada por parte da nossa doutrina,[202] por entendermos que, apesar da tentativa do legislador

---

[199] S. Sanches (1995:70ss).

[200] Distinção relevante ao nível dos grupos, como veremos no cap. 7º, quando analisarmos o relevo das convenções inter-grupo e a posição do direito fiscal perante as mesmas.

[201] V. exemplos dessas várias posições doutrinais em Portugal em J. C. Leitão (1997:102/103). Em geral, Ayala (1994:371ss), Eusebio Garcia (1997), Lago Montero (1997), Galiana (1997).

[202] Nomeadamente Alberto Xavier (1974:353ss), S. Sanches (1999:109ss) e C. Nabais (2000:213ss).

reflectida no art. 18º da LGT, esses conceitos doutrinais são os mais indicados para uma correcta aplicação dos vários preceitos legais relevantes quando se trata de enquadrar o grupo na estrutura da relação jurídico-fiscal.

Contribuinte é, em nosso entender, a pessoa singular ou colectiva ou a entidade sem personalidade jurídica que é titular da capacidade tributária que a lei visa atingir e que vai sofrer o desfalque patrimonial em que se concretiza um qualquer imposto e aquele que preenche ou realiza o facto tributário ou pressuposto de facto, definido na norma legal. Nestes termos, abrange o *contribuinte directo* e o *contribuinte indirecto* (aquele que sofre o desfalque patrimonial através do fenómeno da repercussão jurídica).

Devedor de imposto é a entidade ou pessoa que, mesmo não sendo contribuinte, está obrigada, por força da lei, a realizar a prestação principal (a prestação pecuniária), em favor do sujeito activo ou credor. Esta entidade ou pessoa poderá ser devedora a título directo (contribuinte) ou indirecto (substituto), originário ou derivado (sucessor legal) e a título principal ou acessório (responsável fiscal).

Sujeito passivo é toda a pessoa ou entidade que está obrigada, perante o credor, a realizar uma qualquer prestação tributária, seja a prestação pecuniária, seja uma prestação acessória ou um dever de colaboração. Vamos utilizar, porém, o conceito de *sujeito passivo stricto sensu,* que identifica as entidades obrigadas a cumprir os vários deveres de cooperação decorrentes das normas fiscais, mas já não o dever principal.

É certo que a LGT utiliza as expressões *sujeito passivo* e *contribuinte directo*. Mas as definições consagradas na lei apresentam incorrecções e contradições entre si que podem suscitar complicações e inconvenientes na sua aplicação prática, nomeadamente no que se refere à definição de uma correcta estruturação da relação jurídico-fiscal decorrente do RTLC, que é o objectivo aqui traçado.

Reputamos inteiramente justificada a crítica de Casalta Nabais ao art. 18º, nos 3 e 4 da LGT, que considera um preceito "duplamente criticável, já que, por um lado, utiliza a expressão sujeito passivo com o sentido demasiado estrito, identificando-o com o que atribuímos a devedor do imposto *latu sensu*, e, por outro lado, designa por contribuinte directo o devedor principal ou originário de imposto, o qual, como vimos, não esgota as hipóteses que podem reconduzir-se à situação de contribuinte directo"[203].

Assim sendo, optámos por utilizar na análise que vamos empreender os conceitos doutrinais acima enunciados, por entendermos que, pela sua coerência, permitem uma abordagem mais correcta deste intrincado problema.

6.2. O grupo não é nem pode ser contribuinte, devedor ou sujeito passivo

6.2.1. *Posição adoptada*

Dentro da classificação aqui adoptada, interessa agora esclarecer como é que, tendo em conta a figura do *grupo de sociedades,* se vai estruturar a relação ou relações jurídicas que vão nascer por força da sua existência e da sua tributação pelo RTLC.

Em relação à estruturação da relação jurídico-fiscal decorrente do RTLC nas suas várias facetas, são muitas as propostas oferecidas, quer na doutrina quer nas legislações[204]. Num esforço de sistematização poderemos reduzi-las a três[205]:

i) parte da doutrina entende que o grupo em si – como conjunto de sociedades –, apesar de não ter personalidade jurídica, é o contribuinte e o devedor de imposto;

ii) outros entendem que contribuintes são todas e cada uma das sociedades, assumindo a sociedade-dominante o papel de devedor de imposto e de sujeito passivo *stricto sensu*;

---

[203] V. C. Nabais (2000:215).

[204] V. Giménez (1991:69ss), Gargallo (1994:176), Frias (1997:256ss) e Lidoy (1999:165ss).

[205] V. neste sentido Giménez (1991:65ss), Frias (1997:258/259) e Lidoy (1999:268/269).

iii) por último, há quem entenda que sujeito passivo *stricto sensu* são as várias sociedades-dominadas e a sociedade-dominante, sendo devedor a sociedade-dominante e contribuintes todas as sociedades pertencentes ao grupo[206].

Com a preocupação de justificar a posição que assumiremos, vamos tentar proceder previamente a uma correcta estruturação das várias situações passivas que decorrem da relação jurídico-fiscal emergente, por força da tributação de um grupo pelo RTLC.

Retomando a posição que perfilhámos no que diz respeito à noção de *grupo fiscalmente elegível para efeitos do RTLC*, recordamos que consideramos grupo, para este efeito, o conjunto de sociedades, sujeitas a uma direcção única e em que – requisito fundamental – a sociedade-dominante detém, directa ou indirectamente, pelo menos 90% do capital de todas as outras, as sociedades-dominadas. O que significa um grupo fortemente hierarquizado ou centralizado, no seio do qual a sociedade-dominante exerce o poder de controlo e de direcção dos principais aspectos da vida de todas as sociedades integradas no grupo[207].

À luz do que acabamos de dizer, entendemos que o grupo não é, nem pode ser, *contribuinte, sujeito passivo stricto sensu* ou mesmo *devedor* de imposto, conclusão que se baseia na análise da verdadeira natureza do grupo, da sua função, da estrutura da própria relação jurídico-fiscal e dos interesses relevantes que determinam a existência do RTLC[208].

---

[206] A sistematização das várias posições aqui apresentada deve ser entendida com algumas cautelas, já que nem sempre os conceitos de sujeito passivo, contribuinte e devedor de imposto coincidem com as opções aqui assumidas.

[207] V. neste mesmo sentido Lidoy (1999:96ss).

[208] Neste mesmo sentido Olivan (1975:743ss), Navas Vasquéz (1977), Ibañez (1983a:459), Giménez (1991:16ss), Ambel (1991:492), Gargallo (1994:176ss), A. Frias (1997:258ss) e Morgenstein (2000). Em sentido diverso, defendendo que o grupo é sujeito passivo, v. por ex.: R. Lousa (1989:59), Berenguer (1994:556ss), Añoveros e outros (1996:267), Queralt e outros (1998) e Lidoy (1999:165ss).

Como realçámos no segundo capítulo deste trabalho, os grupos de sociedades não têm personalidade jurídica, tanto no direito societário como no direito em geral. Esta conclusão, só por si, não obstaria a que, para efeitos fiscais, lhe, fosse atribuída subjectividade fiscal na qualidade de sujeito passivo *stricto sensu*, de *contribuinte* ou de *devedor*, se tal se revelasse útil e necessário nesta sede.

Cremos, porém, que, tendo em conta os objectivos (identificados no capítulo terceiro) que o direito fiscal pretende alcançar com a tributação unitária do grupo, nada aconselha – e tudo desaconselha – tal solução. Como já dissemos, o que justifica a tributação conjunta do grupo não é a necessidade de criar um novo ente, mas a necessidade de superar regras da tributação cujo *modus operandi*, em sede de imposto sobre o rendimento, está centrado na sociedade isoladamente considerada. A tributação do *grupo de sociedades* pelo RTLC permite satisfazer as exigências do princípio da neutralidade fiscal, respeitando as regras materiais da tributação.

O *grupo de sociedades fiscalmente ilegível* – já o vimos – constitui, na prática, uma forma de organização da sociedade-dominante, que decide, por razões fiscais ou extra-fiscais, assumir essa forma, isto é, decide dividir-se em várias sociedades juridicamente autónomas, com património e órgãos próprios.

Quer dizer: o grupo é constituído por um conjunto de sociedades dotadas de personalidade jurídica e de organização próprias, perfeitamente estabelecidas e reconhecidas pelo direito. O grupo de sociedades não pode, por isso, ser equiparado àquelas entidades desprovidas de personalidade jurídica que a lei geral tributária equipara às entidades com personalidade tributária (art. 15º da LGT, art. 3º do CPPT e 2º do CIRC)

Quando o legislador fiscal decide – e bem – reconhecer personalidade tributária a essas entidades, procede dessa forma porque essas entidades, apesar de manifestarem capacidade tributária própria, de terem órgãos e património próprios, não têm personalidade jurídica.

Ora os grupos são realidades muito distintas, porque, como já referimos, são constituídos, regra geral, por entidades que precisamente são dotadas de personalidade jurídica. Neste sentido, pode mesmo afirmar-se que no grupo "sobreabundan las personalidades jurídicas"[209 210].

Por outro lado, a análise da constituição do grupo impõe-nos a conclusão de que, enquanto entidade individualmente considerada, o grupo não tem património, não tem rendimento e – como já vimos – não tem órgãos próprios que definam a sua vontade e fins. O que significa que o *grupo de sociedades* não tem capacidade contributiva autónoma para suportar o encargo em que consiste o imposto.

Não existindo capacidade contributiva – ou, mais precisamente e neste caso, rendimento próprio – fica afastada, a nosso ver, a hipótese de considerar o grupo como *contribuinte* de qualquer imposto[211].

Chegados a este ponto, temos também de considerar incoerente a solução de atribuir ao grupo a qualidade de *devedor de imposto,* ou seja, a qualidade de entidade obrigada por lei a pagar o imposto. Se o grupo não tem património nem rendimento próprios, nem sequer órgãos que determinem autonomamente a sua vontade, faltam as condições necessárias para instituir essa entidade como devedora (que na definição por nós adoptada identifica as entidades que estão obrigada a efectuar o pagamento do imposto).

Nem se vislumbra qual o interesse de tal solução para o credor, que veria a sua garantia patrimonial prejudicada, ficando colocado na

---

[209] No mesmo sentido v. Ambel (1991:494ss).

[210] Com base neste entendimento, temos de considerar incorrecta a posição de parte da doutrina espanhola, ao equiparar os grupos às entidades ou entes sem personalidade jurídica do art. 33° da LGT espanhola ou do art. 2°, n° 1, b) do nosso CIRC. V. por todos Lidoy (1999:167ss).

[211] A questão da subjectividade do grupo tributado em RTLC tem sido objecto de particular preocupação por parte da doutrina espanhola, que a ele tem dedicado muita da sua atenção sempre que aborda a questão da tributação dos grupo de sociedades. v. Olivan (1975:743ss), A. Melcon (1975:771), Valverde (1976:363), Navas Vasquéz (1977), Valcarel (1977:508ss), Alvarez (1978), Ibañez (1983a:459), Lozano (1984:507ss), Calvo Ortega (1987), Giménez (1991:63ss), Ambel (1991:494ss).), Gargallo (1994:176ss), Berenguer (1994:556ss), Añoveros e outros (1996:267), A. Frias (1997:258ss), Queralt e outros (1998), A. Antón (1998:1690) e Lidoy (1999:165ss).

situação de poder ter que exigir o pagamento do imposto a uma entidade que não tem órgãos nem património próprios.

As mesmas razões que vimos invocando, nomeadamente o facto de o grupo não ter uma estrutura orgânica independente, levam-nos a afastar também a solução de constituir o grupo como *sujeito passivo stricto sensu*.

Com efeito, não se pode exigir de uma entidade a realização de uma prestação quando essa entidade não tem órgãos próprios que possam manifestar a sua vontade e possam praticar actos juridicamente relevantes. A solução contrária seria profundamente prejudicial para o estado enquanto credor fiscal, ao qual o que mais interessa é o correcto cumprimento dos deveres de cooperação que resultam das normas fiscais, cumprimento que cabe aos *sujeitos passivos stricto sensu*.

Como é unanimemente reconhecido pela doutrina[212], o cumprimento dos vários deveres de cooperação decorrentes do RTLC é uma das grandes dificuldades resultantes deste regime de tributação, dado que as operações de consolidação fiscal são extremamente complexas e implicam uma organização bem estruturada e especificamente direccionada nesse sentido.

Precisamente porque assim é, não faz sentido pretender que uma entidade como o grupo, que não tem órgãos próprios, possa ser capaz de realizar tal tarefa de forma conveniente e de acordo com os interesses do estado.

Também não nos parece correcto afirmar que seria acertado reconhecer o grupo como sujeito passivo ou contribuinte porque essa é a solução já consagrada em termos legais ou doutrinais noutros ramos do direito, (o direito comercial ou o direito do trabalho, v.g.)[213]. Como já dissemos, uma correcta abordagem dos grupos por parte do direito pressupõe soluções próprias para cada um dos ramos do direito, já que os interesses em causa são muito diferenciados.

Neste contexto, uma análise atenta das soluções extra-fiscais aduzidas para justificar a opção de, em sede fiscal, atribuir ao grupo a

---

[212] V. por todos Villegier (1992:87) e Morgenstein (2000:23ss).
[213] Neste sentido v. Lidoy (1999:195ss).

qualidade de devedor e de contribuinte, permite concluir que, nesses ramos do direito – nomeadamente no direito societário e no direito laboral –, o que se tem vindo a defender é que, perante créditos ou direitos dos trabalhadores decorrentes de contrato com uma das entidades do grupo, a sociedade-dominante ou todas as outras podem ser responsabilizadas solidária ou subsidiariamente por essas dívidas e deveres. Em hipótese alguma se equaciona a atribuição da qualidade de sujeito ao grupo de sociedades.

Por outro lado, a realidade de que se ocupam esses ramos do direito traduz-se em situações estruturalmente diferentes daquelas que relevam em sede fiscal. Trata-se, aí, de relações jurídicas e de créditos de natureza privada, nas quais o legislador não pode intervir nos mesmos termos em que o pode fazer em direito fiscal, uma vez que, como se sabe, a estrutura e definição da relação jurídico-fiscal decorre da lei e não da vontade das partes.

Nesses ramos do direito, o legislador não pode, à margem da figura do contrato, construir soluções que em abstracto responsabilizem uma entidade que não celebrou qualquer contrato. Por isso as soluções doutrinais e jurisprudenciais têm-se pautado pelo desenvolvimento da doutrina *liefting the veil*, responsabilizando todas as sociedades ou a sociedade-dominante por deveres resultantes de contratos celebrados por uma das sociedades do grupo.

No direito fiscal tudo é diferente: a relação jurídico-fiscal tem como facto gerador a lei, o conteúdo da relação jurídica decorre igualmente da lei e o credor é o estado. Nestes termos, as soluções podem e devem ser diferentes, o legislador pode e deve construir soluções que, respeitando os princípios fundamentais do direito fiscal, permitam uma justa e adequada salvaguarda de todos os interesses em causa, nomeadamente os interesses recaudatórios da AF.

Em conclusão, à luz do que fica dito, o grupo, como entidade, não pode ser considerado *contribuinte*, nem *devedor*, nem *sujeito passivo stricto sensu*. Estas soluções, além de não terem nenhuma utilidade em sede fiscal, seriam mesmo incoerentes (tendo em conta os interesses do sujeito activo e do estado) e prejudiciais para a aplicabilidade do sistema.

6.2.2. *O grupo como requisito de aplicabilidade do RTLC*

Depois desta conclusão e antes de perspectivarmos quem, dentro do grupo, deve assumir a titularidade das várias posições passivas emergentes da relação jurídico-fiscal, falta esclarecer qual o enquadramento que *o grupo de sociedades fiscalmente elegível* (tal como o entendemos) vai assumir para efeitos de tributação pelo RTLC.

Na nossa perspectiva, o grupo é apenas uma situação jurídica de natureza extra-fiscal que vai ter relevância na definição das operações tendentes à quantificação da matéria colectável das várias sociedades nele integradas[214].

Nestes termos, diremos que, para efeitos do RTLC, o grupo não é mais do que uma unidade fiscal *sui generis*[215] em sede de tributação pelo IRC[216], em que a capacidade contributiva reside em cada uma das várias sociedades. Daí que elas sejam os contribuintes, embora a tributação do rendimento auferido pelas sociedades pertencentes ao grupo seja feita conjuntamente e tendo em conta os encargos do conjunto, por forma a salvaguardar os princípios já referidos[217]. O grupo – escreve Ambel – "más parece objecto que sujeto tributário"[218].

O grupo funciona, assim, como um requisito de cuja verificação está dependente a aplicação das regras do RTLC ao apuramento da matéria colectável das sociedades que o compõem[219].

Para que esse apuramento se faça de uma forma correcta o legislador tem necessidade de definir um conjunto de deveres de cooperação, paralelos àqueles (e complementares daqueles) que, de acordo com o regime geral, essas sociedades já têm que cumprir.

---

[214] V. neste mesmo sentido Ambel (1991:492), Giménez (1991:17ss) e Frias (1997:260).

[215] Sobre a unidade familiar v. Manuel Pires (1981), Corte Real (1981), Teixeira Ribeiro (1989:155ss, 175ss), E. Gonzalez (1987:31ss), (1985:363ss) e Nabais (1996:487 e 524ss), (2000:217).

[216] V. Giménez (1991:13ss, 64ss).

[217] V. *supra,* cap. 3º.

[218] V. Ambel (1991:493).

[219] Neste sentido v. Giménez (1991:17).

Esses deveres são específicos do RTLC e são necessários à estruturação do RTLC como um sistema que, além de salvaguardar os interesses dos contribuintes, respeitando o princípio da neutralidade fiscal, faculta também à AF os meios necessários a um efectivo controlo da situação fiscal das sociedades integrantes do grupo e do cumprimento dos seus deveres fiscais e, em último termo, do princípio da capacidade contributiva[220].

Em coerência com o entendimento que temos feito da função do grupo para efeitos do RTLC, partilhamos da opinião daqueles para quem o grupo nem sequer pode ser considerado como um centro autónomo de imputação de situações jurídicas, "instrumental para la imposición de la realidad económica colectiva que es diversa de la de cada uno de los sujetos que lo componen"[221], já que o grupo "no constituye un punto de referencia o «conexión» de las normas para generar situaciones jurídicas cuya titularidad se impute al mismo, ya que éste, por carecer de subjectividad, no puede asumir la titularidad jurídica; sin embargo, sí opera como punto de referencia de determinadas situaciones jurídicas cuyos efectos sólo pueden imputarse a sus diversos componentes"[222].

Concluindo: na forma como o entendemos e independentemente do regime vigente em Portugal, entendemos que o grupo não é nem pode ser considerado sujeito passivo, devedor ou contribuinte. Ele é apenas um requisito de aplicabilidade do RTLC, relevante para a definição das normas de quantificação da matéria tributável para efeitos de tributação em IRC e da determinação de um conjunto de deveres de cooperação a cargo das entidades que o compõem[223].

6.2.3. *A função e natureza do RTLC*

No que se refere à caracterização do RTLC e à correcta definição da sua função e natureza, partilhamos inteiramente o ponto de vista de

---

[220] V. *infra,* caps. 7º e 11º.

[221] Como defende Lovisolo – citado por Gimenez (1991:18) –, condicionado pela sua opção de atribuir ao grupo a qualidade de um "sujeito passivo imperfeito ou instrumental" para efeitos de tributação pelo RTLC.

[222] V. Giménez (1991:18).

[223] Neste sentido v. *supra,* cap. 5.

Ambel quando defende que "la consolidación de balances a efectos tributarios... es basicamente un expediente de cuantificación de la base imponible del Impuesto sobre Sociedades de los sujetos implicados en el mismo grupo. Es por ello que preferimos identificarlo como *régimen del beneficio consolidado o tributación en regimen de beneficio consolidado*"[224].

Na nossa opinião, nem sequer é correcto afirmar que o RTLC tem como objecto a definição das regras de determinação da matéria colectável (o lucro tributável). Essas normas que definem os elementos que no seu conjunto constituem a matéria tributável das sociedades em sede de IRC (arts. 17°ss CIRC).

O resultado do conjunto é determinado com base nos resultados de cada uma das sociedades que o compõem, obedecendo esse apuramento às regras normais de determinação do lucro tributável. O RTLC só opera num segundo momento, em que, por força da existência do grupo e das exigências do princípio da neutralidade, se institui então um regime específico de quantificação e apuramento da matéria tributável.

O RTLC consiste, assim, num método de quantificação da matéria tributável das várias sociedades que integram o grupo[225], método segundo o qual, partindo do resultado individual de cada uma das sociedades determinado de acordo com as regras gerais, se procede em seguida às correcções aos resultados de cada uma delas, essencialmente através da eliminação das operações internas ao grupo, após o que se efectuará a soma algébrica desses resultados, quantificando a matéria tributável do grupo de sociedades, e se procederá, por fim, à liquidação e às deduções à colecta que tiverem lugar[226].

---

[224] V. Ambel (1991:492).

[225] Sobre este aspecto v. *supra,* cap. 5°.

[226] Neste sentido é também diferente do mecanismo instituído pelos arts. 3°, n° 1, b) e d) e 47° e 48° do CIRC. Nestes define-se um procedimento distinto de determinação do resultado fiscalmente relevante. Na hipótese que estamos a analisar, introduzem-se algumas correcções ao resultado apurado segundo as regras normais para esse tipo de entidades, correcções apenas relevante em sede de quantificação da matéria tributável. Neste sentido, assim como noutros, a solução que defendemos aproxima-se, como veremos, do regime da transparência fiscal ou das regras dos arts. 62°ss do CIRC.

Assim sendo, o RTLC é um regime específico de quantificação da matéria tributável, aplicável a um conjunto de entidades, elas próprias contribuintes de IRC, que, por força do vínculo jurídico extra-fiscal existente entres elas – *o grupo de sociedades fiscalmente elegível* – e desde que preencham certo tipo de requisitos[227], vão ver a sua matéria tributável ser apurada em conjunto e tributada por uma só vez.

Dizendo por outras palavras, o RTLC consiste num processo de apuramento da matéria tributável que vai ter eficácia só nesse âmbito, ou seja, em sede de operações de quantificação da matéria tributável, que por sua vez determinam a definição de alguns deveres de colaboração específicos a cargo das sociedades integrantes do grupo[228].

Ao legislador exige-se um especial cuidado na definição da estrutura da relação jurídico-fiscal emergente por força do RTLC, nomeadamente em sede da assunção das várias posições passivas para efeitos de IRC. Mas tal não obriga – como demonstrámos e explicitaremos – à criação de qualquer nova figura à qual se atribua a qualidade de sujeito passivo, devedor ou contribuinte, sendo apenas necessária uma posição clara do legislador na definição das posições das várias entidades dentro do lado passivo da relação jurídico-fiscal.

6.2.4. *O RTLC não é um benefício fiscal*

Como se sabe, a noção de benefício fiscal tem hoje consagração legal e pressupõe duas características essenciais:

1) o seu carácter excepcional e limitado (de acordo com a LGT tem agora uma duração máxima de 5 anos);
2) a sua legitimidade funda-se na prossecução de fins e interesses públicos extra-fiscais que se vão sobrepor ao interesse público inerente à percepção dos impostos[229].

---

[227] Sobre estes requisitos v. *infra*.

[228] Sobre estes deveres de colaboração v. *infra,* cap. 7º.

[229] Sobre os benefícios fiscais, v. Alberto Xavier (1974:281ss), N. Sá Gomes (1990), Fernandes & Santos (1993), C. Nabais (1994:123ss, 165ss), (1998:632ss), S. La Rosa (1994), M. T. Faria (1995), Comissão de Desenvolvimento da Reforma Fiscal (1996) e S. Sanches (1998:167ss).

Ora, como já deixámos claro, os dois principais fundamentos da institucionalização do sistema de RTLC são de natureza fiscal: o princípio da neutralidade fiscal e o princípio da capacidade contributiva. Nestes termos, o RTLC consiste, apenas, como repetidamente temos defendido, num conjunto de regras específicas de determinação do lucro tributável das sociedades integradas no grupo, podendo ser incluído naquelas medidas que Nuno Sá Gomes denomina de *desagravamentos-regra*[230]. Com efeito, elas estão incluídas e são inerentes ao modelo de tributação-regra instituído e nunca classificado ou considerado como um benefício fiscal: o RTLC – já o dissemos – limita-se a atenuar a não neutralidade resultante da aplicação aos grupos de sociedades do regime geral em matéria de IRC.

6.2.5. *Regime legal em vigor*

A solução que defendemos de negação da qualidade de sujeito passivo ao grupo, reconhecendo-o apenas enquanto realidade extra-fiscal que funciona como um pressuposto de facto da aplicação, ao conjunto de sociedades que integram o grupo, de um regime específico de apuramento da sua matéria tributável e de um conjunto de deveres de cooperação específicos, resultou da análise teórica que empreendemos sobre a figura do *grupo de sociedades*.

Entendemos, contudo, que esta solução – ao contrário do que poderia parecer da leitura dos poucos estudos existentes em Portugal sobre este assunto[231] – é também a solução consagrada a este respeito na ordem jurídica portuguesa.

Vejamos o que dispõe o art. 59º do CIRC, que institui o regime de tributação pelo lucro consolidado[232]: "existindo um grupo de socie-

---

[230] V. N. Sá Gomes (1990: 48ss).

[231] V. M. P. Lousa (1988), (1989a), Fernandes & Santos (1991:427), David Ferreira (1991), (1992), Luís Belo (1994) e Tomás Tavares (1999:147).

[232] A própria denominação que foi atribuída "tributação pelo lucro consolidado" não deixa de ser elucidativa no sentido aqui defendido.

dades, a sociedade dominante poderá solicitar ao Ministro das Finanças autorização para que o lucro tributável em IRC seja calculado em conjunto para todas as sociedades do grupo".

Como se pode concluir do teor deste artigo, resulta claro que o seu sentido é o de instituir um regime idêntico ao que defendemos, ou seja: para efeitos de quantificação da matéria tributável – e só para este efeito –, a matéria tributável das várias entidades que integram o *grupo de sociedades fiscalmente elegível* ir-se-á calcular em conjunto, partindo do resultado apurado para cada uma delas, de acordo com o regime geral.

Este aspecto é de extrema relevância. Com efeito, o que determina o art. 59º é que a operação a efectuar, como veremos em pormenor, consiste na soma algébrica dos resultados obtidos pelas várias sociedades, depois de corrigidos nos termos que vimos propondo. O que significa que, perante a lei, *contribuintes* são as várias sociedades que constituem o grupo (pois elas é que preenchem o pressuposto de facto contido nos artigos do CIRC), e é o rendimento dessas sociedades que vai ser tributado.

Acontece, no entanto, que, pelas razões já aduzidas e no sentido de construir um regime fiscal mais adequado, a quantificação da matéria colectável para efeitos de liquidação vai ser feita tendo em conta o rendimento desse conjunto de sociedades como um todo, de acordo com certas regras.

Esta conclusão sai reforçada recorrendo a um argumento de carácter formal – a inserção sistemática dos preceitos em causa no CIRC –, mas que, neste contexto, assume alguma relevância: é que o art. 59º do CIRC está integrado na Subsecção II da Secção VI do Capítulo III do CIRC, que tem por epígrafe "determinação da matéria colectável".

É evidente, portanto, que estas normas têm apenas eficácia em sede de regras de apuramento da matéria tributável, não alterando nem definindo nenhuma nova situação ou posição subjectiva passiva no âmbito do CIRC.

Por outro lado, não existe nenhuma referência ao *grupo de sociedades* no art. 2º do CIRC, que define os sujeitos passivos em sede do IRC, nem mesmo no nº 2 desse artigo, em que se identificam várias entidades que, apesar de não terem personalidade jurídica, vão adquirir a qualidade de contribuintes.

O mesmo se pode afirmar em relação aos outros preceitos do CIRC que se referem ao grupo, dos quais não resulta mais do que a confirmação desta percepção.

Assim, por exemplo, o art. 96°, n°s 6 e 7, referente às obrigações declarativas[233], determina que cabe à sociedade-dominante efectuar a declaração referente ao grupo. O *sujeito passivo stricto sensu* deste dever é a sociedade-dominante e não o grupo, já que este, como dissemos, não tem as condições necessárias para que lhe seja atribuída essa qualidade.

Neste mesmo sentido parece indicar o art. 92° do CIRC. Como veremos mais à frente, apesar de todas as dúvidas que a sua interpretação suscita, parece inequívoco que ele determina que a posição de *devedor de imposto* no referente ao grupo cabe à sociedade-dominante, sendo as outras sociedades do grupo meras responsáveis tributárias. Mais uma vez, o legislador, também neste âmbito, não considerou o grupo como entidade susceptível de poder ser titular de qualquer dever.

Assim sendo e tendo em conta a análise feita ao regime legal em vigor, não se compreende[234] como é que a administração fiscal – Circular 4/90, de 9.01.90, no n° 2 do Anexo – pode ter interpretado tais preceitos, no passado, no sentido de que eles determinavam que o grupo era sujeito passivo de IRC, por força do RTLC[235].

Tal opção era criticável a vários títulos: em primeiro lugar, porque – como procurámos demonstrar – não existe qualquer fundamento teórico que a justifique; em segundo lugar, porque do regime legal então em vigor não resultava tal consequência, bem pelo contrário, como cremos ter deixado claro; por último, e salvo melhor opinião,

---

[233] Sobre este aspecto do regime v. desenvolvidamente *infra* e cap. 7°.

[234] Ou talvez sim, já que essa era a posição assumida por umas das principais responsáveis por essas matérias dentro da DGCI (v. M. R. Lousa (1989:59)) e esse era – e é – o regime em vigor em Espanha.

[235] In CTF, n° 357 (1990: 267ss). Sobre o papel e função das Circulares no nosso ordenamento fiscal, v. *infra,* cap. 7°.

porque tal preceito era totalmente inconstitucional, por violação do princípio da legalidade fiscal[236] [237].

Posteriormente, através da Circular n° 15/94[238], de 06.05.94, (ponto n° 7.2), elaborada por força de alterações introduzidas no CIRC/RTLC (Lei n° 71/93, de 26 de Novembro, a qual, aliás, não introduziu qualquer alteração no regime vigente no que se refere à personifi-

---

[236] O princípio da legalidade fiscal significa, em Portugal, que, nos seus elementos essenciais, os impostos só podem ser criados por lei formal do Parlamento ou então pelo Governo através de DL autorizado (art. 103°, n° 2 e art. 165°, n°1, i) da CRP). Assim e em relação à taxa, normas de incidência pessoal e real, benefícios fiscais e garantias dos contribuintes, os diplomas definidores desses elementos da relação jurídica fiscal têm que ter valor de lei, ou seja, lei da AR ou DL autorizado do Governo – âmbito vertical. A administração fiscal: não pode, portanto, definir quem é sujeito passivo de uma relação jurídico-fiscal ao fazê-lo está claramente a violar o princípio legalidade fiscal. Sobre este princípio a bibliografia é vastíssima. Em Portugal, v., entre outros, C. Costa (1970:154ss), A. Xavier (1972:105ss), J. J.Teixeira Ribeiro (1989:97ss), G. Canotilho & Vital Moreira (1993:458ss,e 674), S. Martinez (1993:106ss) A. P. Dourado (1995:47ss), N. S. Gomes (1996:33ss), L. de Campos & M. Leite de Campos (1997: 102ss, 169ss), S. Sanches (1998:31ss), C. Nabais (1998: 321ss.) e (2000:139ss). Em geral v. Cipollina (1992:120ss), A. Amatucci (1994:), e Queralt e outros (1998:164ss). Cfr. também art. 8° da LGT, cujo número dois levanta algumas dúvidas, sendo necessário proceder a uma interpretação deste preceito conforme à Constituição.

[237] Em sentido idêntico e em relação ao art. 1° do Real Decreto 1.414/77, que também considerava o grupo sujeito passivo, pronunciava-se parte da doutrina espanhola (v. Giménez (1991:67ss), Ambel (1991:493) e Frias (1997:259)). Este último autor manifesta mesmo a sua estranheza por em Portugal ser uma circular da Administração a atribuir ao grupo a qualidade de sujeito passivo (v. nota 21, p. 256). Hoje a situação na Espanha é mais complexa. A questão da constitucionalidade está ultrapassada, já que a nova Lei do Imposto sobre Sociedades (LIS – Ley 43/1995, de 27.12.95, art. 79°, n° 1, e o seu regulamento, aprovado pelo Real decreto 537/1997, de 15.05.97) considera (erradamente a nosso ver) o grupo como sujeito passivo, apesar de toda a discussão doutrinal havida no país vizinho. Esta solução, criticada por parte da doutrina espanhola (v. por ex. Antón (1998:1690)), colhe o apoio de outra parte dela, que já a apoiava quando estava contida no Real Decreto 1.414/77, por remissão para o art. 33° da LGT espanhola de então. V. por exemplo Queralt e outros (1998) e Lidoy (1999:165ss).

[238] In CTF, n° 374 (1994), pp. 320ss.

Tribut*ação dos grupos de sociedades pelo lucro consolidado em sede de IRC* 103

cação do grupo), a DGCI veio, aparentemente, alterar a sua posição, deixando de afirmar que o *grupo de sociedades* é sujeito passivo de IRC por força do RTLC.

Apesar de a regulamentação em vigor ainda deixar lugar para alguma perplexidade (como veremos), tudo indica que a administração fiscal corrigiu a sua posição e absteve-se de definir uma questão – atribuição da qualidade de sujeito passivo ao grupo – que tinha definido de forma incorrecta, ilegal (à luz do regime vigente) e inconstitucional (por violação do princípio da legalidade fiscal), nos termos já referidos.

Em resumo: entendemos que a interpretação correcta dos preceitos legais aplicáveis permite a conclusão de que em Portugal o regime vigente consagra a solução que propugnamos de *jure condendo*: o grupo não é *contribuinte, devedor*, ou *sujeito passivo stricto sensu*.

Consideramos necessário, contudo, que o legislador defina, no futuro, num capítulo específico aplicável ao RTLC dentro do CIRC[239], a sua posição de forma expressa sobre esta e outras questões e determine qual o relevo do grupo para efeitos de IRC. Se não o fizer, põe em causa, por omissão, um princípio fundamental de qualquer sistema tributário, o *princípio da segurança jurídica*, decorrente da princípio da legalidade fiscal.

Se concluímos – fundamentadamente, segundo pensamos – que o grupo não é contribuinte, não é devedor de imposto nem sujeito passivo *stricto sensu*, é necessário então que identifiquemos quais as entidades que, dentro do grupo, vão assumir a titularidade dos vários deveres ou prestações que integram a relação jurídica decorrente do RTLC.

---

[239] Como fizeram, por exemplo, o legislador espanhol com a aprovação da nova LIS (que dedica os arts. 78º a 96º a regular o RTLC) e o legislador francês, que dedica os arts. 223-A a 223-O e anexos do CGI a definir o RTLC.

6.3. As sociedades pertencentes ao grupo como contribuintes para efeitos do RTLC

6.3.1. *Posição adoptada*

Para efeitos do RTLC, *contribuintes* são unicamente as várias sociedades que vão constituir o grupo, já que são elas que preenchem o pressuposto de facto das normas de incidência do IRC e é o lucro das várias sociedades que vai ser determinado de acordo com as regras gerais dos artigos 17°ss do CIRC e depois apurado e tributado, de acordo com as regras específicas do RTLC, como já esclarecemos.

Na verdade, nem poderia ser de outro modo, já que são as sociedades – ou as outras entidades que para este efeito lhes são equiparadas[240] – as únicas que têm património e rendimentos próprios, que produzem rendimento susceptível de tributação. O grupo não pode ser contribuinte porque não tem rendimento.

Por outro lado, como já explicámos, o RTLC constitui apenas um método específico de apuramento da matéria colectável dos contribuintes – as sociedades que pertencem a um grupo –, para efeitos de tributação em sede de imposto sobre o rendimento.

6.3.2. *Regime legal*

A verdade é que a nossa lei, em sede de normas de incidência pessoal ou real, é totalmente omissa em relação à figura do grupo (art. 2° do CIRC), o que só pode significar que os contribuintes são as várias sociedades e que o seu resultado é o lucro tributável[241]. Neste sentido, e mais uma vez, o argumento sistemático tem grande relevância.

---

[240] V. a noção de *grupo de sociedades elegível em sede fiscal* no cap. 4° e os requisitos de admissibilidade ao RTLC, no cap. 7°.

[241] Sobre o conceito de lucro tributável v. R. F. Ferreira (1984a), (1984b), M. H. F. Pereira (1988), (1990), B. Moita da Costa (1997), Tomás Tavares (1999) e *infra,* cap. 9°.

Como veremos pormenorizadamente, só depois e por força da sua integração no grupo enquanto unidade fiscalmente relevante, é que, para efeitos de quantificação e apuramento da matéria colectável dessas sociedades em sede de imposto sobre o rendimento, o resultado apurado por cada uma delas, de acordo com as regras gerais, irá sofrer correcções e alterações determinadas pelas normas específicas do RTLC. Só depois são somados os resultados obtidos, com vista ao apuramento de uma única matéria tributável do grupo, que irá ser tributada uma única vez.

Receamos, porém, que o silêncio do legislador possa dar lugar a insegurança ou mesmo a posições menos acertadas por parte da AF. Consideramos, por isso, aconselhável que o legislador, num capítulo do CIRC, tratasse do RTLC em termos mais desenvolvidos e explícitos, definindo claramente as suas opções quanto à questão da subjectividade do grupo.

Em conclusão: à luz das razões aqui invocadas, pensamos que devem considerar-se *contribuintes* (isto é entidades que realizam o pressuposto de facto e que vão ver o seu rendimento tributado), única e exclusivamente, cada uma das sociedades pertencentes ao grupo.

6.4. A sociedade-dominante como devedora principal e originária da prestação pecuniária principal devida pelo grupo

6.4.1 *Posição adoptada*

Em relação à posição de devedor de imposto, a definição de uma solução correcta perfila-se como uma tarefa bastante mais complexa.

Como já demonstrámos, a existência de um grupo fiscalmente relevante, por exigências decorrentes essencialmente do princípio da neutralidade, determina que, de acordo com as regras estabelecidas pelo RTLC, os resultados das várias entidades que o constituem sejam considerados como uma unidade para efeitos de quantificação da matéria tributável.

Perante este regime, falta esclarecer quem, dentro do grupo, vai assumir a posição de devedor da prestação pecuniária única, devida por força do RTLC.

Na nossa perspectiva, que tem em conta o elevado grau de participação exigido para que se possa falar de um grupo tributável pelo RTLC, o devedor originário e principal da prestação pecuniária decorrente da liquidação sobre o conjunto da matéria tributável do grupo é unicamente a sociedade-dominante, que vai ser devedora a dois títulos.

Num primeiro sentido, e no que diz respeito à quota-parte em que os seus resultados contribuam para essa dívida, ela é devedora a título directo, originário e principal, já que, com defendemos, ela é o contribuinte em relação a essa quota-parte da dívida[242].

Em relação à quota-parte da dívida imputável às outras sociedades que constituem o grupo, a sociedade-dominante é, na perspectiva aqui defendida, *substituta fiscal*[243], por força de um preceito legal que a tal a obrigue.

Este regime da substituição fiscal – que, obviamente, teria de resultar da lei[244], como qualquer tipo de substituição fiscal – é aquele que melhor enquadra a posição da sociedade-dominante relativamente às sociedades-dominadas pertencentes ao grupo e que melhor salvaguarda os interesses da AF enquanto credor fiscal. E justifica-se precisamente pela relação especial de poder de natureza extra-fiscal existente entre a sociedade-dominante e as várias sociedades-dominadas, relação que justifica a assumpção daquele regime pelo legislador fiscal.

Segundo a generalidade da doutrina, existe *substituição fiscal*[245] quando a lei determina que a prestação tributária seja exigida a pessoa diferente do contribuinte. Mas esta noção não corresponde hoje à noção

---

[242] V. sobre estes aspectos C. Nabais (2000:213ss).

[243] Trata-se de *substituição parcial*, já que não abrange, como veremos à frente, parte dos deveres de colaboração que continuam a caber às sociedades-dominadas.

[244] Como é claro, a substituição só pode resultar da lei, em obediência ao princípio da legalidade fiscal, já que se refere a um dos elementos essenciais dos impostos, os sujeitos (art. 20°, n° 2 da LGT).

[245] Sobre a substituição fiscal v. C. Costa (1975:271ss), A. Xavier (1975: 405ss), Parlato (1994:393ss), Novoa (1997), Cañal & Pistone (1997), Eusebio Garcia (1997), Lago Montero (1997), J. C. Leitão (1997:93ss), A. P. Dourado (1998:28ss), Queralt e outros (1998:354ss), S. Sanches (1998:128ss) e C. Nabais (2000:222ss).

consagrada no art. 20° da LGT, que restringe a substituição fiscal à técnica da retenção na fonte.

Esta opção do legislador é, no entanto, duplamente criticável[246]. Em primeiro lugar, porque é possível existir substituição fiscal sem que haja retenção na fonte, como acontece noutros países e já se verificou em Portugal[247]. Depois, porque pode haver retenção na fonte sem que haja substituição fiscal em sentido próprio, como é o caso da retenção na fonte com natureza de pagamento por conta[248].

Assim, resulta claro que o disposto no art. 20° da LGT não constitui em si mesmo um obstáculo intransponível, que impeça o legislador de instituir outros casos de substituição fiscal, até porque, verdadeiramente, como dissemos, eles já existem ou existiram.

Fazendo uma apurada análise do conceito de substituição fiscal, conclui-se que esta figura surge dentro da complexidade existente no lado passivo da relação jurídico-fiscal, por razões ligadas às necessidades de uma mais rápida e segura percepção do imposto, razões que levaram o legislador a definir situações em que pessoa diferente do contribuinte se vê obrigada a realizar a prestação[249]. Trata-se, pois, de uma garantia especial do crédito fiscal criada por lei.

É indiscutível que existe uma profunda ligação entre a substituição fiscal e a técnica da retenção na fonte. Esta última é a sua base material fundamental, mas não exclusiva. E também é verdade que, na

---

[246] Sobre estas críticas v. C. Nabais (2000:222).

[247] O caso do art. 44° do Regulamento do Imposto de Selo, hoje já sem efeito (exemplo referido por J. C. Leitão (1997:109), ou o caso previsto para as mais-valias no antigo art. 32° do Código do Imposto Sobre as Mais Valias (exemplo referido por C. Costa (1970:273)). V. neste mesmo sentido Cañal & Pistone (1997:621), autores que enumeram alguns exemplos existentes em Espanha.

[248] Sobre esta figura da substituição fiscal imprópria v. J. C. Leitão (1997: 115ss), autor que defende que nesse caso se está verdadeiramente perante uma "caução imposta por lei" (p. 118). No mesmo sentido v. Cañal & Pistone (1997:615ss), autores que defendem mesmo que, nesses casos, temos uma retenção sem substituição, e Novoa (1997), que fala precisamente em crise da substituição fiscal, já que a verdadeira substituição fiscal – aquela em que existe retenção na fonte a título definitivo – quase já não existe em Espanha.

[249] V. neste sentido por todos J. C. Leitão (1997:99ss).

maioria dos casos de substituição fiscal existentes, o legislador se socorreu da técnica da retenção na fonte. Tal circunstância justifica-se pelo facto de, nesses casos, existir, paralelamente à relação jurídico--fiscal aqui considerada, uma relação jurídica de natureza privada ou obrigacional, em que o substituto ou retentor é devedor de uma prestação pecuniária ao substituído ou contribuinte.

Tendo em conta esta circunstância extra-fiscal e para salvaguarda dos interesses do credor fiscal, é compreensível e legítimo que a lei possa impor ao substituto/devedor, no momento em que realiza a prestação perante o credor/contribuinte – e nos termos em que essa prestação é fiscalmente relevante como fonte de rendimento sujeito a tributação no âmbito da esfera jurídica do substituído –, o dever de reter parte dessa prestação, que depois tem de entregar ao estado, assumindo assim o substituído o papel de devedor perante o estado. A prestação retida é rendimento do substituído e não do substituto. Este torna-se apenas devedor desse imposto.

Uma parte da doutrina[250] tem defendido que o regime da retenção na fonte pode apresentar-se sob duas formas distintas conforme se esteja perante uma retenção na fonte a título definitivo ou perante uma retenção na fonte que funciona como pagamento por conta do imposto devido a final.

Sustentam estes autores que só nesta última hipótese se pode falar de verdadeira substituição fiscal, pois só neste caso o substituto passa a ser o único devedor de imposto, quer o tenha retido quer não (art. 28º, nº 3 da LGT).

Ao invés, nos casos de retenção na fonte a título de pagamento por conta não pode falar-se de substituição fiscal em sentido próprio, já que o substituto não passa a ser devedor de imposto, cabendo-lhe apenas entregar a parcela retida no caso de ter efectuado a retenção. Esta última hipótese representa apenas, segundo estes autores, uma garantia especial, uma "caução imposta por lei", efectuada por terceiro mediante dedução aos rendimentos do contribuinte[251].

---

[250] V. por todos J. C. Leitão (1997).
[251] V. J. C. Leitão (1997:118), Novoa (1997) e Cañal & Pistone (1997.615ss).

Outros autores entendem a retenção na fonte como um conjunto de deveres de prestar que surgem quando se verificam certos pressupostos de facto previstos na lei, pressupostos que são, eles próprios, verdadeiros factos tributários de onde resultam deveres de prestar[252].

O que interessa realçar, neste contexto, é que em ambas as acepções o pressuposto da substituição fiscal é a existência de uma relação jurídica de natureza extra-fiscal que relaciona o substituído com o substituto, atribuindo ao segundo uma posição de poder sobre aquele, que permite ao legislador fiscal impor-lhe esse dever e instituir o regime de substituição fiscal, justificando e legitimando a retenção na fonte.

Neste sentido, o que se propõe como solução do problema dos grupos quando se defende que a sociedade-dominante seja a devedora da prestação global devida pelo grupo é que a sociedade-dominante seja integrada na categoria da substituição em sentido amplo, já que, verdadeiramente, aqui não pode haver retenção na fonte.

No entanto, a sua obrigação de pagar por inteiro a prestação patrimonial principal e conjunta, na quota-parte que não corresponda ao seu próprio resultado[253], consiste num dever que lhe cabe cumprir por força de lei e da posição de domínio que ela detém no grupo em relação a todas as outras entidades que o compõem.

Temos perfeita consciência de que a sociedade-dominante não é devedora das outras sociedades pertencentes ao grupo de qualquer quantia, em termos tais que, por força dessa realidade jurídica extra--fiscal, se lhe possa impor a obrigação de reter uma quota-parte, como acontece nas hipóteses de retenção na fonte. No entanto, o que, na nossa perspectiva, justifica esta solução de substituição fiscal por parte da sociedade-dominante é a relação jurídica extra-fiscal de natureza jurídico-societária existente entre a sociedade-dominante e as socieda-

---

252 V. S. Sanches (1995b:88ss) e (1995a: 82ss) e (1998:132, nota 181).

253 Pode também acontecer que o seu resultado seja negativo, hipótese em que ela é devedora unicamente a título de substituição; mas também pode dar-se o caso contrário, quando, dentro do grupo, só a sociedade-dominante obtém resultado positivo e, apesar da integração dos resultados, ainda haja imposto a pagar, caso em que ela é devedora a título directo, já que é também o contribuinte.

des-dominadas, relação nos termos da qual (como vimos no capítulo segundo) aquela controla por completo estas últimas.

Esta relação, como procurámos demonstrar, é de natureza muito mais vinculante e forte do que aquela que decorre de uma simples relação creditícia. Ela é, pensamos nós, uma relação que provoca uma "revolução constitucional" na assunção dos poderes entre as várias sociedades, concentrando na administração da sociedade-dominante o poder de decisão referente aos aspectos essenciais das várias sociedades integrantes do grupo[254].

Esta realidade é juridicamente tão relevante que é por força da sua existência que – no respeito pelo princípio da neutralidade fiscal – se justifica a adopção pelo legislador de um RTLC enquanto forma mais adequada para tributar o grupo como estrutura óptima que a sociedade--dominante decide adoptar para prosseguir os seus fins sociais[255].

Em defesa desta solução pode ainda aduzir-se o argumento de que a sociedade-dominante é, dentro do grupo, a entidade que tem património e capacidade para poder responder da forma mais convincente pela dívida do conjunto, salvaguardando assim os interesses da AF. Acresce que, como veremos, é a ela que cabe a decisão de requerer a aplicação do RTLC e a escolha de quais as sociedades a integrar no (ou a sair do) RTLC, com todas as consequências que daí advêm[256].

A posição de total supremacia que a sociedade-dominante detém relativamente a todas as outras sociedades do grupo legitima, a nosso ver, que lhe seja imposto por lei o ónus de ser considerada a devedora por substituição fiscal do imposto devido pelo grupo enquanto unidade para efeitos fiscais, na parcela imputável às outras sociedades do grupo, nos termos do RTLC[257].

Esta construção torna-se ainda mais coerente no contexto de um RTLC que, como explicaremos à frente, se deve basear num regime

---

[254] V. cap. 2º.

[255] V. cap. 3º.

[256] V. cap. 7º.

[257] Esta é a solução hoje vigente na França (v. art. 223º-O do CGI). V. neste sentido Morgenstein (2000:492ss). Esta é também a solução desde há muito tempo defendida por C. Ortega (1987:139, nota 52).

Tributação dos grupos de sociedades pelo lucro consolidado em sede de IRC 111

voluntário, flexível, automático e de livre adesão[258], ou seja, num quadro em que em a sociedade-dominante tem um papel crucial na definição de todas as opções do grupo, vendo os seus poderes relativamente às sociedades-dominadas ainda mais reforçados por força dos preceitos fiscais que constituem o núcleo do RTLC.

Em conclusão: não temos dúvidas em afirmar que no quadro do RTLC, *devedor* deve ser exclusivamente a sociedade-dominante do grupo. A ela é que o credor pode e deve exigir o pagamento da prestação tributária e sobre ela, deve incidir a cobrança coerciva do imposto em caso de não cumprimento voluntário. À sociedade-dominante cabe efectuar o pagamento do IRC, incluindo os pagamentos por conta do imposto devido pelo grupo.

6.4.2. Regime Legal. V. ponto 6.6

6.5. As sociedades-dominadas como responsáveis subsidiárias em relação à sociedade-dominante e subsidiárias entre si pela prestação pecuniária principal devida pelo grupo

6.5.1. Posição adoptada

No que diz respeito às sociedades-dominadas, estas assumem apenas, no concernente à prestação pecuniária principal, a posição de responsáveis subsidiárias[259] em relação ao devedor principal, que é, como já vimos, a sociedade-dominante[260].

---

[258] Sobre estas opções em sede de RTLC v. cap. 7º.

[259] Como se sabe, existe responsabilidade fiscal quando, por força da lei, o credor pode exigir a prestação tanto ao devedor como a uma outra pessoa. Sobre a responsabilidade fiscal, C. Costa (1970:280ss), S. Martinez (1993:251ss), J. C. Leitão (1997), Cañal & Pistone (1997), Molina (1997), Eusebio Garcia (1997), Lago Montero (1997), Parlato (1994), Galiana (1997), S. Sanches (1998: 134ss.), Queralt e outros (1998:367ss), A. P. Dourado (1998) e C. Nabais (2000:225ss),

[260] Regime idêntico ao do art. 22º, nº 3 da LGT.

De acordo com esta solução, as sociedade-dominadas só serão chamadas a responder pela dívida subsidiariamente em relação ao devedor principal, ou seja, no caso de a sociedade-dominante comprovadamente não ter meios para satisfazer essa dívida[261]. O credor tem que provar primeiro que a sociedade-dominante não pode satisfazer a dívida; só depois é que pode exigir das sociedades-dominadas o pagamento da mesma.

Havendo mais do que uma sociedade-dominada (isto é, dois ou mais responsáveis subsidiários), a questão subsequente que se coloca é a de saber em que termos é que essas sociedades vão ser responsáveis entre si. A solução que defendemos tende, neste caso, para um regime de responsabilidade subsidiária e não solidária entre as várias sociedades-dominadas do grupo[262].

Nestes termos, cada sociedade-dominada é apenas responsável pela quota-parte que, no imposto devido pelo grupo, corresponde aos seus resultados individuais, tendo em conta, para o efeito, os resultados dessa sociedade apurados após (e de acordo com) as operações de integração, resultados que constam das declarações individuais que têm de ser entreges conjuntamente com a declaração do grupo[263].

Num grupo em que a sociedade-dominante tem o total controlo accionário, patrimonial e de direcção das outras sociedades, não faria sentido um regime em que uma pequena sociedade do grupo pudesse ter que suportar o encargo do pagamento da dívida fiscal, para a qual em termos positivos pode nem sequer ter contribuído por o seu resultado individual ter sido negativo[264]. Na nossa perspectiva, esta solução colidiria de uma forma desproporcionada e desnecessária com o princípio da capacidade contributiva.

---

[261] Regime idêntico ao dos arts. 22°, n° 3, 23° da LGT e 159° e 160° do CPPT.

[262] A maior parte da doutrina defende um regime de responsabilidade solidária entre as sociedades-dominadas e a sociedade-dominante.

[263] V. neste sentido as duas declarações de rendimentos que cada sociedade do grupo está obrigada a realizar, cabendo a execução desta declaração à sociedade--dominante, já que pressupõe as operações de consolidação. V. *infra,* cap. 7°.

[264] Bem pelo contrário, já que, como dissemos e se irá ver em pormenor, os resultados negativos de uma sociedade são, em regra, compensáveis. V. *infra,* cap. 9°.

A instituição de um regime de solidariedade passiva ou mesmo de responsabilidade fiscal subsidiária em relação à sociedade-dominante, mas solidária entre as sociedades-dominadas, poderia mesmo permitir à sociedade-dominante, através de certas opções deliberadas no que diz respeito à gestão de património ou de tesouraria, transferir a dívida global do grupo para certo tipo de sociedades dentro do mesmo, com objectivos de natureza extra-fiscal.

Por outro lado, tendo em conta que a sociedade-dominante é devedora originária do montante total devido pelo grupo, e que ela tem o poder total sobre todas as outras sociedades, esta solução da responsabilidade subsidiária entre as várias sociedades-dominadas como responsáveis fiscais permite salvaguardar, de forma equilibrada, os interesses do credor, constituindo mesmo uma garantia especial a favor do credor.

Nestes termos, quem responde pela dívida em primeiro lugar é a sociedade-dominante (recorde-se que detém 90% ou mais do capital social das sociedades-dominadas), a título de devedora. No caso, pouco provável, de esta não ter condições patrimoniais para realizar a prestação, entendemos que a AF poderá ainda accionar cada uma das sociedades-dominadas na medida em que cada uma dessas sociedades integrantes do grupo tenha contribuído positivamente para o montante global da dívida.

Esta nossa proposta – que reputamos perfeitamente adequada à salvaguarda dos legítimos interesses recaudatórios do estado – traduz-se num regime em que um devedor originário responde pela dívida com todo o seu capital, acrescendo depois uma garantia especial que consiste na responsabilidade fiscal subsidiária das várias sociedades-dominadas integrantes do grupo[265].

A opção por um regime de responsabilidade fiscal subsidiária relativamente à sociedade-dominante e solidária na relação entre as várias sociedade-dominadas pela quantia total devida pelo grupo colidiria de uma forma desproporcionada com o princípio da capacidade

---

[265] Regime este que será ainda reforçado com a responsabilidade subsidiária dos gerentes nos termos gerais do art. 24º da LGT.

114   *Gonçalo Nuno Cabral de Almeida Avelãs Nunes*

contributiva, que tem sempre, neste domínio, um papel de limite último que o próprio legislador deve respeitar[266].

6.5.2. *Regime Legal. V. ponto 6.6*

6.6. O regime legal vigente em relação à prestação pecuniária principal devida pelo grupo

6.6.1. *Definição de devedor*

O regime legal vigente no que se refere à definição do devedor de imposto está consagrado no artigo 92º do CIRC, em termos que não consideramos os mais correctos. Por duas razões fundamentais:

a) em primeiro lugar, porque o teor do referido artigo é pouco claro e é, por isso mesmo, de difícil interpretação e compreensão, defeito grave para um preceito que define um aspecto tão importante como este do regime jurídico aplicável, pondo em causa mais uma vez o princípio da segurança jurídica[267];

b) em segundo lugar, porque, apesar da complexidade do referido artigo, as duas hipóteses que podem resultar da sua interpretação não são, na nossa perspectiva, as mais acertadas.

Vejamos então quais as duas interpretações possíveis do não muito claro teor do art. 92º do CIRC.

Numa primeira interpretação – a que resulta do seu teor literal –, o art. 92º consagraria um regime em que todas as sociedades do grupo seriam devedoras solidárias da prestação pecuniária principal devida pelo grupo, cabendo no entanto à sociedade-dominante o dever de efectuar o pagamento, o dever de fazer a simples entrega da prestação.

---

[266] Sobre este aspecto do princípio da capacidade contributiva como limite v. por todos S. Sanches (1998:48ss), C. Nabais (1998:495ss), (2000.156) e Tomás Tavares (1999:7ss).

[267] Igual crítica era feita, na Espanha, por Giménez (1991:100ss), ao art. 27º do RD 1414/1977.

Tribunação dos grupos de sociedades pelo lucro consolidado em sede de IRC   115

De acordo com o sentido desta a interpretação literal do preceito[268] – do qual discordamos em absoluto – o legislador teria instituído um regime de solidariedade passiva entre todas as sociedades pertencentes ao grupo pela dívida decorrente do RTLC, imputando no entanto à sociedade-dominante o dever de entregar essa quantia à AF, como uma espécie de representante.

Esta interpretação, apesar de ser totalmente reprovável, encontra conforto em outro aspecto do regime jurídico em vigor, nomeadamente no disposto na parte final do art. 92º. Ao estabelecer o critério do direito de regresso entre as várias sociedades, este artigo pressupõe que qualquer das sociedade do grupo pode ser obrigada, a título de devedora principal e não acessória, a pagar a prestação pecuniária principal, tendo depois direito de regresso sobre as demais sociedades do grupo, de acordo com a sua quota-parte nessa prestação.

Interpretado assim este preceito, ele resultaria num regime desproporcionado e injustificado, tendo em conta os interesses em conflito, o regime geral de pagamento do IRC e as regras referentes à responsabilidade fiscal.

Antes do mais, porque – já o afirmámos – as sociedades-dominadas não devem ser consideradas devedoras principais pela prestação pecuniária principal. E esta constitui a principal e crucial objecção para afastar tal interpretação do art. 92º do CIRC.

Depois, por nos parecer que este preceito padece de um vício na sua redacção: a confusão resultante da utilização da expressão "responsabilidade", a qual, em sede fiscal, tem um sentido muito próprio, já que, como se sabe, identifica as situações em que, por força de lei, alguém, além do devedor, em regra a título subsidiário, pode ser obrigado ao pagamento do imposto.

---

[268] Esta é a interpretação que grande parte da doutrina espanhola (aquela que entende que o grupo é o sujeito passivo mas não só) dava ao art. 27º do RD 1414/1977, que, curiosamente tinha a mesma epígrafe "responsabilidade". V. Ibañez (1983a:561) e Giménez (1991:100ss). Este é o regime adoptado pelo actual art. 80º da LIS, preceito que persiste na confusão de utilizar a expressão "responsabilidade" (neste sentido, v. Antón (1998:1692)).

Em nosso entender. é possível e desejável interpretar este preceito de uma outra forma mais correcta, partindo precisamente da consciência da confusão resultante da utilização do termo "responsabilidade" e abrindo caminho a uma solução mais adequada para esta questão do pagamento do IRC devido pelo grupo tributado pelo RTLC[269].

Pois bem. Tendo em conta a noção de responsabilidade fiscal, o artigo 92º do CIRC pode ser interpretado no sentido de que o mesmo define um regime em que a sociedade-dominante é, por força da lei, a devedora principal e originária no que respeita à prestação pecuniária principal devida pelo grupo, sendo as sociedades-dominadas subsidiariamente responsáveis em relação ao devedor principal (a sociedade-dominante), mas solidariamente responsáveis, nas relações entre si, pela referida prestação pecuniária principal devida pelo grupo.

Mesmo aceitando que dele não resulta claramente qual o posicionamento das sociedades-dominadas do grupo em relação à sociedade-dominante em sede de obrigação de cumprimento da prestação pecuniária principal devida pelo grupo, e aceitando também que o legislador tão pouco esclarece a que título é que a sociedade-dominante seria a devedora principal da prestação pecuniária principal devida pelo grupo na parte que não se refere ao seu resultado, solução apontada é a mais consentânea com uma correcta ponderação dos interesses em causa.

Esta interpretação do art. 92º do CIRC, parece-nos a mais aceitável e equilibrada e aquela que deve ser considerada para efeitos da sua aplicação.

No entanto, mesmo esta última interpretação do artigo 92º do CIRC é passível de crítica tendo em conta os pontos de vista que vimos defendendo.

---

[269] Neste mesmo sentido, realçando a confusão que resulta, para a compreensão adequada do art. 27º do RD 1414/1977, da utilização da palavra "responsabilidade" e propondo uma interpretação "correctiva" desta norma, v. Gimenez (1991:102). Importa esclarecer, porém, que os nossos pontos de vista não coincidem inteiramente com os desta autora, a qual defende um regime de devedores solidários para todas as sociedades. V. ainda Ortega (1987:138ss).

Tributação dos grupos de sociedades pelo lucro consolidado em sede de IRC 117

Assim e nos termos do regime que defendemos de *iure condendo* no ponto anterior, as sociedades-dominadas pertencentes ao grupo apenas poderão ser responsáveis subsidiárias em relação à sociedade--dominante pela prestação pecuniária principal devida pelo grupo, (ponto que seria coincidente com o regime resultante desta interpretação correctiva do art. 92° do CIRC). No caso de haver mais do que uma sociedade-dominada, só seriam subsidiariamente responsáveis entre si na percentagem da respectiva quota-parte no resultado unitário final.

E aqui reside a grande diferença relativamente perspectiva que defendemos, nos termos acima explicitados. A nosso ver, com efeito, mesmo em sede de responsabilidade fiscal em relação à sociedade-dominante (que é a devedora principal), as sociedades-dominadas não devem ser responsáveis solidárias entre elas, mas apenas responsáveis subsidiárias entre elas, (isto é, só na medida da sua quota-parte na prestação principal unitárial.

Curiosamente, nenhuma das circulares aprovadas pela DGCI[270], nas interpretações que fazem deste preceito, questionam estas hipóteses e muito menos esclarecem este ponto, limitando-se uma delas a repetir os termos da lei.

Em conclusão: não temos dúvidas em afirmar que o art. 92° do CIRC é uma norma que poderia ser melhorada na sua redacção no sentido de definir de forma clara e inequívoca (eliminando assim a insegurança perfeitamente desnecessária hoje existente) quais as opções do legislador em sede de regras de pagamento da prestação pecuniária principal de um grupo tributado pelo RTLC.

Por outro lado, parece-nos que uma solução como a que defendemos é mais equilibrada, já que assegura os interesses do estado sem colidir de forma desproporcionada com o princípio da capacidade contributiva.

6.6.2. *Pagamentos por conta*

Em relação ao regime dos pagamentos por conta, parece-nos acertada, abstraindo das questões e problemas acabados de definir (tendo

---

[270] Ponto 17 da circular 4/90 e omissa na circular 15/94.

em conta a opção de definir duas situações que podem dar lugar à cessação da tributação pelo RTLC[271]), a concreta resolução deste aspecto consagrada nos nºs. 4, 5 e 6 do art. 83º do CIRC.

O mesmo se aplica ao regime adoptado no art. 83º-A, nº 5, no que se refere ao pagamento especial por conta.

6.7. As sociedades do grupo como sujeitos passivos dos diferentes deveres de cooperação decorrentes da relação jurídico-fiscal

6.7.1. *Introdução*

*A*bordado o problema da assunção, por parte do grupo tributado em RTLC, do cumprimento da prestação pecuniária principal, falta definir o regime aplicável ao cumprimento dos diferentes deveres acessórios ou de cooperação[272] por parte das sociedades pertencentes ao grupo abrangidas pelo RTLC.

No início deste capítulo vimos que a relação jurídica fiscal assume hoje uma natureza extremamente complexa, cabendo aos sujeitos passivos dessa relação jurídica, além do dever principal, outros deveres da mais variada natureza.

Procuraremos a seguir identificar e caracterizar os deveres de colaboração que existem para efeitos do RTLC e definir quem, dentro do grupo, vai assumir a obrigação de os cumprir.

As particularidades do RTLC determinam que, além dos deveres de cooperação em geral existentes no regime normal de tributação, tenhamos de considerar alguns deveres específicos do RTLC, ou que os deveres existentes no regime geral possam assumir certas características específicas por força do RTLC.

---

[271] Sobre as situações que podem dar lugar à cessação da tributação pelo RTLC e a nossa perspectiva crítica das soluções adoptadas nessa sede pelo legislador, v. cap. 8º.

[272] Desenvolvidamente sobre esta matéria, S. Sanches (1995b). Sobre a questão da designação mais correcta para estes deveres v. C. Nabais (2000:202).

Tributação dos grupos de sociedades pelo lucro consolidado em sede de IRC 119

Esses deveres são essencialmente de dois tipos: os deveres declarativos e os deveres de organização e manutenção de contabilidade organizada.

6.7.2. Deveres declarativos

6.7.2.1. *Da Sociedade-dominante*

6.7.2.1.1. Declaração do grupo

No que diz respeito à sociedade-dominante, os seus deveres declarativos incluem-se na categoria dos deveres de cooperação que Saldanha Sanches[273] denomina "deveres de cooperação conexos com a situação de devedor fiscal" e consistem nomeadamente na obrigação de entrega das declarações periódicas de rendimentos que, por força da adopção do RTLC, vão assumir alguns aspectos específicos relativamente ao regime-regra.

Cabe exclusivamente à sociedade-dominante do grupo, na qualidade de sujeito passivo, o dever de entregar a declaração periódica referente aos rendimentos do grupo, cuja quantificação e apuramento vai obedecer às regras específicas que estudaremos no cap. 9º.

Este regime não levanta qualquer objecção ou contestação, já que a sociedade-dominante, por força da sua relação de supremacia perante as outras sociedades do grupo, é a única que está em condições de proceder a todas as operações de eliminação das operações inter-grupo, de compensação de resultados e de todas as outras necessárias à correcta determinação do resultado de conjunto, de acordo com as regras do RTLC. Compreende-se, portanto, que lhe caiba o dever de elaborar a declaração conjunta e de a entregar à AF[274].

Paralelamente, cabe à sociedade-dominante a declaração inicial de adesão ao RTLC, nos moldes decorrentes do modelo de procedi-

---

[273] V. S. Sanches (1995b:77s).

[274] Em defesa deste mesmo regime v. Morgenstein (2000:25ss e 697ss).

mento de implementação do RTLC que apresentaremos no capítulo seguinte.

6.7.2.1.2. Declarações individuais

A sociedade-dominante está obrigada, por outro lado, à realização da sua própria declaração de rendimentos, declaração essa que deve assumir duas modalidades distintas.

A) A primeira modalidade é aquela em que o apuramento do resultado vai ser efectuado como se a sociedade-dominante não estivesse integrada no RTLC, aplicando-se, portanto, as regras gerais para efeitos de quantificação da sua matéria tributável.

Esta declaração é necessária e relevante para vários efeitos. Desde logo, em caso de cessação da tributação pelo RTLC, é com base nesta declaração que irá ser apurada a matéria tributável desta sociedade para efeitos do imposto sobre o rendimento. Depois, esta declaração serve também para que os seus responsáveis e a própria AF possam fazer uma avaliação correcta dos efeitos do RTLC na situação tributária dessa sociedade.

B) Na segunda modalidade, a declaração irá ser efectuada de acordo com as regras de apuramento da matéria colectável específicas do RTLC, nomeadamente com a eliminação das operações inter-grupo e com as correcções determinadas pelo RTLC.

Esta segunda declaração tem como função servir de suporte à declaração de conjunto elaborada pelo grupo, já que nela, e ao nível de cada sociedade, vão estar reflectidas as correcções ao apuramento da matéria tributável decorrente do RTLC.

Por outro lado, como já vimos, este é o critério essencial para determinar qual a quota-parte de cada sociedade pela dívida total do grupo, no âmbito da solução que *de iure condendo* vimos defendendo, segundo a qual a sociedade-dominante é a devedora principal da dívida do grupo, sendo as sociedades-dominadas subsidiariamente responsáveis perante esta e subsidiariamente responsáveis entre si pela dívida do grupo. Só recorrendo ao resultado assim apurado poderá determinar-se qual a quota-parte que cabe a cada uma das sociedades subsidiariamente responsáveis pela dívida do grupo[275].

Cabe ainda à sociedade-dominante elaborar e entregar as declarações individuais de cada sociedade-dominada, elaboradas nos termos das regras de apuramento da matéria colectável específicas do RTLC. Com efeito, estas regras determinam a eliminação das operações inter--grupo e a realização de um conjunto de correcções aos resultados de cada uma dessas sociedades só passíveis de ser realizadas pela sociedade-dominante, porque só ela possui os elementos referentes a todas as sociedades, sem os quais não é possível realizar as operações e o preenchimento das declarações determinadas pelo RTLC.

Estas declarações individuais de cada uma das sociedades (incluindo a da sociedade-dominante) não são declarações individuais no sentido próprio do termo. Em boa verdade, elas constituem o suporte da declaração de conjunto do grupo elaborada pela sociedade--dominante e não têm autonomia perante esta. Daí que também só a sociedade-dominante detenha os elementos necessários à sua realização, já que nelas vão estar reflectidas as correcções ao apuramento da matéria tributável decorrentes do RTLC.

Em conclusão: em matéria de obrigações declarativas, a tributação pelo RTLC determina um reforço substancial dos deveres da sociedade-dominante, regime que se justifica pela necessidade de estabelecer um equilíbrio entre os direitos dos contribuintes e o direito da AF de efectuar o necessário controlo da situação fiscal de todas as entidades integradas no grupo tributado pelo RTLC.

6.7.2.2. *Sociedades-dominadas*

A cada uma das sociedades-dominadas cabe, por sua vez, elaborar a declaração de rendimento nos termos já aqui definidos para a sociedade-dominante, ou seja, uma declaração individual de acordo com as

---

[275] Defendendo este mesmo regime v. Morgenstein (2000:25ss e 697ss).

exigências do regime normal, como se não estivessem integradas no RTLC[276].

Mas não cabe à sociedades-dominadas o dever de entregar a respectiva declaração à AF. Todas as declarações, incluindo as declarações individuais das sociedades-dominadas, devem acompanhar a declaração conjunta do grupo, cuja entrega cabe também à sociedade-dominante do grupo.

6.7.2.3. *Regime legal*

O regime jurídico vigente nesta matéria está regulado nos n°s. 6, 7, 8 do art. 96° do CIRC[277].

Da sua análise resulta que o legislador apenas considera necessário o preenchimento e entrega – pela sociedade-dominante – de dois tipos de declarações de rendimentos: a declaração conjunta e as declarações individuais de cada sociedade pertencente ao grupo, elaboradas de acordo com as regras gerais, como se o RTLC não fosse aplicável.

Apesar de este não ser um ponto essencial do regime do RTLC, entendemos que o regime por nós proposto – em que cada sociedade está obrigada à apresentação de duas declarações individuais, uma de acordo com as regras gerais e outra de acordo com as regras específicas do RTLC –, é o mais adequado para que a AF e as próprias sociedades possam fazer um correcto controlo e avaliação das vantagens e do cumprimento das regras do RTLC[278].

Na realidade, tendo em conta certos aspectos do RTLC, esse regime das duas declarações referentes às sociedades do grupo torna-se mesmo obrigatório para que as próprias sociedades e a AF possam, respectivamente, cumprir e fiscalizar os deveres decorrentes do RTLC.

A título de exemplo, parece-nos claro que, sem essas duas declarações – em que os resultados estão perfeitamente determinados em

---

[276] V. CGI annexe III art. 46. Quater – O ZK.

[277] A interpretação que a AF faz dos mesmos consta do n° 12 da Circular 15/94.

[278] Parece apontar para esta solução o ponto 8 da circular 15/94.

Tributação dos grupos de sociedades pelo lucro consolidado em sede de IRC   123

alternativa –, não é possível realizar adequadamente a dedução de prejuízos aquando da saída das sociedades do grupo, nem tão pouco a dedução de prejuízos definida nos n°s. 11ss do art. 59° do CIRC, que pressupõe a comparação entre os resultados da sociedade quando integrada no RTLC e quando não integrada.

Em nossa opinião, a obrigatoriedade das duas declarações individuais constitui um elemento necessário para que a AF possa exercer convenientemente os seus poderes de controlo e fiscalização do cumprimento das regras gerais aplicáveis, bem como das regras específicas do RTLC. Com efeito, porque só assim é possível efectuar eficientemente a comparação e o controlo das duas situações, permitindo um justo equilíbrio entre os interesses dos particulares e os da AF, que, em último termo, são os do estado no seu todo[279].

6.7.3. *Obrigações contabilísticas*

6.7.3.1. Posição adoptada

Nos termos do regime geral do IRC, as sociedades que pertençam a um grupo para efeitos do RTLC, tendo em conta os requisitos *supra* identificados, estão obrigadas, em regra, de acordo com o disposto no art. 98° do CIRC, a possuir e conservar contabilidade organizada, nos termos da lei fiscal e comercial[280].

Num grupo tributado pelo RTLC, esta obrigação significa que cada uma das sociedades deve cumprir esse requisito individualmente em relação à sua própria contabilidade, mas significa também que a sociedade-dominante deve cumprir este requisito em relação à situação do grupo enquanto unidade para efeitos de tributação.

---

[279] Por outro lado e tendo em conta o regime estabelecido no art. 59° – A do CIRC, do qual discordamos (v. *infra*) mas que está em vigor, a elaboração dessas duas declarações individuais de rendimentos é mesmo essencial ao correcto cumprimento e respeito pelo limite nele estabelecido.

[280] Sobre as funções e natureza deste dever de cooperação v. S. Sanches (1995b:219ss).

É à sociedade-dominante que deve caber esta obrigação. Em primeiro lugar, porque só ela detém os elementos necessários para proceder a essa operação extremamente complexa de organizar, criar e manter devidamente organizado e actualizado todo o suporte contabilístico dos resultados do grupo. Em segundo lugar, e também porque, como já vimos, é à sociedade-dominante que cabe o dever de elaborar e apresentar a declaração conjunta[281].

Paralelamente, a sociedade-dominante está ainda obrigada a possuir e a organizar toda a base contabilística que, nos termos gerais, é necessária e serve de suporte às declarações individuais de cada sociedade integrada no grupo, declarações elaboradas de acordo com as correcções decorrentes do RTLC, que a ela cabe realizar e entregar à AF, juntamente com a declaração do conjunto.

Cabe ainda à sociedade-dominante reunir, organizar e arquivar os documentos e demais elementos comprovativos de que todas as sociedades integradas no grupo tributado pelo RTLC cumprem os requisitos legais indispensáveis para integrar um grupo a tributar pelo RTLC[282].

Por seu lado, as sociedade-dominadas e a própria sociedade-dominante devem, a título individual, manter a sua contabilidade organizada nos termos exigíveis a qualquer sociedade contribuinte de IRC com sede ou direcção efectiva em território português (art. 98º do CIRC). Esta base contabilística serve de suporte à declaração de rendimentos correspondente ao resultado obtido independentemente da integração no RTLC, declaração que, segundo as regras gerais do IRC, toda e cada uma das sociedades do grupo devem realizar, nos termos referidos anteriormente.

Por força do RTLC, temos, pois, um regime específico em matéria de deveres contabilísticos, regime aplicável não só à sociedade-dominante mas também às sociedades-dominadas: além do dever que incumbe à sociedade-dominante de organizar um suporte contabilístico dos resultados do grupo e das declarações de cada sociedade integrada

---

[281] Vários autores falam mesmo da necessidade da criação de um "service d´intégration" dentro da sociedade-dominante para fazer frente às necessidades de organização do RTLC. V. Morgenstein (2000:25).

[282] V. *infra*, cap. 7º.

de acordo com as regras do RTLC, cada uma das sociedades integradas está obrigada a possuir e a organizar a sua própria contabilidade no que se refere aos seus próprios resultados, determinados de acordo com as regras gerais.

Este regime é perfeitamente lógico tendo em conta que as duas declarações de rendimentos que cada sociedade tem de apresentar, de acordo com o regime que propugnamos, têm de ter, obviamente, um suporte devidamente organizado e à disposição da AF para eventual controlo.

6.7.3.2. Regime legal vigente

Em matéria de obrigações contabilísticas aplicáveis especificamente ao RTLC, o CIRC é omisso, situação que não nos parece a mais correcta, tendo em conta o disposto no art. 8°, n° 2 da LGT, e a importância que as mesmas hoje assumem em sede fiscal.

É certo que estas matérias não estão abrangidas pelo princípio da legalidade fiscal, nos termos do art. 103°, n° 2 da CRP. Mas são incontestáveis a importância que estes deveres de colaboração hoje assumem e a relevância das consequências que o seu não cumprimento pode determinar (sanções, aplicação de métodos de indirectos).

Hoje, o teor do art. 8°, n° 2 c) da LGT e o respeito pelo princípio da segurança jurídica[283] obrigam, a nosso ver, a que a estruturação destes deveres resulte da lei de uma forma clara e explícita.

A única referência expressa a estes deveres consta do n° 8 da Circular 15/94, o qual é pouco preciso (não identifica o titular desses deveres) e é manifestamente insuficiente, à luz das exigências que uma boa realização e aplicação do RTLC implica e das necessidades que um eventual controlo por parte da AF determina[284].

---

[283] Sobre o princípio da segurança jurídica em sede fiscal v. por todos C. Nabais (2000:150ss).

[284] Sobre estas dificuldades e as incertezas resultantes do regime vigente, v. D. Ferreira (1991) e (1992).

6.7.4. As convenções inter-grupo

Cabe aqui, para finalizar este capítulo uma breve referência, a uma realidade ausente do nosso ordenamento, mas presente na doutrina e em certas legislações estrangeiras que estabeleceram regimes de tributação equivalentes ao nosso RTLC: referimo-nos às *convenções inter-grupo* ou *de integração*.

Para resolver problemas de assunção da responsabilidade pelo não cumprimento de certos deveres de cooperação, ou para a determinação de uma eventual indemnização em caso de saída do grupo, mas essencialmente para estabelecer regras em relação aos critérios de atribuição das economias de imposto resultantes do RTLC, certos autores defendem que as várias sociedades integrantes do grupo devem celebrar entre elas convenções – a doutrina francesa fala de *conventions d'intégration fiscale* – que definam os critérios de repartição da economia de imposto e da assunção das responsabilidades entre elas[285].

Essas convenções, porém, só têm relevância ao nível das relações privadas entre as várias sociedades integrantes do grupo, sendo juridicamente irrelevantes nas relações com a AF. Na nossa opinião, o direito fiscal não dever ter a preocupação de regulamentar esse tipo de 'contratos', devendo abster-se de definir regras que imponham a sua celebração ou que atribuam qualquer efeito, em sede fiscal, à celebração dessas convenções.

Na França – onde essas convenções são relativamente frequentes[286] – elas têm alguma importância na definição da responsabilidade particular das várias sociedades pelo cumprimento de determinados deveres que, em sede fiscal, cabem à sociedade-dominante, mas cujo cumprimento pode ser profundamente prejudicado se cada uma das sociedades integrantes do grupo não cumprir os deveres que lhe cabem. Basta pensar, por exemplo, no caso de as sociedades-dominadas não cumprirem o dever de organizar e conservar a contabilidade organizada ou certos deveres de cooperação que igualmente lhes cabem.

---

[285] V. sobre estas convenções Villegier (1992:58ss) e Morgenstein (2000:50ss e 652ss).

[286] Exemplos de vários modelos de " conventios d´intégration" podem ver-se em Morgenstein (2000: 661ss).

Não podemos esquecer que a sociedade-dominante, dado o nível de participação social exigido para se poder falar de *grupo fiscalmente elegível*, tem o controlo total e absoluto de todas as sociedades que o integram. Por isso mesmo, é da sua inteira responsabilidade qualquer incumprimento dos deveres que lhe incumbem por força da tributação do grupo em RTLC, não podendo admitir-se qualquer atenuação da sua responsabilidade pelo facto de o incumprimento da sua parte se dever a circunstâncias mais directamente relacionadas com alguma(s) da(s) sociedade(s) que integra(m) o grupo.

Por outro lado, é necessário ter em conta que este regime vigora num país (a França) onde não estão previstas regras sobre o grupo de sociedades ao nível do direito societário, o que determina de forma mais compreensível a necessidade e a relevância destas convenções.

Em conclusão: a existirem convenções de integração, somos de opinião que elas devem ter a sua eficácia limitada às relações de natureza privada entre as várias sociedades integradas no grupo, não produzindo qualquer efeito relativamente à AF.

7. PROCEDIMENTO DE LIQUIDAÇÃO E COBRANÇA APLICÁVEL EM SEDE DE RTLC

7.1. Introdução

O regime de tributação pelo lucro consolidado (RTLC) é, na perspectiva que defendemos no capítulo 3°, um regime segundo o qual, para efeitos de tributação em sede de imposto sobre o rendimento, um conjunto de sociedades com características especiais – o grupo fiscalmente elegível – procede às operações de apuramento e quantificação da matéria tributável dessas várias sociedades em conjunto, através da aplicação de certas regras que permitem a eliminação dos resultados decorrentes de operações realizadas entre elas e da compensação de resultados entre essas mesmas sociedades, culminando com uma liquidação única para efeitos de IRC.

Partindo deste entendimento do RTLC, é necessário definir qual o procedimento legal de liquidação e cobrança correcto e justo, à luz dos interesses do estado, dos sujeitos passivos e tendo em conta as exigências legais e constitucionais.

A nosso ver, o modelo de procedimento a definir deve coincidir, no essencial, com o procedimento geral de liquidação definido na LGT e no CPPT, podendo haver lugar a algumas adaptações exigidas pelas características próprias do RTLC.

No que se refere às suas características essenciais, deve ser um procedimento de aplicação automática, de adesão voluntária, assente na livre escolha da composição do grupo por parte da sociedade-dominante, receptivo e pouco ou nada penalizador das normais e necessárias mutações na composição do grupo, e capaz de salvaguardar os interesses do estado, não permitindo um uso abusivo do RTLC pelos contribuintes.

Neste capítulo procederemos à estruturação e definição, nas suas linhas essenciais, do procedimento de lançamento e liquidação que consideramos mais adequado à boa aplicação do RTLC. E faremos a análise e a avaliação do sistema vigente em Portugal em confronto com o modelo por nós proposto e com os regimes vigentes em outros países que instituíram um sistema de RTLC com características idênticas ao nosso, nomeadamente a França e a Espanha.

7.2. Procedimento a adoptar para uma correcta e justa aplicação do RTLC

7.2.1. *Introdução*

De acordo com a nova perspectiva de entendimento da relação administração/administrado, grande parte da actividade administrativa é hoje desenvolvida no quadro de um *procedimento administrativo,* que o art. 1º do Código de Procedimento Administrativo – CPA (DL 442/91, de 15.11.91) define como "a sucessão ordenada de actos e formalidades tendentes à formação e manifestação da vontade da Administração Pública ou à sua execução"[287].

Neste contexto, a AF não é excepção, bem pelo contrário[288]. Toda a actividade da AF está hoje sujeita a procedimentos[289] que obedecem a princípios e regras muito claros[290].

---

[287] Por outro lado "entende-se por processo administrativo o conjunto de documentos em que se traduzem os actos e formalidades que integram o procedimento administrativo" (art. 1º CPA).

[288] A recente aprovação do Código de Procedimento e Processo Tributário – CPPT (DL 433/99 de 26.10.1999) e do Regime Complementar do Procedimento de Inspecção Tributária – RCIPT (DL 413/98 de 31.12.1998) são sinais evidentes neste mesmo sentido.

[289] Sobre o procedimento tributário nos termos aqui apresentados, v. Sammartino (1994), Schick (1994), S. Sanches (1995), Queralt e outros (1998:408ss) e C. Nabais (2000:247ss).

[290] V. por exemplo arts. 54ºss da LGT, arts. 44ºss do CPPT e arts. 5ºss do RCIPT.

Como exemplos mais relevantes desta nova realidade temos os casos dos procedimentos de liquidação e cobrança dos impostos em geral, e, em particular, dos impostos periódicos sobre o rendimento, categoria onde se inclui o IRC[291].

Esta procedimentalização da actividade da AF resultou de um novo posicionamento da própria lei fiscal no que diz respeito à função da AF e dos sujeitos passivos no desenvolvimento desses procedimentos, o que veio obrigar a alterações substanciais na própria estrutura dos procedimentos tributários[292].

Estas alterações decorrem, no essencial, de um novo conteúdo e estrutura da própria lei fiscal, presentemente considerada como uma norma de conduta que se dirige essencialmente aos particulares e não à AF, ao invés do que até aqui se verificava.

Hoje entende-se que o facto gerador do imposto decorre essencialmente da aceitação tácita, por parte da AF, da produção de efeitos resultantes de factos que são objecto de previsão normativa e praticados pelos contribuintes ou sujeitos passivos. Assiste-se assim ao abandono do princípio do pronunciamento expresso da AF em sede fiscal.

Este novo enquadramento e posicionamento veio alterar a estrutura e função do procedimento administrativo-fiscal, transferindo ou devolvendo as funções essenciais do mesmo para os particulares. Hoje temos um procedimento de liquidação em que a identificação do contribuinte, da sua matéria tributável e mesmo a liquidação do imposto são, em regra, da competência dos particulares, contribuintes e sujeitos passivos.

Neste contexto, podemos afirmar que o procedimento fiscal de liquidação assume três modalidades essenciais[293].

1) Como regime-regra, temos aquele tipo de procedimento em que a participação dos administrados determina de forma substancial a decisão a tomar, quer nos casos em que a decisão cabe ao próprio admi-

---

[291] V. arts. 44°ss do CPPT, em confronto com a à anterior terminologia do CPT arts. 71°ss.

[292] Neste sentido e desenvolvidamente v. S. Sanches (1995:52ss).

[293] Nesta matéria acompanhamos de perto S. Sanches (1995:158ss).

nistrado – os casos em que vigora a regra da autoliquidação, como acontece com o IRC –, quer nos casos em que a decisão cabe ainda à AF, mas em que esta, ao tomar a decisão, se limita a confirmar os elementos fornecidos pelo próprio contribuinte (por exemplo o IRS).

Temos, portanto, a consagração explícita do abandono do princípio do pronunciamento expresso da AF, como regra geral aplicável aos procedimentos de liquidação no que se refere ao facto gerador do imposto[294].

Nestes termos, todo o procedimento de liquidação do imposto vai caber, por força da lei, aos administrados, que, em sede fiscal, são os sujeitos passivos em geral e que, de facto, podem ser o próprio contribuinte, o devedor, ou mesmo o sujeito passivo em sentido estrito[295].

Este é o procedimento-regra actualmente aplicável aos impostos sobre o rendimento, tanto em Portugal como na maior parte dos países que possuem um sistema fiscal moderno do tipo do nosso.

2) O segundo tipo de procedimento é aquele que culmina com um acto tributário cujo conteúdo resulta ainda dos elementos fornecidos pelos sujeitos passivos, mas que podem ser objecto de correcção por parte da AF, quando esta considerar que existe "uma qualquer desconformidade entre a pré-qualificação operada implicitamente pelo contribuinte e a que corresponde à correcta aplicação da lei"[296].

Trata-se de situações em que a AF, baseando-se ainda nos elementos declarados pelo contribuinte, vai apenas proceder a correcções nos elementos declarados ou na liquidação efectuada pelo próprio, correcções decorrentes de regimes legais imperativos incorrectamente interpretados e aplicados pelos contribuintes aquando do preenchimento da sua declaração ou na liquidação. São os casos em que, de acordo com a terminologia da lei portuguesa, a AF vai proceder a "meras correcções aritméticas", nos termos do art. 91°, n° 14 da LGT.

---

[294] V. S. Sanches (1995:169).
[295] Sobre estes conceitos e o sentido aqui adoptado v. *supra*, cap. 6°.
[296] V. S. Sanches (1995:158).

3) Por último, temos aquele tipo de procedimento em que a iniciativa e o desenvolvimento do mesmo cabe à AF, culminando com o acto de liquidação, da competência da mesma AF.

Trata-se de um procedimento que assume ainda algumas das características daquele que era o clássico procedimento de liquidação[297], em que se verifica um pronunciamento expresso da AF. Ele tem hoje uma natureza absolutamente excepcional e só se aplica em situações especiais, patológicas e tipificadas na lei (art. 87° b) e c) da LGT), como aquelas em que, após uma fiscalização, a AF detecta que os elementos fornecidos pelo contribuinte são falsos, ilegais ou inexistentes (porque o contribuinte não os forneceu, já que não apresentou a sua declaração, apesar de a tal estar obrigado), situação em que ela própria procede à determinação da matéria tributável e à liquidação do imposto.

Do que foi dito depreende-se facilmente que o procedimento-regra é o primeiro aqui enunciado, aquele que, nos impostos periódicos como é o caso do IRC, tem início com a declaração de inscrição[298] e se renova todos os anos com a entrega da declaração periódica de rendimentos pelo próprio contribuinte[299], declaração que se presume verdadeira nos termos do art. 75° da LGT[300] [301].

De acordo com este modelo de procedimento tributário, a identificação do contribuinte e o apuramento da sua matéria tributável são efectuados, em regra, com base nas declarações dos próprios contribuintes[302], cabendo a iniciativa deste procedimento à AF apenas nos casos de falta ou de vício na declaração do próprio contribuinte.

Só após as operações de controlo, e se forem detectadas ilegalidades (art. 87° b) e c) da LGT), poderá haver lugar a um procedimento

---

[297] Sobre este procedimento "clássico" v. C. Costa (1970:349ss).

[298] V. art. 94°, n° 1, a) e 95°do CIRC.

[299] V. arts. 59° do CPPT e art. 94°, n° 1 b) e 96° do CIR.

[300] Este dever de entrega da declaração vence-se anualmente no caso dos impostos periódicos, ou pontualmente no caso dos impostos de obrigação única.

[301] V. desenvolvidamente sobre as características desta nova concepção e suas consequências S. Sanches (1995:52ss).

[302] V. art. 59°, n° 2 do CPPT.

de lançamento da iniciativa e da competência da AF, o denominado *procedimento de avaliação indirecta da matéria tributável* (arts. 81º e 87ºss da LGT[303]). Este procedimento poderá culminar no acto que Saldanha Sanches expressivamente denomina de "acto tributário sancionatório"[304], para transmitir a ideia de que, hoje, só excepcionalmente, e como sanção para qualquer incumprimento por parte dos sujeitos passivos, a AF leva a cabo o procedimento de liquidação dos impostos e se pronuncia expressamente, identificando ela o pressuposto de facto.

Vários factores podem explicar esta nova atitude da AF e o novo regime adoptado[305]. Podemos referir, desde logo, as características assumidas pelos novos impostos sobre o rendimento[306], que pretendem abranger todo o tipo de rendimento auferido pelos contribuintes, característica que tornou impossível à AF conseguir por ela própria a identificação de todas as fontes de rendimento.

Paralelamente, a massificação dos actos fiscalmente relevantes como factos evidenciadores de fontes de rendimento de um número cada vez maior de contribuintes torna impossível o conhecimento e o apuramento por parte da AF de todas essas operações e sujeitos.

Assim, é hoje perfeitamente consensual que, em princípio, a iniciativa e o ónus de levar a cabo o procedimento de liquidação compete ao contribuinte, ao qual compete também, a maior parte das vezes, proceder à liquidação do imposto em causa.

À AF fica reservada a tarefa fundamental de controlo da legalidade e da veracidade das declarações dos contribuintes e do cumprimento dos deveres de colaboração que a lei hoje impõe aos sujeitos passivos, podendo tomar a iniciativa do procedimento de liquidação

---

[303] Sobre os métodos indirectos v. cap. 10º e Arocena (1994), S. Sanches (1995b:380ss), Comissão para o Desenvolvimento da Reforma Fiscal (1996:321ss), A. C. Martins (1999), C. Nabais (2000:250ss), Xavier de Basto & G. Avelãs Nunes (2000:15ss) e F. S. Câmara (2000).

[304] V. S. Sanches (1995:156ss).

[305] V. S. Sanches (1995:169ss).

[306] Estes impostos transformaram-se nos impostos mais importantes dos sistemas fiscais, em detrimento dos impostos sobre o património, nomeadamente o património imobiliário.

apenas nos casos em que, no exercício do seu direito de controlo, apurar situações de ilegalidade.

Esta é, nas suas linhas essenciais e em termos necessariamente resumidos, a posição defendida pela maioria da doutrina no que se refere ao modelo de procedimento de lançamento e liquidação adequado aos sistemas fiscais modernos, solução consagrada legalmente na maioria dos países desenvolvidos e também em Portugal.

7.2.2. *Regras fundamentais do procedimento de lançamento e liquidação a adoptar em sede de RTLC*

Neste contexto e a partir desta definição de modelo de procedimento tributário e do papel da lei e da AF, procuraremos agora definir qual o procedimento necessário à aplicação do RTLC.

Para esse efeito, é conveniente recordar aqui que o RTLC, nos termos em que o entendemos e definimos, consiste num conjunto de regras específicas de apuramento e quantificação do lucro tributável das sociedades que constituem um grupo de sociedades, por força do qual, uma vez preenchidos certos requisitos, essas sociedades vão apurar o seu resultado em conjunto, eliminando as operações inter-grupo e compensando os prejuízos apurados por algumas delas com os resultados positivos de outras sociedades integrantes do grupo.

Assim sendo, nada no RTLC justifica e muito menos determina que o procedimento de aplicação desse regime de apuramento do resultado das entidades que constituem o grupo obedeça a princípios e regras de funcionamento e estruturação diferentes do (e muito menos excepcionais relativamente ao) procedimento geral de liquidação, salvo as regras especiais de quantificação e apuramento do resultado que lhe dão especificidade. Mas estas, para serem postas em prática, não implicam um sistema diferente de definição e de aplicação.

Como já tivemos oportunidade de esclarecer, o RTLC não determina sequer uma alteração em termos da necessidade da criação de um novo sujeito passivo ou contribuinte, porque contribuintes continuam a ser as várias sociedades que integram o grupo, obrigando apenas à necessária definição legal da assunção dos vários deveres entre os componentes do grupo.

Neste sentido, o procedimento a que o RTLC deve estar sujeito tem que obedecer aos princípios e regras normais aplicáveis aos procedimentos de liquidação e cobrança dos impostos periódicos, nomeadamente o IRC.

A tributação das sociedades integrantes do grupo através do RTLC o briga a que, no tocante às regras de quantificação da matéria colectável, o legislador estabeleça um regime específico aplicável ao grupo, tendo como objectivo o apuramento e a liquidação de uma única matéria colectável. Mas tal facto não obriga o legislador a definir um procedimento que, na sua estrutura e modelo de funcionamento e na repartição de funções e tarefas entre a AF e os particulares, seja contrário ao procedimento de liquidação aplicável a essas mesmas sociedades quando não estejam integradas num grupo tributado pelo RTLC.

A tributação dessas sociedades pelo RTLC, só por si, não implica que os princípios e regras que presidem à definição da estrutura e modo de desenvolvimento do procedimento de liquidação tenham que ser diferentes do (ou excepcionais em relação ao) procedimento de liquidação aplicável a uma sociedade isoladamente considerada.

Não podemos confundir as duas vertentes deste problema.

Por um lado, temos a necessidade ou mesmo a obrigatoriedade – decorrente dos princípios da capacidade contributiva e da neutralidade fiscal – de o legislador estabelecer um conjunto de normas que, tendo em conta o grupo fiscalmente relevante, procedam à quantificação da matéria colectável do grupo enquanto unidade para efeitos fiscais.

Por outro lado, temos uma questão completamente diferente e totalmente independente desta: a questão da definição do procedimento tributário de liquidação adequado e justo para levar a cabo essas regras de apuramento da matéria tributável. E, quanto a este ponto, não há dúvida de que o procedimento a aplicar é o procedimento normal de liquidação e cobrança, nos mesmos termos em que é aplicável a qualquer sociedade em sede de IRC.

O RTLC deve, pois, obedecer a um procedimento que, verdadeiramente, não é mais do que uma espécie dentro do género procedimento de liquidação.

7.3. Início do procedimento de aplicação do RTLC

7.3.1. *Regime* ex vi legis *ou automático* (de iure constituendo)

O procedimento de liquidação de acordo com as regras do RTLC deve iniciar-se, nos termos gerais, com a declaração de adesão ao RTLC a efectuar pela sociedade-dominante, no cumprimento dos seus deveres de colaboração, declaração que assume aqui a função da declaração de início de actividade do procedimento de liquidação no regime geral[307].

Dessa declaração, a efectuar pela sociedade-dominante do grupo junto do órgão da AF da sua sede, deve constar a identificação das sociedades que, por cumprirem os requisitos de acesso ao RTLC – explicita e taxativamente definidos na lei[308] –, integram o grupo em causa.

Paralelamente, a sociedade-dominante deve reunir, organizar e conservar os documentos e demais elementos comprovativos de que todas as sociedades do grupo preenchem os requisitos de elegibilidade definidos na lei, para eventual controlo posterior por parte da AF.

Temos, portanto, um procedimento que, à luz das regras gerais a que obedecem os procedimentos de liquidação e cobrança, é o mais adequado para uma correcta aplicação do RTLC.

É um procedimento em que a participação dos administrados vai condicionar todo o seu conteúdo e em que, como acontece em geral, não há lugar a qualquer pronunciamento expresso prévio por parte da AF.

O procedimento assim, com uma declaração a efectuar pela sociedade-dominante, na qual manifesta a vontade de adesão ao RTLC e declara que, tanto ela como as sociedades-dominadas a integrar no grupo a tributar pelo RTLC, preenchem os requisitos legalmente exigidos.

---

[307] Esta declaração é, no entanto, algo diferente, já que a adesão ao RTLC, de acordo com o regime aqui proposto, é voluntária e não obrigatória, como a declaração de início de actividade. Sobre esta questão v. *infra*, n° 7.5.

[308] Sobre este aspecto v. *infra*, n°s 7.7 e 7.8.

Com base na presunção de veracidade dessa declaração, o grupo de sociedades fiscalmente elegível vai ser, por força da lei, automaticamente tributado em sede de IRC, pelo RTLC, cabendo à AF, nos termos normais, o controlo da veracidade dessa declaração.

É um sistema que se baseia nas regras gerais aplicáveis aos procedimentos de liquidação e cobrança, adaptando-as às condições específicas do grupo e do RTLC, sem no entanto estabelecer um regime contrário ou oposto ao regime geral.

Pode mesmo afirmar-se que o regime proposto está conforme às regras gerais hoje aplicáveis. Segundo estas regras, o legislador fixa, de forma clara, explícita e taxativa, os requisitos exigíveis para que um grupo de sociedades possa ser tributado segundo o RTLC; o sujeito faz a declaração – que se presume verdadeira – de que preenche esses requisitos; a AF controla, com todos os meios à sua disposição, a veracidade dessa declaração e, em caso de incumprimento, retirará as consequências adequadas previstas na lei[309] [310].

No seguimento deste posicionamento e em coerência com a perspectiva acabada de defender, a renovação/manutenção da tributação pelo RTLC deve resultar implicitamente do simples facto de a sociedade-dominante continuar a efectuar o cumprimento dos seus deveres enquanto sociedade-dominante do grupo, entregando a declaração de rendimentos do grupo no prazo legal.

Se, ao invés, a sociedade-dominante não desejar renovar a aplicação da tributação pelo RTLC, cabe-lhe a ela manifestar explicitamente a intenção de renunciar à (ou de não renovar a) tributação pelo RTLC[311]. Estaríamos, assim, perante um regime de renovação tácita ou implícita.

---

[309] Nos seus traços gerais esta é a solução que está definida na Lei nº 30b//2000.

[310] Esta era já a solução defendida por parte da doutrina espanhola antes da aprovação da nova LIS, que veio introduzir a solução aqui proposta. V. Gimenez (1991:44).

[311] A partir do exercício de 2000 será este o regime aplicável na França. V. Morgenstein (2000:89ss).

Neste sentido, entendemos fazer sentido que o RTLC tenha um período de duração mínima (por exemplo 5 anos), ou, se quisermos, que a adesão ao mesmo tenha de ser válida por um período mínimo, entendido unicamente como ponto de referência necessário para assegurar uma certa estabilidade e segurança para os próprios contribuintes e não já com o sentido de que, se a cessação da tributação se der antes do final desse prazo, por factos imputáveis ao grupo, tal facto possa acarretar qualquer regime penalizador para as sociedades que o integram[312].

A decisão de adesão ao RTLC tem implicações para a sociedade-dominante em sede de cumprimento do dever principal e de deveres de colaboração, ao implicar nomeadamente a estruturação de uma organização interna de forma a gerir o processo de consolidação, pelos custos e implicações que daí decorrem. E isso é suficiente para que tal decisão implique uma ponderação e reflexão por parte do grupo, que assim é o principal interessado em que a tributação pelo RTLC dure o maior período de tempo possível.

Um regime de aplicação automática do RTLC, nos termos por nós definido, vigora já hoje nos dois países que nos estão mais próximos e onde temos ido buscar grande parte das soluções que caracterizam o modelo vigente em Portugal: a França (art. 223º A do CGI e art. 46º Quater – 0 ZD) e a Espanha (art. 84º da LIS). Este regime foi aí apoiado por toda a doutrina e é aquele que traduz o mais adequado e justo equilíbrio entre os interesses da AF e dos contribuintes e que respeita toda a lógica imanente às opções do próprio legislador em sede de modelo de AF e do seu modo de actuação nos dias de hoje.

7.3.2. Regime legal em vigor

7.3.2.1. *Apreciação crítica*

O regime vigente em Portugal (art. 59º, nº 1 do CIRC) pressupõe uma concessão prévia obrigatória por parte do Ministro das Finanças como requisito de acesso à tributação do grupo pelo RTLC.

---

[312] V. cap. 8º.

Essa concessão, que autoriza a sociedade-dominante, conjuntamente com as sociedades-dominadas, a apurarem a sua matéria colectável de acordo com as regras específicas do art. 59°ss do CIRC, está dependente do cumprimento de certos requisitos definidos na lei e de outros a definir pelo próprio Ministro das Finanças, nos termos do art. 59°, n° 4 do CIRC [313].

De acordo com o regime legal vigente, a quantificação unitária do lucro tributável das várias sociedades do grupo obriga a sociedade-dominante a obter previamente uma autorização do Ministro das Finanças. Por nossa parte, entendemos que não tem qualquer justificação plausível esta exigência de autorização prévia como condição de aplicação do procedimento de liquidação segundo o RTLC.

Em primeiro lugar, não restam dúvidas – como já demonstrámos – de que a manutenção da regra da concessão prévia como condição de acesso ao RTLC é contrária a toda a lógica de funcionamento e organização da AF. Esta fundamenta-se hoje num regime-regra de não pronunciamento expresso no que diz respeito ao facto gerador ou, como neste caso, em relação ao(s) facto(s), determinante(s) para que se dê início ao procedimento específico de lançamento e liquidação.

Em boa verdade, como já vimos, o RTLC consiste apenas numa secção especial do procedimento normal de liquidação aplicável às sociedades integrantes do grupo, que define um conjunto de regras especiais aplicáveis na fase de quantificação e liquidação[314]. Nenhuma razão justifica, pois, que se institua um procedimento baseado num sistema oposto ao regime regra para o qual a AF não está hoje preparada nem vocacionada.

Por outro lado, é hoje claro que um regime de aplicação automática, em que não há pronunciamento expresso da AF, não põe em risco os interesses da AF nem facilita a fuga aos impostos por parte do grupo.

E muito menos se pode afirmar que este risco desaparece ou diminui pelo facto de o acesso ao RTLC só poder ter lugar após concessão

---

[313] Quer a Espanha quer a França tiveram um regime por concessão igual ao nosso mas, acertada e atempadamente, alteraram esse aspecto no sentido aqui proposto.

[314] V. *supra*, caps. 4° e 5°.

Tributação dos grupos de sociedades pelo lucro consolidado em sede de IRC 141

por parte do Ministro das Finanças. Nos termos em que hoje está organizada e estruturada, a AF não tem capacidade nem está vocacionada para efectuar um controlo eficaz *a priori* de potenciais situações de fraude ou de fuga aos imposto que o RTLC potenciasse ou proporcionasse.

O único expediente capaz de evitar que o RTLC seja utilizado como meio de fuga aos impostos é a aplicação de um sistema de RTLC devidamente estruturado e previamente definido na lei, em que os requisitos de aplicação sejam claros e evidentes para os particulares e para AF e em que o controlo do seu funcionamento não se afaste dos meios gerais da actuação da própria AF.

A eficácia pretendida no combate à fuga aos impostos não se alcança, neste caso, através de um sistema excepcional de acesso ao RTLC por concessão, mas antes criando os meios legais e materiais que permitam à AF prosseguir com êxito aquele objectivo.

De entre os meios normais de fiscalização e controlo que a AF tem já hoje ao seu dispor no âmbito do RTLC, para evitar que os interessados façam dele um uso não adequado, destaca-se o procedimento de fiscalização (que desenvolveremos mais à frente)[315] e o recurso à cláusula geral anti-abuso de direito do art. 38º, nº 2 da LGT[316].

Por outro lado, se fizermos uma análise de outras situações paralelas ao RTLC previstas no nosso sistema, veremos que a sua aplicação não depende de qualquer concessão prévia, antes são de aplicação automática, mediante simples declaração, nos termos exigidos pela lei, cabendo naturalmente à AF o controlo *a posteriori* do cumprimento, por parte dos sujeitos passivos, dos diferentes requisitos legais.

Um primeiro exemplo do que acabamos de dizer é o regime hoje aplicável à transformação de sociedades (art. 61º do CIRC), bem como o regime aplicável às fusões, cisões e entradas de activos de sociedades residentes (art. 62º do CIRC)[317].

---

[315] V. cap. 10º.

[316] Sobre esta cláusula v. G. Avelãs Nunes (2000) e S. Sanches (2000c).

[317] Salvo o caso do art. 62º, nº 5 do CIRC, também totalmente injustificado.

Nestes casos, perante regras específicas de apuramento do lucro tributável que operam no mesmo âmbito das normas do RTLC, o legislador limitou-se a estabelecer os requisitos que possibilitam a sua aplicação, cabendo naturalmente à AF efectuar, nos termos normais, o controlo da veracidade das declarações dos que deles usufruem.

Outro exemplo de situações paralelas ao RTLC de aplicação automática (sem carecer de concessão prévia) é o dos benefícios fiscais[318]. Nesta sede, nos termos do regime em vigor, a maior parte dos benefícios fiscais são de aplicação automática, não se exigindo qualquer concessão prévia por parte da AF (arts. 4º do EBF e 65ºss do CPPT). E, mesmo quando se exige tal concessão, esse acto está totalmente vinculado aos requisitos previa e taxativamente enumerados na lei, não sendo atribuída, nesta matéria, qualquer margem de livre apreciação à AF, cuja autorização tem, em regra, efeitos meramente declarativos (art. 4º do EBF).

Ora se é assim para os benefícios fiscais, como se compreende a manutenção do procedimento por concessão em sede de RTLC, sabendo-se que este nem sequer é um benefício fiscal?

Tudo nos leva a concluir que o regime legal que condiciona à concessão prévia por parte do Ministro das Finanças o acesso das sociedades integradas num grupo ao procedimento de liquidação e tributação pelo RTLC é, neste ponto essencial, um regime desnecessário, inútil e incoerente, cuja manutenção nada justifica[319].

Diremos, por último, que – independentemente da necessidade e correcção da adopção de um procedimento de liquidação que pressupõe como requisito de acesso um acto de concessão por parte da AF –, o sistema definido no art. 59º, nºs 1 e 4 do CIRC, ao atribuir ao Ministro das Finanças o direito de estabelecer os requisitos de elegibilidade a

---

[318] Sobre os benefícios fiscais, v. Alberto Xavier (1974:281ss), N. Sá Gomes (1990), Fernandes & Santos (1993), S. La Rosa (1994), M. T. Faria (1995), C. Nabais (1994:123ss, 165ss), Comissão de Desenvolvimento da Reforma Fiscal (1996:413ss) e S. Sanches (1998:167ss).

[319] Após a finalização deste trabalho a Lei n.º 30-G/2000 alterou o CIRC instituindo um regime que adoptou as soluções aqui defendidas nestas matérias.

cumprir pelas sociedades do grupo, como condição prévia do deferimento do pedido de concessão (art. 59°, n° 4), introduz um grau de insegurança jurídica injustificado, desnecessário e desproporcionado, que põe mesmo em causa a constitucionalidade do referido preceito legal, como veremos a seguir.

7.3.2.2. *Constitucionalidade do regime vigente*

Em nossa opinião o regime vigente em Portugal em sede de RTLC, que pressupõe um acto prévio de concessão a praticar pelo MF (n°s 1 e 4 do art. 59° do CIRC), viola o princípio constitucional da legalidade fiscal consagrado nos arts 103°, n° 2 e 165°, n° 1, i) da CRP[320].

O aspecto do regime em vigor que suscita esta apreciação não é a circunstância de o art. 59° do CIRC estabelecer um RTLC sujeito a um acto de concessão prévia, a prática pelo MF, já que a instituição de um procedimento que obedeça a essa regra não é, em si mesmo, inconstitucional, embora deva ser rejeitado pelas razões expostas.

O que está em causa é a atribuição, pelo legislador, à AF do poder de definir ela própria requisitos não previstos na lei condicionantes do deferimento do pedido de concessão de tributação pelo RTLC (art. 59°, n° 4 do CIRC).

A lei não se limita a atribuir à AF o poder de praticar o acto de concessão, desde que estejam preenchidos os requisitos que ela própria definiu, à semelhança do que acontece no art. 4°, n° 2 do EBF e nos arts. 61°ss do CIRC. Se assim fosse, a Constituição em nada era desrespeitada. Mas a lei vai mais longe e atribui à AF o poder de definir ela

---

[320] Sobre este princípio a bibliografia é vastíssima. V. entre outros C. Costa (1970:154ss), Alberto Xavier (1972:105ss), J. J. Teixeira Ribeiro (1989:97ss), S. Cipollina (1992:120ss), S. Martinez (1993:106ss). G. Canotilho & Vital Moreira (1993:458ss,e 674), A. Fedele (1994), A. P. Dourado (1995:47ss), N. S. Gomes (1996:33ss), L. de Campos (1997: 102ss, 169ss), C. Nabais (1998:321ss.), S. Sanches (1998:31ss), Queralt e outros (1998:164ss) e C. Nabais (2000:139ss).

própria os critérios de concessão do deferimento. E é a constitucionalidade deste aspecto do regime legal que nos suscita as maiores dúvidas, à luz do princípio constitucional da legalidade fiscal.

Como se sabe, o princípio da legalidade fiscal (arts.103°, n° 2 e 165, n° 1, i)[321] determina que os impostos, nos seus elementos essenciais, só podem ser criados por lei formal do Parlamento ou então através de decreto-lei autorizado do Governo. Quer dizer: no que se refere à taxa, normas de incidência pessoal e real, benefícios fiscais e garantias dos contribuintes – os elemento considerados essenciais nos termos do art. 103°, n° 2 da CRP (âmbito horizontal do princípio da legalidade fiscal) –, os diplomas definidores dos requisitos essenciais desses elementos da relação jurídico-fiscal têm que ter valor de lei, ou seja, Lei da AR ou DL (âmbito vertical do princípio da legalidade fiscal).

Neste sentido, a questão que aqui se suscita quando se questiona a constitucionalidade do art. 59°, n° 4 do CIRC é a de saber se o legislador, tendo em conta o princípio da legalidade fiscal, pode remeter a definição de elementos essenciais do IRC para o âmbito de actuação da administração fiscal.

Quando o art. 59°, n° 4 do CIRC permite que o acto de concessão (a autorização a emitir pelo Ministro de Finanças) seja "condicionado à observância de determinados requisitos nomeadamente quanto aos critérios de valorimetria adoptados pelas sociedades do grupo e ao método de consolidação" está, na prática, a permitir que seja a AF a definir *ab initio*, por ela própria, os requisitos a que deve obedecer o acto de concessão.

Note-se que os requisitos a exigir podem nem sequer se esgotar nesses aspectos – critérios de valorimetria e método de consolidação –, já que o preceito se limita a exemplificar ("nomeadamente"), sem enumerar taxativamente quais os requisitos que podem ser definidos por acto do Ministro das Finanças. Neste termos, este pode fazer depender

---

[321] O princípio da legalidade fiscal tem hoje consagração legal no art. 8° da LGT.

Tributação dos grupos de sociedades pelo lucro consolidado em sede de IRC   145

o acto de concessão de requisitos que ele determina para cada caso, conforme o seu critério[322] [323].

Esta situação é que, a nosso ver, determina que consideremos inconstitucional o n° 4 do art. 59° do CIRC independentemente da perspectiva adoptada em relação à exigência da tipificação e taxatividade como conteúdo obrigatório do princípio da legalidade fiscal.

Tratando-se de elementos essenciais dos impostos – como é o caso das normas que definem as operações de quantificação da matéria colectável e da determinação dos sujeitos passivos –, não é admissível que a definição dos requisitos de acesso ao RTLC possa ser efectuada através de um simples acto administrativo. E esta conclusão é válida mesmo para quem, como nós, defende uma perspectiva mais aberta e sensível às exigências de conformação entre os princípios da legalidade fiscal e da segurança jurídica (como garantes dos contribuintes) e os princípios da igualdade, da capacidade contributiva e da eficiência da AF inerentes ao Estado de Direito Social[324].

Tal como o consagra o referido preceito do CIRC, o acto de concessão é ao mesmo tempo acto e fundamento normativo de si próprio, violando gritantemente o princípio da proeminência da lei (princípio que constitui um elemento integrante do conteúdo necessário do princípio da legalidade fiscal), nos termos do qual não pode haver qualquer acto normativo infra-legal ou administrativo que não seja devidamente fundado num preceito legal.

Nem se argumente que regime igual existe em sede de benefícios fiscais não automáticos ou por concessão, ou noutros casos previstos nas leis fiscais, como por exemplo o art. 62°, n° 5 do CIRC. É que estes

---

[322] Mesmo os regimes que vigoravam anteriormente na França e na Espanha não previam esta hipótese, já que todos os requisitos de concessão por parte da AF constavam da lei. V. por todos, na Espanha, Giménez (1991:42) e, na Fança, Morgenstein (2000:20ss).

[323] Alguns autores classificam o poder atribuído ao Ministro das Finanças como um poder discricionário e aceitam-no como legítimo. V. Fernandes & Santos (1991:441).

[324] V. neste sentido, por exemplo, S. Cipollina (1992:120ss), C. Nabais (1994: 267ss), (1998:368ss, em especial, neste contexto, 380, 381), (2000:145ss), S. Sanches (1998:83ss) e Gonçalo Avelãs Nunes (2000:47ss).

casos – que Saldanha Sanches denomina "decisões da AF com um conteúdo materialmente fiscal"[325] – significam a concessão à AF do direito de praticar um acto apenas depois de ter verificado a existência dos pressupostos previstos e enumerados na própria lei. Ou seja, trata-se, por parte da AF, da mera verificação do cumprimento pelos particulares dos requisitos e das exigências definidas na lei.

Como se compreende, nestes casos – ao contrário do que se passa na situação em análise – as decisões da AF estão totalmente condicionadas por critérios que a própria lei define, não cabendo à AF qualquer margem de livre apreciação e muito menos o poder de definir ela própria os critérios que condicionam o acto a praticar.

Mais uma vez acompanhamos Saldanha Sanches quando alerta para a necessidade de não esquecer que "as zonas de discricionariedade na aplicação da lei fiscal, a existir, não vão pois situar-se na zona da tipicidade fiscal, quer quanto ao reconhecimento de isenções quer a formas de cálculo do imposto"[326]. Ora, no caso em apreço, a zona de discricionariedade abrange precisamente matérias relativas ao acesso a um regime específico de tributação que determina o cálculo do imposto. Justifica-se, pois, a conclusão de que o art. 59°, n° 4 do CIRC é inconstitucional por violação do princípio da legalidade fiscal.

Mesmo à luz de uma perspectiva menos rígida do princípio da legalidade, que admita a atribuição de alguma margem de livre apreciação à AF, tal só é aceite se e quando necessário para alcançar uma adequada conformação entre o princípio da legalidade e o princípio da igualdade como emanações do Estado de Direito Social.

Só a necessidade de assegurar a eficiência à AF pode justificar que lhe seja atribuída alguma margem de apreciação e de densificação dos preceitos legais, de forma a que, no quadro dos elementos definidos

---

[325] S. Sanches (1995:124). Estranhamente S. Sanches insere a decisão da concessão do regime pelo lucro consolidado no conjunto de decisões de conteúdo materialmente fiscal mas que se limitam a verificar a existência de requisitos previstos na lei. Tal inclusão só pode resultar, se não erramos, de uma apreciação menos atenta do regime do art. 59°, n° 4 do CIRC.

[326] V. S. Sanches (1995:125, nota 140).

pela lei, a AF possa adaptar as normas e as previsões abstractas da lei à realidade mutante e imprevisível com a qual tem que lidar[327].

Ora no caso em análise nem sequer é isso que acontece, já que a lei remeteu pura e simplesmente para a AF (nomeadamente, para o Ministro das Finanças) o poder de definir os critérios de validade do acto de concessão. O Ministro das Finanças (a AF) definiu esses requisitos na Circular 15/94, de 6.5.94, cujo teor, nestes aspectos, é totalmente idêntico ao da Circular 4/90, de 09.01.90, que a antecedeu[328].

Como se vê, os requisitos definidos pela AF são requisitos estáveis e de natureza geral. Ora, sendo assim, nem mesmo as necessidades de eficiência e de capacidade de adaptação à realidade por parte da AF podem justificar que o CIRC lhe tenha concedido este poder de apreciação e de definição dos requisitos exigíveis.

Mais uma vez, justifica-se a arguição de inconstitucionalidade da norma em apreço, por violação do princípio da legalidade fiscal.

Em conclusão: ainda que se entenda que o RTLC deve continuar a obedecer a um regime de concessão prévia – um regime que, em si mesmo, não reputamos inconstitucional, embora discordemos dele –, a obediência ao princípio da legalidade fiscal impõe que sejam definidos na lei os pressupostos do acto de concessão do RTLC, devendo a AF deferir o respectivo pedido depois de previamente verificar que esses pressupostos se encontram preenchidos[329].

7.4. A função da lei e das Circulares na definição do procedimento aplicável

Como vimos, a AF, com fundamento no art. 59°, n° 4, do CIRC, optou por definir os requisitos dos quais está dependente o acto de

---

[327] Neste sentido v. S. Sanches (1984:279s), S. Cipollina (1993:131ss), C. Nabais (1998:191ss), G. Avelãs Nunes (2000:50s).

[328] Em CTF, n° 374, pp. 320ss. Anteriormente estiveram definidos na Circular 4/90 de 9.1.90. (CTF, n° 357, pp. 267ss).

[329] Era o regime legal na Espanha antes da entrada em vigor da actual LIS. V. Giménez (1991:41).

concessão do RTLC através de uma orientação ou directiva administrativa, a Circular 15/94 [330].

Levantam-se aqui algumas questões – para além da questão da inconstitucionalidade – que justificam uma apeciação atenta.

As circulares são orientações administrativas que, apesar de não vincularem os particulares e os tribunais, têm cada vez mais como destinatários os particulares, e cada vez menos os serviços da AF[331].

As circulares de natureza interpretativa (como é o caso da circular 15/94), representam a perspectiva da AF sobre o conteúdo dos preceitos legais que, como dissemos, consistem cada vez mais em normas que impõem condutas aos particulares. Neste sentido, desempenham uma função sistematizadora, simplificadora e redutora da complexidade do sistema fiscal, no que diz respeito aos deveres de cooperação ou outros que a lei impõe aos particulares, podendo contribuir, desde que respeitem os seus limites e funções, para um grau maior de segurança dos próprios particulares aquando da aplicação desses preceitos legais.

Mas as circulares também não podem ser mais do que isso: a interpretação feita pela AF das normas legais que impõem deveres aos particulares, "definindo previamente o conteúdo dos actos que delas resultarão quando forem aplicadas"[332]. Essa interpretação vincula os órgãos da AF, mas não pode, obviamente, vincular nem os particulares nem (muito menos) os tribunais, por força do primado da lei e do princípio da proibição das interpretações autênticas (art. 112º, nº 6 da CRP).

Quer dizer: as circulares não são normas aplicáveis à resolução de casos concretos. Elas podem densificar, explicitar ou desenvolver os preceitos legais, mas não podem criar elas próprias novas normas não previstas na lei nem podem sequer completar o âmbito de aplicação da lei.

---

[330] As orientações administrativas – como ensina Saldanha Sanches (1995: 213ss) – podem ser de dois tipos: são *organizatórias* quando definem regras aplicáveis ao funcionamento interno da AF, criando métodos de trabalho ou modos de actuação; são *interpretativas* quando procedem à interpretação de um preceito legal. A circular 15/94 cabe nesta última categoria.

[331] V. neste sentido S. Sanches (1995:202ss).

[332] V. S. Sanches (1995:213).

Por outro lado, a aferição da validade de um acto e, portanto, a sua fundamentação, deve ser efectuada no confronto directo com a norma legal e não com a circular, exactamente porque esta não passa de simples interpretação que a AF faz de um determinado preceito legal, não podendo confundir-se com uma norma que possa servir de regra ou de padrão aplicável em actos da AF[333].

Assim sendo, entendemos que os n.os 2º e 6º da Circular 15/94, ao definirem os requisitos de deferimento do acto de concessão do RTLC não definidos no texto lei, ultrapassam os limites e funções que, à luz da CRP, podem caber a uma circular em matérias abrangidas pelo princípio da legalidade fiscal.

Mas a circular 15/94 exorbita ainda claramente os limites e funções que a CRP determina para as circulares no nosso direito fiscal, ao regular outros aspectos do procedimento aplicável ao RTLC igualmente abrangidos pelo princípio da legalidade fiscal (por exemplo o ponto 10º, nº 1, e)) [334].

O que aqui fica dito e o que diremos mais à frente acerca de vários aspectos do regime vigente,[335] leva-nos a concluir que o legislador, em obediência ao princípio da legalidade fiscal, deveria optar por definir, num capítulo próprio dentro do CIRC, as regras essenciais do procedimento e do regime aplicável aos grupos tributados pelo RTLC. Não deveria limitar-se a prescrever um conjunto de regras incoerentes e insuficientes, que tem levado a que a AF, perante a necessidade de definir para ela própria as regras necessárias à aplicação deste regime, incorra em ilegalidades e mesmo em inconstitucionalidades, exorbitando os seus poderes e adulterando o papel e as funções que as circulares podem ocupar no nosso ordenamento jurídico-fiscal.

---

[333] Verdadeiramente e atendendo à natureza das circulares no direito fiscal, não se pode afirmar que, caso a caso e tendo em conta o art. 59º, nº 4 do CIRC, o Ministro das Finanças não possa invocar outros requisitos mesmo que não previstos na Circular, para indeferir o pedido de concessão.

[334] V. neste sentido cap. 11º.

[335] V. caps. 8º, 9º e 11º.

7.5. Regime de adesão voluntária

7.5.1. *Posição defendida*

Outra das características marcantes do RTLC no procedimento que propomos, *de iure constituendo*, é o seu carácter voluntário: só serão tributadas pelo RTLC as sociedades que, além de preencherem os requisitos previstos na lei e que à frente analisaremos, optem livremente por esse regime. A opção é feita através da mera declaração de adesão a efectuar pela sociedade-dominante junto da autoridade fiscal da sua sede[336].

Sendo esta a regra geral aplicável, admite-se perfeitamente que o legislador, a título assumidamente excepcional e para certo tipo de sectores de actividade, sujeitos também em outros domínios a regras específicas em matérias fiscais (sectores como o bancário, o segurador e o das telecomunicações, v.g.), possa impor a obrigatoriedade da tributação pelo RTLC.

O carácter voluntário do RTLC justifica-se essencialmente por duas ordens de razões[337].

Em primeiro lugar, porque a institucionalização do RTLC dentro de um grupo de sociedades pressupõe um apetrechamento técnico que muitos grupos talvez não possam assumir. Alguns autores falam mesmo da necessidade de criar um departamento que, dentro da sociedade-dominante, se dedique exclusivamente a essas tarefas.

Assim, a obrigatoriedade da tributação pelo RTLC poderia significar um fardo demasiado pesado em termos de deveres de colaboração, nomeadamente para a sociedade-dominante do grupo, que nem todos os grupos estão em condições de suportar. É preciso não esquecer que a aplicação do RTLC não só exige, como já vimos, uma forte e organizada estrutura interna, mas implica também custos adminis-

---

[336] Regime igual é o definido na França no art. 223A do CGI e art. 46° quater-0 ZD do CGI e na Espanha no art. 84° da LIS .

[337] No mesmo sentido do texto v. Morgenstein (2000:85ss) e praticamente toda a doutrina espanhola.

trativos e de pessoal que, se não forem avaliados e antecipados, podem pôr em causa a viabilidade de um pequeno ou emergente grupo de sociedades.

Por este motivo, é perfeitamente justo que a adesão ao RTLC seja, regra geral, voluntária e não obrigatória.

Em segundo lugar, a opção pela tributação pelo RTLC pressupõe que o grupo faça uma análise prévia das vantagens e desvantagens dessa opção, nomeadamente em termos de flexibilidade da sua composição. Quer dizer: a adesão a um regime com estas características deve resultar da livre opção das sociedades envolvidas e não de uma imposição do legislador, que poderia ter como consequência resultados completamente contrários àqueles que presidiram à sua criação[338].

A adesão voluntária justifica-se, pois, tendo em conta as regras específicas aplicáveis por força do RTLC, que pressupõem um nível razoável de estabilidade no que respeita à constituição e organização do grupo.

A instituição da regra contrária poderia impor a adesão a um regime de tributação tão complexo como o do RTLC a conjuntos de sociedades que, apesar de reunirem as condições para se constituírem em grupo fiscalmente elegível, não apresentam a estabilidade e a união interna necessárias para se submeterem a esse regime.

Essa obrigatoriedade poderia mesmo ir contra a vontade e as intenções da direcção do grupo, que poderá, inclusivamente, estar a equacionar a sua rápida alteração e completa reestruturação. Não faz, pois, qualquer sentido impor um regime de tributação que iria colocar esse conjunto de sociedades numa situação difícil perante a AF, provocando resultados completamente contrários aos pretendidos com a sua aplicação.

Por último, como veremos a seguir[339], a regra da obrigatoriedade seria facilmente contornada pela sociedade-dominante, bastando para o efeito que uma sociedade não integrável no perímetro do grupo detenha uma pequena parte dos 90% de capital que a sociedade-dominante tem que deter nas sociedades-dominadas.

---

[338] Em sentido contrário, defendendo a obrigatoriedade do regime, v. Giménez (1991:41). A obrigatoriedade é a regra na *Organschaft* Alemã.

[339] V. *infra* neste capítulo ponto seguinte.

7.5.2. Regime legal

De acordo com o art. 59° do CIRC, a opção pele tributação através do RTLC depende do pedido de concessão do RTLC dirigido ao Ministro das Finanças e é da exclusiva iniciativa da sociedade-dominante. Tendo em conta a posição por nós assumida, entendemos que, neste aspecto, o regime em vigor é perfeitamente adequado[340].

7.6. Liberdade de escolha da composição do grupo

7.6.1. Posição assumida

Tendo em conta as regras gerais atrás definidas e o modelo de procedimento de aplicação do RTLC por nós propugnado, e tendo em conta a estrutura do grupo, entendemos que *de iure constituendo*, deve ser assegurado, à sociedade-dominante, o direito a escolher livremente as sociedades a integrar no grupo[341]. A sociedade-dominante deve poder escolher, de entre as sociedades que preenchem os requisitos necessários à sua integração no grupo tributável pelo RTLC como sociedades-dominadas, aquelas que ela considera deverem ser incluídas nessa unidade para efeitos fiscais.

São essencialmente razões que se prendem com as características específicas do RTLC e com uma análise realista das várias alternativas que justificam esta opção.

Se a sociedade-dominante tem o controlo total e absoluto das sociedades-dominadas, parece indiscutível que deve depender exclusivamente da sua vontade a escolha das sociedades a integrar.

Verdadeiramente e em termos realistas, a introdução da regra contrária (a regra da integração obrigatória) não faz qualquer sentido, já que a sociedade-dominante facilmente a contornaria, provocando

---

[340] V. *infra*, sobre os requisitos desse requerimento.

[341] Este regime está hoje consagrado na França (v. art. 46° quater-0 ZD, n° 1a, do CGI, annexe 5). Sobre o regime francês v. Morgenstein (2000:85ss).

uma situação em que a(s) sociedade-dominada(s) que ela não queira integrar, não preencham os requisitos necessários para a integração. Para tanto bastaria, por exemplo, ceder parte dos 90% do capital dessa(s) sociedade(s) por ela detidos a uma outra sociedade por ela controlada, numa percentagem do capital inferior a 90%. Nestas condições, esta última não é integrável no grupo e aquela(s) sociedade(s) deixariam também de ser integrável(eis), por passar a ser inferior a 90% a participação que a sociedade-dominante detém no capital dessas sociedades, já que para este efeito só se podem contabilizar as participações que a sociedade-dominante detenha, ainda que indirectamente através de sociedades integradas no grupo[342].

Acresce que esta perspectiva não colide de uma forma grave com os legítimos interesses da AF (em último termo, se interpretados num sentido constitucionalmente correcto, os interesses do Estado de Direito Social) em evitar a utilização desadequada, abusiva ou evasiva do RTLC.

Na nossa perspectiva, a prossecução deste objectivo deve ser levada a cabo nos termos e com os instrumentos adequados, nomeadamente através do recurso às normas anti-abuso e às regras específicas de determinação do resultado do grupo, por exemplo em matéria de dedução de prejuízos, que, como veremos, não permitem, em regra, a dedução de resultados negativos realizados antes da integração, nem outras operações que possibilitem ou potenciem um uso abusivo e evasivo do RTLC por parte da sociedade-dominante.

7.6.2. *Regime legal vigente*

O regime legal vigente em Portugal (art. 59°, n° 7 do CIRC)[343], apesar de o legislador não o assumir expressamente, consagra a regra da integração obrigatória de todas as sociedades que preencham os

---

[342] Em sentido idêntico e reconhecendo a facilidade de contornar a obrigatoriedade da regra do art. 81° da LIS, v. Antón (1998:1722).

[343] V. ainda ponto n° 10.2. c) da Circular 15/94.

requisitos para fazerem parte do RTLC[344]. A lei institui mesmo um exagerado regime de caducidade da tributação de todo o grupo de sociedades pelo RTLC em caso de não cumprimento desta obrigação, inclusivamente nos casos em que essa nova situação de domínio só se concretize em data posterior (art. 59, n° 7 do CIRC e ponto 10, n° 2, c) da Circular 15/94)[345].

Pelas razões expostas, esta opção não pode merecer o nosso aplauso. O preceito legal que a consagra deveria ser objecto de alteração no âmbito de uma intervenção urgente e mais do que necessária em todo o regime do RTLC.

7.7. Condições para o exercício da opção pelo RTLC

7.7.1. *Perspectiva adoptada*

Definidas as regras essenciais a que deve obedecer o procedimento de aplicação do RTLC – no essencial iguais às que regulam o procedimento de liquidação aplicado em sede de IRC às sociedades comerciais –, falta agora identificar os requisitos formais a que tem de obedecer a declaração de adesão ao RTLC, a cargo da sociedade-dominante, nos termos já expostos.

Para que o grupo tenha acesso à tributação pelo RTLC, basta, a nosso ver, que a sociedade-dominante emita uma declaração de adesão ao RTLC e a entregue no serviço da AF da área da sua sede, mencio-

---

[344] Na Espanha o regime é idêntico (v. art. 84° da LIS), o que, tendo em conta que a decisão de adesão ao RTLC pressupõe uma deliberação de aceitação de todas as sociedades a integrar e que a sociedade-dominante detém 90% do capital dessa sociedades, ainda torna esta regra mais absurda. Na verdade, a sociedade-dominante facilmente contorna essa obrigatoriedade, bastando não aprovar essa deliberação.

[345] Neste, como noutros, o ponto n° 10 da Circular 15/94 está hoje desactualizado à luz da nova redacção do art. 59°, n° 1, b) do CIRC decorrente da Lei n° 87--B/98, de 31 de Dezembro, que aprovou o OGE para 1999. Sobre o nova noção de grupo para efeitos do RTLC v. cap. 5°.

Tribution expressamente que todas as sociedades a integrar no grupo cumprem as exigências legais para poderem ser integradas[346].

Essa declaração deve obedecer, porém, a um conjunto de requisitos condicionantes da sua validade.

Em primeiro lugar, ela deve ser obrigatoriamente acompanhada dos elementos de identificação de todas as sociedades a integrar no grupo, nomeadamente: denominação social, sede, NIF, percentagem de capital que a sociedade-dominante detém directa ou indirectamente nessas sociedades, o seu regime de tributação e as percentagens de participação no capital da sociedade-dominante detidas por outras sociedades com sede ou direcção efectiva em território português.

Por outro lado, a declaração de adesão deve ser efectuada até ao primeiro dia anterior ao da aplicação do RTLC, na prática e regra geral, até 31 de Dezembro do ano anterior ao da aplicação do RTLC[347].

Paralelamente, as sociedades-dominadas deverão elas próprias comunicar, no mesmo prazo, ao serviço fiscal da área da sua sede, a integração no RTLC, já que tal facto, como veremos, terá consequências em termos dos seus deveres de colaboração, o que justifica que ele deve ser do conhecimento dos serviços da AF.

Parte da doutrina[348] e certas legislações estrangeiras exigem também que a declaração de adesão da sociedade-dominante seja obrigatoriamente acompanhada de uma deliberação expressa de adesão ao RTLC por parte das Assembleia Gerais de cada uma das sociedades integradas no grupo (é, por exemplo, o regime em vigor na Espanha nos termos do art. 84° da LIS).

Em relação a este requisito e tendo em conta o elevado nível de participação da sociedade-dominante no capital das sociedades-dominadas, pensamos ser suficiente uma deliberação do órgão de gestão das sociedades-dominadas. Compreendemos os direitos e interesses que a

---

[346] V. por exemplo art. 51° do Reglamento del Impuesto sobre Sociedades Espanhol (RIS) (Real Decreto 537/1997, de 14 de Abril), ou, na França, o art. 223-A, art. 46 quater-O ZD a ZE do CGI.

[347] Isto porque, como em geral para efeitos de IRC, pode-se escolher um período de tributação não coincidente com o ano civil.

[348] V. Antón (1998:1735), Lidoy (1999:367) e Morgenstein (2000:86).

definição de um requisito desses pretende proteger, mas cremos que não cabe ao direito fiscal (nem esse seria o meio adequado) acautelar o respeito de direitos ou interesses perfeitamente legítimos mas de natureza extra-fiscal[349].

O direito fiscal deve abstrair de conflitos decorrentes de problemas relativos a requisitos de legitimidade ou validade dessas deliberações, prazo de arguição de validade, legitimidade para arguição da validade, ou outros, que devem ser dirimidos noutro âmbito, nomeadamente no novo direito societário dos grupos, nos termos já expostos no capítulo segundo deste trabalho.

Na nossa opinião, o direito fiscal deve presumir a validade dessas deliberações, ainda para mais quando elas são acompanhadas pela decisão de adesão e de integração das sociedades-dominadas, efectuada pela sociedade-dominante que detém comprovadamente 90% ou mais do capital daquelas. Tais deliberações produzirão imediatamente efeitos em sede fiscal[350].

7.7.2. Regime legal

A primeira apreciação a fazer é que, salvo a definição do prazo de apresentação do pedido de autorização (art. 59º, nº 3 do CIRC), nenhum dos outros requisitos aqui identificados foi consagrado pelo legislador. A única referência a estes aspectos do procedimento de liquidação do RTLC consta da Circular 15/94[351].

No que se refere ao regime legal estipulado e lembrando que falamos de um sistema de concessão, a lei prevê que o pedido seja feito, em regra, até ao quarto mês do ano para o qual se solicita a tributação

---

[349] Até porque com este problema colidem questões complicadas que têm que ver com a definição de qual o órgão competente para tal deliberação, com a definição de qual o regime de anulação de tal deliberação e outros. V., por exemplo, para o caso espanhol, Antón (1998:1742ss), Lidoy (1999:367ss). Na França v. Morgenstein (2000:86ss).

[350] Na França a AF tem aceitado este regime. V. Morgenstein (2000:87).

[351] Antes constavam da circular 4/90.

Tributação dos grupos de sociedades pelo lucro consolidado em sede de IRC   157

pelo lucro consolidado (art. 59°, n° 3 do CIRC)[352]. Esta é uma solução incoerente, já que, como se sabe, o RTLC pressupõe profundas alterações de toda a programação, organização e contabilização da vida das várias sociedades a integrar. Por isso, é no mínimo bizarro que a lei preveja que a definição da situação das sociedades a integrar no grupo (o pedido de autorização é feito nesse prazo mas depois ainda será apreciado, e poderá vir a ser deferido ou não) só venha a ser estabelecida no decurso do primeiro ano em que as várias sociedades já deveriam estar a reger-se pelas novas regras aplicáveis ao grupo tributado pelo RTLC[353].

Todos os outros aspectos não estão definidos na lei, constando alguns deles apenas do ponto 5. da citada Circular.

7.8. Requisitos de acesso ao RTLC

7.8.1. *Introdução*

Falta gora identificar quais os a requisitos que, *de iure constituendo,* as diferentes sociedades devem obedecer para poderem ter acesso ao RTLC, ou seja, na prática, falta definir o âmbito pessoal de aplicação do RTLC.

Neste sentido tentaremos uma análise em três vertentes[354]: primeiro, analisaremos os requisitos comuns a todas as sociedades (em termos práticos, procuraremos definir as sociedades elegíveis); depois, faremos o estudo dos requisitos específicos da sociedade que queira

---

[352] V. também n° 3 da Circular 15/94.

[353] No regime vigente na Espanha antes da entrada em vigor da nova LIS (1995), regime que também obedecia à regra da concessão, o pedido de concessão devia ser feito "dentro del prazo reglamentario estabelecido para la declaración del impuesto sobre sociedades en el ejercicio económico anterior al que se pida la aplicación del Régimen de..." (art. 2° do Real Decreto 1414/1977), de 17 de Junio. Dentro de uma lógica de concessão, esta regulamentação era muito mais coerente.

[354] Este esquema é seguido pela maioria dos autores que se debruçam sobre este assunto. V. por exemplo Antón (1998:1693ss) e Morgenstein (2000:54ss) .

assumir o papel de sociedade-dominante; por último, definiremos os requisitos exclusivos a preencher pelas sociedades que querem integrar o grupo tributado pelo RTLC como sociedades-dominadas.

7.8.2. *Condições referentes a todas as sociedades*

Todas as sociedades que queiram ser tributadas pelo RTLC têm de preencher um certo número de requisitos que devem ser entendidos como meios de salvaguarda dos interesses da AF e como condições básicas para que seja tecnicamente possível instituir um regime de tributação única aplicável a um conjunto de entidades jurídicas.

Desde logo, as sociedades a integrar devem ser sociedades ou outras pessoas colectivas ou entidades que, apesar de não assumirem essa forma, preencham todos os demais requisitos[355].

Nestes termos, o grupo pode ser constituído por sociedades, sujeitas ao IRC nas condições gerais aplicáveis às sociedades comerciais com sede ou direcção efectiva em território português e que não estejam isentas ou tributadas mediante algum regime especial com redução de taxa, independentemente do sector de actividade em que se inserem.

Por outras palavras: só podem fazer parte do grupo as sociedades que tenham todo o seu rendimento tributado pelas regras gerais aplicáveis. Não podem, pois, ser integradas sociedades que gozem de uma isenção subjectiva[356] ou sociedades que, durante certo período, estejam

---

[355] A AF francesa aceita a integração de outras pessoas colectivas que não sociedades no perímetro de integração do grupo, solução que compreendemos mas da qual nos distanciámos por razões de segurança jurídica (v. cap. 5°) e que se prendem com especificidades do nosso regime fiscal (v. BO 4 H-9-88, n° 7 e Morgenstein (2000:55)). Também o art. 81° da LIS espanhola admite expressamente que outras entidades, desde que tenham personalidade jurídica, podem ser sociedades-mãe (v. Antón (1998:1701) e Lidoy (1999:398ss)).

[356] V. neste sentido a interpretação que a doutrina espanhola faz do art. 81°, 4 a) da LIS (v. por todos Antón (1998:1693)).

isentas[357]. Mas já é de admitir que possam ser integradas sociedades isentas objectivamente.

Em relação ao requisito que exclui da integração as sociedades isentas, é necessário fazer algumas precisões. O legislador deve estabelecer que a isenção aqui relevante é a isenção subjectiva, admitindo assim a integração de entidades que gozem de certas formas de isenção objectiva[358].

Por outro lado, tendo em conta o regime vigente em Portugal e na Espanha, que determina a obrigatoriedade da integração de todas as sociedades-dominadas no grupo, não podemos deixar de estranhar que o legislador, tão sensível aos argumentos de coerência que obriga à integração, exclua as sociedades que estejam isentas. Se quisesse ser coerente com a sua opção pela integração obrigatória, não deveria excluir, só porque estão isentas, sociedades que preenchem todos os outros requisitos.

No entanto e tendo em conta o teor demasiado genérico deste enunciado, não será de rejeitar a hipótese de, no que diz respeito aos vários regimes especiais em vigor nos diferentes países, o legislador poder admitir expressamente que certo tipo de regimes especiais não excluem a possibilidade de tributação pelo RTLC[359].

Por outro lado, entendemos que as sociedades a integrar no grupo devem ter todas sede ou direcção efectiva em território português, opção que se justifica pelo facto de não existir ainda uma harmonização em termos de regras de determinação da base tributável em sede de IRC, que permita, com alguma viabilidade e num sistema acessível, integrar sociedades cuja base tributável e cujos resultados são determi-

---

[357] Neste caso, no entanto, e caso a sociedade o entenda, pode prescindir desse regime para que possa ser integrada.

[358] Neste mesmo sentido v. Antón (1998:1694) e Lidoy (1999:402). Em sentido contrário, a interpretação que AF portuguesa faz do art. 59°, n° 2, c), no ponto 2.3. da Circular 15/94.

[359] Neste sentido v. Antón (1998:1693), o art. 223° B do CGI e Morgenstein (2000:57) .

nados de acordo com regras totalmente diferentes, como são aquelas que existem nos diferentes países[360].

Além destes requisitos, é ainda necessário que as sociedades a integrar tenham o mesmo período de tributação, já que só assim se pode apurar um resultado único para todo o grupo[361]. Esta condição tem como consequência, por exemplo, que uma sociedade entretanto criada ou adquirida só pode ser integrada no início do ano fiscal seguinte.

Por último, e tendo em conta o regime de aplicação automática propugnado, entendemos ser necessário para que as sociedades interessadas possam ter acesso ao RTLC, que todos os requisitos agora enunciados e todos aqueles que a sociedade-dominante e as sociedades-dominadas devem cumprir, estejam realizados até ao primeiro dia do início da tributação pelo RTLC.

É assim possível efectuar a declaração de adesão ao RTLC, se esta for efectuada antes do final do prazo, sem que todos os requisitos estejam preenchidos, desde que, à data em que o RTLC entre em vigor, os mesmos já se encontrem devidamente cumpridos.

7.8.3. *Requisitos a que deve obedecer a sociedade-dominante*

As características essenciais a que deve obedecer uma sociedade que queira assumir a posição de sociedade-dominante de um grupo tributado pelo RTLC são: a independência (isto é a insusceptibilidade de poder ser integrada num outro grupo); a forte percentagem que ela detém no capital das outras sociedades (as sociedades-dominadas)[362].

Neste sentido, para que uma determinada sociedade possa ser a sociedade-dominante de um grupo tributado pelo RTLC, o seu capital

---

[360] Apesar disso, certos regimes permitem a integração de resultados de sociedades estrangeiras (v. por exemplo para a Dinamarca, Meldgaard (1995:447)). Na França existe um regime especial que prevê essa possibilidade, o *Beneficio Mundial*. Sobre este regime v. Barthelemy (1991:415ss), Villegier (1992:15) e Pariente (1993: 168ss).

[361] V. art. 7° do CIRC.

[362] Neste sentido Villegier (1992:24) e Morgenstein (2000:59).

social não pode ser detido em 90% ou mais por outra sociedade com sede ou direcção efectiva em Portugal que esteja sujeita ao regime geral do IRC. Ou seja, admitimos que a sociedade-dominante possa ser detida em mais de 90%, desde que o seja por entidades que não possam integrar o RTLC (por exemplo, quando a sociedade-dominante dependa de uma sociedade isenta, transparente, não residente ou com um regime de tributação diferente do normal) [363].

A sociedade-dominante também não pode, a nosso ver, ser uma sociedade transparente[364], já que, nesse caso e como resulta evidente, o seu rendimento não é tributado em sede do grupo mas na titularidade dos seus sócios, quer estes sejam pessoas singulares quer sejam pessoas colectivas mas que não fazem parte do grupo. No que diz respeito à sociedade-dominante, esses dois regimes são, pois, incompatíveis[365].

No entanto, já nada obsta a que a sociedade-dominante seja uma SGPS, desde que preencha todos os outros requisitos exigidos.

Por outro lado, só pode ser sociedade-dominante aquela sociedade que detenha, directa ou indirectamente, 90% ou mais do capital de pelo menos uma outra sociedade ou entidade a integrar[366].

---

[363] Este é o regime vigente na Espanha (art. 81°, n° 2, c) da LIS e na França (art. 223A do CGI). V. no mesmo sentido Morgenstein (2000:60), Antón (1998: 1709).

[364] Sobre as relações entre o regime da transparência fiscal e do RTLC v. Abelló (1983), Gargallo (1994:186), Antón (1998:1717ss) e Lidoy (1999:414ss).

[365] Neste sentido art. 81° da LIS e quase toda a doutrina espanhola (v. Abelló (1983:303ss), Gargallo (1994:186), Antón (1998:1717), Lidoy (1999:414ss)). Este último autor admite, no entanto, que, se os sócios da sociedade dominante transparente forem considerados não residentes, já se pode admitir que tal sociedades, seja integrada no grupo.

[366] Na Espanha a LIS (art. 81°) exige que essa participação seja detida há pelo menos um ano antes de se poder aderir ao RTLC, requisito que levanta grandes problemas ao nível da sua aplicação (v. Antón (1998:1704ss), para o regime anterior v. Ibañez (1983)). É uma solução perfeitamente incoerente e desnecessária, já que a decisão de um conjunto de sociedades de aderir ao RTLC tem tantas implicações e obriga a tantas adaptações, que só faz sentido quando tais participações são de carácter duradouro e não apenas especulativo, aspecto que tal exigência normalmente visa acautelar.

O cálculo da percentagem indirectamente detida pela sociedade--dominante no capital das sociedades-dominadas faz-se multiplicando as percentagens detidas por ela directamente e indirectamente através de outras sociedades. Mas aqui é preciso fazer notar um importante aspecto: é que, para este efeito, só podem ser contabilizadas as percentagens detidas pela sociedade-dominante em sociedades que fazem parte do grupo[367]. Se houver ruptura na cadeia de participações, o requisito dos 90% já não se considera cumprido.

Da conjugação destes elementos obtemos então a correcta tipificação dos requisitos que devem caracterizar a sociedade-dominante de um grupo tributado pelo RTLC. Por razões de segurança e de respeito pelo princípio da legalidade fiscal, e de acordo com o procedimento de liquidação que defendemos, estes requisistos, bem como os outros já definidos ou a definir, devem constar expressamente da lei.

7.8.4. *Requisitos a que devem obedecer as sociedades-dominadas*

Em coerência com o acabamos de afirmar, entendemos que só deveriam poder ser sociedades-dominadas de um grupo tributado pelo RTLC as sociedades que, preenchendo os requisitos exigidos para as sociedades que em geral querem integrar o RTLC, sejam detidas pela sociedade-dominante em 90% ou mais, à data da adesão ao RTLC e durante todo o período de duração do mesmo.

Em relação à compatibilidade entre o regime da transparência fiscal e o RTLC no que às sociedades-dominadas diz respeito, defendemos que, se essas sociedades preencherem todos os outros requisitos aqui enumerados, nada obsta a que as mesmas possam integrar o RTLC[368], prevalecendo este sobre o regime de transparência fiscal.

---

[367] Na perspectiva defendida, são aquelas que preenchem os requisitos necessários e que a sociedade-dominante escolheu para integrarem o perímetro de integração.

[368] Em sentido idêntico v. Antón (1998:1722) e a DGT espanhola por ele referida, posição que resulta do silêncio do art. 81º da LGT espanhola, que proíbe essa situação em relação à sociedade-dominante mas nada diz em relação às sociedades--dominadas.

Tributação dos grupos de sociedades pelo lucro consolidado em sede de IRC   163

Assim, uma sociedade que preencha todos os requisitos para ser considerada uma sociedade transparente, deve ser tributada pelo RTLC desde que, satisfazendo todos os demais requisitos para o efeito, opte pela tributação segundo o RTLC. Esta sua opção prevalece sobre o regime da transparência fiscal.

7.8.5. *Regime legal*

No que se refere aos requisitos necessários para que as sociedades interessadas possam fazer parte do grupo tributado pelo RTLC, da nossa lei resulta um regime que se aproxima, nos seus aspectos essenciais, daquele que defendemos. Peca porém, por ser pouco desenvolvido e mesmo insuficiente.

Em resultado da alteração introduzida no art. 59°, n° 2, c) do CIRC a que aludimos no capítulo 5° quando abordámos a definição de grupo para efeitos do RTLC[369], o nosso legislador (art° 59° n°s 1 e 2, do CIRC)[370], na interpretação que fazemos deste preceito, alargou, e bem, o âmbito de aplicação do RTLC a qualquer tipo de sociedade e não só àquelas que, nos termos do CSC, podem constituir grupos por domínio total.

Por outro lado, do art. 59°, n° 2, a) do CIRC[371] resulta – e bem – que só podem ser integradas sociedades com direcção efectiva em território português (nos termos do art. 2°, n° 3° do CIRC). Como já dissemos, enquanto não houver harmonização em matéria de base tributável e de regras de tributação, é extremamente difícil senão impossível aplicar uma solução diferente desta.

Por último, o art. 59°, n° 2, c) do CIRC determina que só poderão ser integradas sociedades em que "a totalidade dos rendimentos das sociedades do grupo está sujeita ao regime geral do IRC". Este é, a nosso ver, o aspecto menos conseguido do regime em vigor, já que este preceito é pouco esclarecedor, porque da sua leitura não fica claro qual a opção do legislador.

---

[369] V. cap. 5°.

[370] Neste sentido v. também Circular 15/94, ponto. 2.

[371] V. também ponto 2, a) e 2.1 da Circular 15/94.

A AF, no ponto 2.2. da Circular 15/94, interpretou-o no sentido de que o mesmo exclui do RTLC sociedades cujos rendimentos estejam abrangidos pelos "regimes de isenção, redução de taxas, transparência fiscal ou de transição de benefícios fiscais previsto na alínea e) do art. 2º do DL 215/89 de 1 de Julho", excluindo da integração, aparentemente, sociedades que beneficiem de isenção subjectiva ou objectiva.

Esta, é, em boa verdade, uma das possíveis interpretações desse preceito. No caso, é a interpretação feita pelos serviços na perspectiva dos interesses da AF. No entanto, como já sublinhámos, as circulares não são mais do que isso, a interpretação que a AF faz de um preceito legal.

Parece-nos, porém, perfeitamente legítimo retirar outro sentido desse preceito, porventura mais adequado e conforme à sua redacção: o artigo citado determina apenas a exclusão dos casos de isenção subjectiva, admitindo assim a inclusão de algumas sociedades que beneficiem de isenções objectivas.

Quanto aos outros aspectos referidos, que consideramos essenciais para uma correcta definição do âmbito de aplicação do RTLC, a nossa lei é omissa, circunstância que é sempre de lamentar tendo em conta as preocupações de segurança jurídica a que qualquer sistema fiscal é sensível.

7.9. Conclusão

Como se torna evidente, a perspectiva que defendemos em sede de procedimento aplicável ao RTLC parte de um modelo completamente diferente daquele que hoje está em vigor em Portugal.

Na nossa proposta, o RTLC é apenas uma espécie dentro do procedimento de liquidação em geral, espécie que tem o seu âmbito de aplicação limitado às operações de quantificação da matéria tributável e à definição de um conjunto específico de deveres de colaboração, e é aplicável a um conjunto de sociedades que, por força de certos requisitos, vão ser tributadas como uma unidade económica para efeitos de IRC.

Esse procedimento deve obedecer, em nossa opinião, às regras gerais hoje aplicáveis em sede fiscal. Assim, os requisitos fundamentais devem estar substancialmente determinados na lei, como instrumento fundamental para garantir a segurança jurídica essencial a qualquer contribuinte, segurança e confiança ainda mais relevantes num regime que pressupõe grande reflexão e capacidade de organização por parte dos interessados.

Os interessados devem, por força de uma mera declaração – que se presume verdadeira nos termos gerais –, ter acesso ao RTLC, estando obrigados a, conjuntamente com essa declaração, comprovar alguns dos requisitos legalmente previstos.

À AF cabe, nos termos gerais, efectuar o controlo dessas mesmas declarações e do respeito pelas obrigações fiscais em geral. Para o efeito, tem ao seu dispor os meios normais de fiscalização, que em certos casos, como veremos, carecem mesmo de alguma adaptação ou reforço para poderem responder às especificidades do RTLC[372].

---

[372] Sobre estes aspectos v. cap. 11º.

8. CESSAÇÃO DA TRIBUTAÇÃO, SAÍDA DE SOCIEDADES DO PERÍMETRO DE INTEGRAÇÃO E OPERAÇÕES DE REESTRUTURAÇÃO NO GRUPO DE SOCIEDADES TRIBUTADO PELO RTLC.

8.1. Cessação da tributação do grupo pelo RTLC

8.1.1. *Noção e modalidades*

A *cessação da tributação do grupo pelo RTLC*[373], tal como a entendemos, pode assumir duas formas:

1) Numa primeira modalidade, há lugar à *cessação da tributação do grupo pelo RTLC*, quando a sociedade-dominante comunica à AF, voluntária e expressamente, até ao último dia do ano em que a tributação pelo RTLC tem lugar, a sua intenção de cessar a tributação pelo RTLC. Estamos perante uma forma de *cessação voluntária da tributação do grupo pelo RTLC*, que produzirá efeitos a partir do ano seguinte ao da declaração[374].

2) Numa segunda modalidade, há lugar à *cessação da tributação pelo RTLC* quando, em sede de procedimento de fiscalização, se detectar: *a)* que a sociedade-dominante não preenche os requisitos de elegibilidade por nós já referidos; *b)* que se verificam irregularidades justifi-

---

[373] Sobre a cessação da tributação pelo RTLC, v. Melcon (1977:187), Ibañez (1983a:565ss), M. P. Lousa (1989a:71ss), (1994:57), Antón (1998:1800) e Morgenstein (2000:341ss).

[374] Sobre o regime desta declaração v. *supra* cap. 7°.

cativas da aplicação de métodos indirectos, por motivos que se prendem com o apuramento do resultado de conjunto decorrente das operações de integração a efectuar pela sociedade-dominante.

Neste caso, se a sociedade-dominante não aceitar voluntariamente os resultados da aplicação dos métodos indirectos por parte da AF, compreende-se que tal facto, independentemente de outras sanções aplicáveis, dê lugar à cessação do RTLC[375]. Nesta segunda modalidade, a *cessação da tributação pelo RTLC*, produzirá efeitos a partir do primeiro dia do ano em que se praticaram as irregularidades detectadas, o que implica a sua aplicação retroactiva.

Esta segunda modalidade pode designar-se por *cessação imperativa da tributação do grupo pelo RTLC:* uma vez verificadas determinadas circunstâncias expressa e taxativamente previstas na lei, o grupo vê-se obrigado a cessar a tributação pelo RTLC.

A diferença de regime entre as duas modalidades de cessação, no que diz respeito ao momento a partir do qual se produzem os seus efeitos, é perfeitamente justificada tendo em conta que, na primeira modalidade, temos uma cessação voluntária, cujos efeitos, para tutela dos próprios interesses da AF, só devem produzir-se para o futuro. Na segunda modalidade, a cessação resulta imperativamente da lei, sempre que sejam detectadas ilegalidades, justificando-se que os seus efeitos se produzam a partir do momento em que deixam de existir os requisitos de um grupo de sociedades fiscalmente elegível para efeitos de tributação pelo RTLC, ou em que forem detectadas irregularidades no apuramento do resultado de conjunto, suficientemente graves para darem lugar à aplicação de métodos indirectos.

8.1.2. *Efeitos da* cessação da tributação do grupo pelo RTLC: *regime proposto*

Na nossa opinião, a cessação da tributação pelo RTLC, em qualquer das modalidades acabadas de referir, deve resumir-se em linhas gerais a isso mesmo: ao fim da aplicação das regras específicas que, em

---

[375] Sobre a posição por nós adoptada nesta sede v. *supra*, cap. 11°.

Tributação dos grupos de sociedades pelo lucro consolidado em sede de IRC   169

sede de apuramento da matéria tributável e de definição dos deveres de colaboração, impendem sobre as sociedades integrantes do grupo.

O regime que propomos visa estruturar os procedimentos necessários a que cada sociedade reassuma a sua qualidade de contribuinte isoladamente considerado, para efeitos de IRC.

Isto significa, por um lado, que todas as operações praticadas com as outras entidades do grupo, até então não consideradas para efeitos de IRC, readquirem relevância e devem passar a ser enquadradas de acordo com o regime normal do IRC.

E significa, por outro lado, que cada uma das sociedades deve reassumir todos os elemento transferidos para o grupo mas ainda não considerados e deve readquirir, na proporção em que cada uma contribuiu para eles, os resultados do grupo.

Entendemos que a cessação da tributação do grupo pelo RTLC não deve dar lugar a nenhuma eliminação ou anulação de operações efectuadas, em cumprimento das regras do RTLC, nem deve dar lugar à eliminação dos efeitos já produzidos e decorrentes dessas mesmas operações[376].

A nosso ver, o que verdadeiramente está em causa, quando se trata de definir os efeitos da *cessação da tributação pelo RTLC*, é a questão de saber se o regime do RTLC se limita a um regime que permite um mero diferimento da tributação dos resultados das sociedades integradas no mesmo, regime cuja cessação implica a eliminação das vantagens decorrentes do RTLC e a tributação dos resultados diferidos[377]. Ou se, pelo contrário, o RTLC deve consistir num regime que, no tocante às regras de apuramento da matéria tributável das sociedades integradas e durante os anos em que o mesmo é legal e legitimamente aplicado, determina um novo modo de apuramento dos resultados, que, nos termos normais, se tornam definitivos.

Como já afirmámos no capítulo 3º, o que para nós verdadeiramente justifica o RTLC é o princípio da neutralidade fiscal. Nestes termos, entendemos que a escolha das operações que vão ser desconsideradas e que obedecem a um regime especial é determinada precisa-

---

[376] Regime idêntico está consagrado no art. 95º da LIS.

[377] Neste sentido v. M. P. Lousa (1989:73) e M. F. Pereira (1994:243).

mente pela necessidade de se conseguir uma tributação que se aproxime o mais possível da tributação que incidiria sobre esses mesmos resultados se o seu titular fosse uma única sociedade. Por isso defendemos que os resultados "neutralizados" por força da correcta, adequada e legal aplicação do RTLC devem ser considerados definitivos para efeitos fiscais, não fazendo sentido, em caso de cessação da tributação pelo RTLC, eliminar as operações legalmente realizadas.

Cremos que a forma adequada de evitar que o RTLC seja utilizado como meio de fraude fiscal passa, por um lado, pela correcta definição do regime de apuramento do lucro tributado consolidado no que se refere aos seus aspectos essenciais (regime das mais-valias, reporte de prejuízos, eliminação das operações financeiras)[378], e, por outro lado, por um adequado procedimento de inspecção realizado por uma AF eficaz e com os meios necessários ao desempenho das suas funções[379].

Consideramos desadequada e desproporcionada qualquer solução que imponha um regime de cessação da tributação pelo RTLC que anule, com efeitos retroactivos, as operações efectuadas durante o período em que legítima e legalmente o grupo as efectuou, fazendo reflectir as vantagens retiradas dessas operações nos resultados do grupo no último ano de tributação, ou nos resultados das várias sociedades integradas.

Uma solução deste tipo é desadequada porque se traduz na negação dos fundamentos e princípios que determinaram a criação do RTLC. É desproporcionada porque, no caso da cessação voluntária, nada justifica que uma opção dos contribuintes, livre, legítima e legal, dê lugar à aplicação de uma espécie de sanção; e porque, mesmo nos casos de cessação imperativa, tal facto dá já lugar à cessação da tributação pelo RTLC (que em si mesma é uma sanção) e pode ainda dar lugar à aplicação de outras sanções fiscais, nos termos do regime geral das infracções fiscais em vigor[380].

Em síntese: o regime que propomos parece-nos o mais adequado e aquele que resulta da aplicação dos princípios gerais do nosso sistema

---

[378] V. *infra*, cap. 9°.

[379] V. *infra*, cap. 11°.

[380] V. neste sentido *infra*, cap. 10°.

Tributação dos grupos de sociedades pelo lucro consolidado em sede de IRC   171

fiscal nestas matérias, e que não têm de ser derrogados por exigência do RTLC.

8.1.3. Regime legal em vigor

8.1.3.1. *Noção e modalidades*

Na interpretação que dele fazemos, o regime legal em vigor em Portugal nesta matéria é um regime extremamente complexo, desadequado e desproporcionado.

O CIRC começa por distinguir as situações que podem dar lugar à cessação da tributação pelo RTLC: a *caducidade da autorização* e o *fim da tributação pelo RTLC*.

A *caducidade da autorização* tem lugar quando alguma das sociedades que integram o grupo deixa de preencher os requisitos do n° 2 do art. 59° ou os requisitos que a própria AF pode fixar, nos termos do n° 4 do mesmo art. 59°, ou seja, quando deixem de se verificar os requisitos exigidos para que as várias sociedades integrem o grupo.

A caducidade da tributação pelo RTLC pode ainda verificar-se quando a sociedade-dominante assume o domínio total de uma nova sociedade, sem obter autorização específica para integrar essa nova sociedade e manter a tributação pelo RTLC (art. 59°, n° 7 do CIRC).

O *fim da tributação pelo RTLC* corresponde aos casos em que, esgotado o período de validade (cinco anos) da autorização concedida pelo Ministro das Finanças (MF) para que o grupo seja tributado pelo RTLC, a sociedade-dominante não renova o pedido, ou, tendo-o renovado, ele não obtém despacho favorável do MF (art. 59°, n° 4 do CIRC)[381].

Trata-se, se bem vemos, de um regime em que a cessação da tributação do grupo de sociedades pelo RTLC é sempre imperativa e tem

---

[381] Sobre a nossa perspectiva em relação ao sentido em que deve ser interpretada a definição de um período mínimo de duração do RTLC, que nunca deve determinar a aplicação de uma sanção em caso de cessação antes do termo desse prazo, v. *supra,* caps. 5° e 7°.

lugar por razões, que, em regra, à luz do nosso entendimento do RTLC, não justificam tal cessação. O simples facto de uma das sociedades que integram o grupo deixar de preencher os requisitos de elegibilidade definidos na lei ou pela AF (art. 59º, nº 4) não significa, a nosso ver, a caducidade da tributação de todo o grupo pelo RTLC. O mesmo poderá dizer-se no caso de saída de uma sociedade do grupo, ou no caso de a sociedade-dominante adquirir o controlo sobre uma nova sociedade. Em casos como estes entendemos ser bastante a saída do grupo por parte da(s) sociedade(s) em questão, nos termos que definiremos à frente.

No capítulo anterior já considerámos inconstitucional, extremamente rigoroso e desproporcionado este regime definido no art. 59º, nº 4 do CIRC. Como se tal não bastasse, a AF veio ela própria definir *ex novo,* no nº 10.1, alínea e) da Circular 15/94, uma circunstância adicional que, na sua perspectiva, deve dar lugar à cessação da tributação pelo RTLC: a aplicação de métodos indirectos a uma das sociedades[382].

O regime de *caducidade* e de *fim da tributação pelo RTLC* vigente em Portugal é desproporcionado em confronto com os fins a atingir pelo RTLC e é desadequado ao seus próprios objectivos, o que provoca grande incerteza e insegurança nos interessados.

Daí a proposta que fizemos no capítulo anterior de um procedimento de aplicação do RTLC baseado nas regras da aplicação automática, na livre adesão e constituição do perímetro do grupo e num regime flexível e sensível às alterações da constituição do grupo.

Este é, se não erramos, um regime mais linear, mais seguro, mais equilibrado e mais eficaz do que o consagrado no art. 59º do CIRC. E oferece ainda a grande vantagem de ser um regime constitucionalmente adequado.

---

[382] M. P. Lousa (1994:53/54) reconhece precisamente que a Circular 15/94 define requisitos que não constam da Lei.

8.1.3.2. *Efeitos da* caducidade *e do fim* da tributação do grupo pelo RTLC: *regime legal em vigor*

O regime legal vigente em matéria dos efeitos da *caducidade e do fim da tributação do grupo pelo RTLC* baseia-se na ideia da eliminação ou anulação dos efeitos ou vantagens fiscais decorrentes das operações efectuadas em cumprimento das regras do RTLC, durante o período em que, legal e legitimamente, o grupo de sociedades apurou os seus resultados fiscalmente relevantes de acordo com as regras do RTLC. Nos seus traços essenciais é o regime definido nos n° 8 e n° 10 do art. 59° do CIRC[383]. Nos termos destes preceitos, vão anular-se, com efeitos retroactivos, no último ano em que seja aplicável o RTLC, algumas das vantagens fiscais decorrentes das operações efectuadas durante o período em que legítima e legalmente o grupo as efectuou, fazendo reflectir as vantagens retiradas dessas neutralizações nos resultados do grupo no último ano de tributação conjunta pelo RTLC.

Como já dissemos, consideramos inadequado este regime de cessação do RTLC, que determina a eliminação dos resultados já apurados e que consubstancia uma solução em que o RTLC é entendido como um regime em que se procede a um mero diferimento de resultados.

Em primeiro lugar, porque o consideramos totalmente contrário às regras gerais aplicáveis nesta sede. De acordo com o regime geral vigente, em circunstância alguma (nem sequer nos casos de detecção de ilegalidades em sede de procedimento de inspecção efectuado pela AF) podem ser postos em causa ou alterados pela AF os resultados legítima e legalmente apurados em anos anteriores ou posteriores àquele ou àqueles em que foram detectadas essas ilegalidades.

Assim sendo, não se percebe porque é que, nos casos de caducidade ou de fim da tributação pelo RTLC (no caso de fim de tributação nem sequer se pode imputar ao grupo a prática de qualquer ilegalidade ou mesmo irregularidade), tais factos hão-de dar lugar à aplicação de um regime que parcialmente vai anular os efeitos legal e legitimamente produzidos em consequência da aplicação de um regime legal aplicável

---

[383] Interpretados e desenvolvidos no n° 11 da Circular 15/94.

ao grupo, como aquele que está definido no nº 10 e nº 12 do art. 59º do CIRC.

Este juízo de reprovação ainda se agrava mais se tivermos em conta a "sanção específica" aplicável aos grupos no caso de caducidade da tributação pelo RTLC ou de fim de tributação antes de decorridos os cinco anos de autorização (art. 59º, nº 10 do CIRC)[384]. Com efeito, este preceito determina que, em caso de caducidade ou de fim de tributação, além das eliminações de resultados impostas pelo nº 8 do art. 59º, se aplique também uma "sanção especial", reflectida na quantificação da matéria tributável, consistente num valor correspondente "ao produto de 1,5 pelo valor da diferença entre os prejuízos que foram efectivamente integrados na base tributável e os que teriam sido considerados para efeitos fiscais se as sociedades tivessem sido tributadas autonomamente". Trata-se, pois, de uma sanção que se vai reflectir na própria matéria colectável por factos que podem nem ser ilegais, que não são obrigatoriamente fraudulentos e muito menos infracções[385].

Verdadeiramente, o que, na nossa opinião, se pode concluir deste regime é que, perante uma realidade em que uma grande percentagem de contribuintes de IRC declaram prejuízos, e perante a incapacidade do legislador e da AF para resolver de forma adequada tal situação, o legislador optou por voltar à velha técnica das presunções de fraude e de ilegalidade, presumindo, nos casos de caducidade e de fim de tributação pelo RTLC, que tais factos são fraudulentos e aplicando-lhes uma sanção desenquadrada, injustificada e desproporcionada[386].

Senão vejamos. Em nenhuma outra circunstância está prevista uma sanção tão grave para actos que em si mesmos podem nem sequer ser ilegais. Com efeito, algumas das circunstâncias que dão lugar à

---

[384] Naturalmente que defendemos serem aplicáveis as sanções decorrentes da prática de infracções fiscais. Mas discordamos, como aliás se torna evidente do texto, de que o legislador tenha criado esta "sanção " absolutamente *sui generis*, desenquadrada e totalmente desproporcionada. Sobre as infracções fiscais e a tributação pelo RTLC, v. *infra*, cap. 10º.

[385] O carácter de sanção desta solução é totalmente assumido por M. P. Lousa (1994:58).

[386] Aspecto reconhecido por M. P. Lousa (1994:57).

caducidade e todas as que dão lugar ao fim da tributação pelo RTLC não são sequer circunstâncias que possamos considerar como actos ilegais ou mesmo de fraude à lei ou de abuso de direito.

Em segundo lugar, nada justifica que, em caso de caducidade e de fim de tributação pelo RTLC, além da cessação da aplicação das regras específicas de apuramento decorrentes do RTLC, haja ainda lugar há aplicação de uma "sanção absolutamente *sui generis*" que se vai reflectir no apuramento da matéria tributável. Na nossa opinião, trata-se de uma solução que nada resolve, é incoerente e constitui em si mesma uma péssima solução em termos de técnica e de coerência jurídica e que, talvez por isso, foi abandonada em países como a Espanha e a França, que em tempos a adoptaram.

Por isso insistimos na nossa ideia de que a cessação da tributação do grupo deve apenas dar lugar ao retomar da tributação normal das sociedades que o integram, reassumindo estas na sua titularidade os aspectos pendentes, na proporção da sua contribuição, mas sem pôr em causa o regime aplicado aquando do normal, legítimo e legal período em que foram aplicadas as disposições específicas do RTLC.

O juízo profundamente negativo que fazemos do regime legal em vigor justifica o desejo de o vermos alterado no sentido que aqui propomos.

8.2. Saída de sociedades do perímetro de integração de um grupo tributado pelo RTLC

8.2.1. *Introdução*

No modelo de aplicação do RTLC que defendemos atrás a adesão ao RTLC é voluntária, devendo caber à sociedade-dominante a definição do perímetro de integração, que se concretiza na escolha das sociedades a integrar.

Defendemos também que a sociedade-dominante deve poder, todos os anos antes do início de cada período de tributação, proceder a alguns ajustamentos no que se refere às sociedades a sair do perímetro, desde que tais saídas obedeçam a certas regras.

176 Gonçalo Nuno Cabral de Almeida Avelãs Nunes

É neste contexto que vamos tentar definir o regime que julgamos desejável em matéria de *saída de sociedades do perímetro de integração de um grupo de sociedades tributado pelo RTLC*.

8.2.2. Noção e modalidades

Quando falamos de saída do grupo podemos identificar duas hipóteses distintas[387]: 1) aqueles casos em que alguma(s) da(s) sociedade(s) deixa(m) de preencher os requisitos de elegibilidade necessários para poder(em) continuar a integrar o mesmo, e aquelas situações em que a aplicação de métodos indirectos de determinação da matéria colectável pode determinar a saída de uma(s) sociedade(s) do grupo[388], casos em que a saída do perímetro de integração do grupo é *saída por imposição da lei* ou *imperativa*.

2) Os casos em que, apesar de a(s) sociedade(s) preencher(em) os requisitos de elegibilidade necessários, a sociedade-dominante decide retirar uma(s) determinada(s) sociedade(s) do perímetro de integração, casos em que a saída do perímetro de integração do grupo tributado pelo RTLC é *saída voluntária*.

Estas duas modalidades devem obedecer, na nossa perspectiva, a um tratamento idêntico no que diz respeito aos seus efeitos ou consequências, justificando-se tratamento diferenciado apenas no que toca ao momento em que deve produzir efeitos as duas modalidades de saída do perímetro de integração de um grupo tributado pelo RTLC.

Na hipótese de *saída voluntária*, as repercussões dessa decisão só serão relevantes para o ano tributário seguinte, ficando a sociedade que sair do grupo obrigada a cumprir todos os deveres decorrentes do RTLC até ao fim do ano fiscal em que a sociedade-dominante toma tal decisão e a comunica, nos termos legais, à AF.

Na hipótese de *saída por imposição da lei* ou *imperativa*, os seus efeitos devem produzir-se imediatamente, o que determina a exclusão

---

[387] V. neste sentido Morgenstein (2000:320ss).
[388] Sobre estes casos v. *infra*, cap. 11°.

dessa sociedade do perímetro de integração a partir do primeiro dia do ano em que ocorra o facto que, por força da lei, determina a sua saída.

Qualquer que seja a modalidade de saída do grupo, ela não deve ter qualquer relevo se se verificar no primeiro ano de integração, tudo se passando, para todos os efeitos, como se a sociedade em questão nunca tivesse sido integrada no grupo.

8.2.3. Efeitos da saída de uma ou mais sociedades do perímetro de integração de um grupo tributado pelo RTLC

No que diz respeito à definição dos efeitos da saída de uma ou mais sociedades do grupo, a nossa posição enquadra-se na perspectiva que já adoptámos em sede de *cessação da tributação pelo RTLC*. A saída de uma ou mais sociedades do grupo não deve implicar, só por si, a cessação da tributação do grupo pelo RTLC, a não ser em dois casos: a) quando a sociedade que sai for a sociedade-dominante; b) quando restar apenas *uma sociedade* (ainda que seja a sociedade-dominante) em resultado da saída de algumas sociedades do grupo.

Se o grupo se mantiver, não faz qualquer sentido que a saída de uma determinada sociedade-dominada, por opção da sociedade-dominante ou por ter ela deixado de cumprir os requisitos de elegibilidade, obrigue a que o grupo deixe de continuar a ser tributado pelo RTLC. Pela razão simples mas decisiva de que essa saída em nada altera as características fiscalmente relevantes do próprio grupo e não prejudica os fundamentos que determinam a tributação pelo RTLC. A instituição da regra contrária – a cessação da tributação do grupo pelo RTLC por força da mera saída de uma sociedade do grupo – significaria um regime absolutamente desnecessário e desproporcionado, que introduziria um grau de insegurança absolutamente inadequado e ilegítimo no que diz respeito ao regime de tributação aplicável às sociedades integrantes do grupo.

Por outro lado, a saída do grupo, desde que enquadrada por um regime legal adequado, não é susceptível de prejudicar os interesses da AF dignos de tutela. Ao invés: a aplicação da regra contrária é que acarretaria um excesso de trabalho para a AF, que anualmente teria de enfrentar constantes processos de "liquidação" de grupos tributados pelo RTLC e vários processos novos de adesão.

A saída de uma sociedade do grupo deve dar lugar à neutralização de todas as operações específicas do RTLC em que essa sociedade era interveniente e que se traduziam no resultado do grupo.

Paralelamente, a sociedade que sai readquire todos os direitos sobre os seus resultados e prejuízos ainda não tidos em conta no apuramento dos resultados do grupo e assume, na proporção em que contribuiu para os mesmos, os prejuízos ou os resultados positivos do grupo.

Retoma, assim, a tributação de acordo com as regras normais aplicáveis em sede de IRC, nomeadamente reassumindo o direito à dedução dos seus prejuízos e à amortização dos bens que lhe pertencem e todas as operações necessárias ao apuramento do seu lucro tributável nos termos gerais.

Em relação aos resultados do grupo, as correcções a efectuar resultam precisamente destas regras aqui enunciadas: todas as operações praticadas com as sociedades agora excluídas do grupo readquirem relevo fiscal.

Como se depreende do regime que acabamos de expor, a saída de uma sociedade do grupo não deve – nos mesmos termos do que defendemos em matéria de cessação da tributação pelo RTLC – dar lugar a qualquer anulação dos resultados e vantagens das operações de integração que foram legitimamente praticadas durante o período em que a sociedade que sai esteve integrada no RTLC.

Por maioria de razão, em confronto com o que defendemos acerca do regime da cessação, entendemos que a simples saída de uma sociedade do grupo não deve pôr em causa a validade de resultados e operações legalmente realizadas no cumprimento de um regime legalmente determinado. O carácter definitivo desses resultados não deve ser posto em causa por um acto perfeitamente normal dentro da "vida" de um grupo, como é a simples saída de uma das sociedades que o compõem.

Várias razões fundamentam este nosso ponto de vista.

1) Diremos, em primeiro lugar, que a saída de uma sociedade do grupo é sempre da responsabilidade da sociedade-dominante. Porque a sociedade-dominante decide que uma sociedade integrada deve sair, apesar de preencher os requisitos de elegibilidade (*saída voluntária*), ou porque a sociedade-dominante determina a falta de preenchimento dos requisitos legais de elegibilidade por parte da(s) sociedade(s) que quer excluir, provocando assim a sua *saída imperativa*.

A saída imperativa pode mesmo corresponder a uma estratégia utilizada pela sociedade-dominante para provocar a saída de determinada(s) sociedade(s) do perímetro de integração, uma vez que o não preenchimento dos requisitos de elegibilidade é sempre da responsabilidade da sociedade-dominante, que controla a 90% ou mais do capital de todas as sociedades-dominadas.

2) Recordemos, em segundo lugar, a posição por nós assumida em relação à estrutura e natureza do RTLC e do grupo de sociedades tributado pelo RTLC: o RTLC não é mais do que um método capaz de permitir que, para certos efeitos, a quantificação e o apuramento da matéria tributável de um conjunto de sociedades se faça em conjunto. Compreende-se que, coerentemente, defendamos agora que, quando, por qualquer razão, uma das sociedades abandona o grupo, o mais natural é que essa sociedade retome em plenitude a sua natureza de contribuinte tributado autonomamente de acordo com o regime-regra do IRC que lhe é aplicável.

3) Em terceiro lugar, entendemos que a solução que aqui propomos defende melhor do que a decorrente do regime legal em vigor os interesses da AF. Se as sociedades saídas do grupo retomarem a sua tributação de acordo com as regras normais, reassumindo, na proporção da sua responsabilidade, os resultados do grupo, tal regime não permitirá o uso abusivo dessa situação por parte da sociedade-dominante, que, caso contrário, poderia integrar uma determinada sociedade durante um certo período de tempo só para transferir para o grupo os seus prejuízos ou outros aspectos dos seus resultados úteis ao grupo, retirando-a depois do perímetro de integração, assumindo as vantagens.

4) No sentido da solução por nós propugnada apontam, por último, os próprios interesses das sociedades-dominadas, dos seus credores e de outras entidades que com elas estabeleçam relações jurídicas. Com efeito, se se permitir que a sociedade-dominante e o grupo se "apropriem" dos resultados da sociedade que sai, mesmo após a sua saída, esse será mais um factor que dificultará de forma injustificada a capacidade de sobrevivência autónoma dessa sociedade.

8.2.4. *Regime legal em vigor*

8.2.4.1. Noção e modalidades

O regime legal aplicável à saída de uma sociedade do grupo é no mínimo pouco claro e complexo. Na verdade, o legislador admite expressamente que pode haver lugar a saídas do grupo sem que tal facto implique a caducidade da tributação do grupo pelo RTLC (nº 11 do art. 59º do CIRC), mas não enumera as situações possíveis e não diz sequer em que circunstâncias elas poderão ter lugar.

Conjugando o disposto nos nºˢ 4, 6 e 11 do art. 59º do CIRC com o teor do nº 10, nº 1, d) e e) e 2, b) e c) da Circular 15/94, somos levados a concluir que a única hipótese susceptível de ser enquadrada na previsão legal do nº 11 do art. 59º CIRC seria a *da saída voluntária,* nos termos por nós propostos. Todas as outras possíveis hipóteses de saída de uma sociedade do grupo – nomeadamente a não satisfação dos requisitos de elegibilidade do nº 2 do art. 59º do CIRC ou os requisitos de elegibilidade definidos ou a definir pela AF, nos termos do art. 59º, nº 4 do CIRC – dão sempre lugar à caducidade da tributação, de acordo com o nº 6 do mesmo art. 59º do CIRC.

Mas a conclusão que adiantámos é insustentável, tendo em conta o procedimento aplicável em sede de RTLC.

Por outro lado, seria uma enorme contradição que o legislador determinasse que as hipóteses de *saída imperativa* (tal como as caracterizámos) dessem lugar à caducidade da tributação do grupo pelo RTLC e não à simples saída, e admitisse que as hipóteses que para nós correspondem à *saída voluntária* (solução não cabe no procedimento de aplicação do RTLC em vigor)[389] pudessem dar lugar apenas à simples saída do grupo.

---

[389] V. sobre estes aspectos por nós criticados *supra,* cap. 7º.

Tal como as coisas estão, a lei (nº 11 do art. 59º do CIRC) prevê a existência da figura da *saída do grupo sem que tal facto dê lugar à caducidade*; mas a regulamentação legal e administrativa esvaziou de sentido tal preceito, afastando qualquer possibilidade prática de concretização desta figura.

Talvez o legislador, nº 11 do art. 59º do CIRC, queira referir-se à hipótese em que o grupo requer, nos termos do nº 7 do art. 59º, que, sem haver lugar à cessação da tributação anterior, seja autorizada a tributação pelo RTLC de um novo grupo que não inclui alguma(s) sociedade(s) integradas no grupo anterior.

É uma hipótese algo rebuscada e resultante de uma interpretação um pouco forçada do nº 7 do art. 59º. Mas é a única que, de acordo com o regime vigente, perspectivamos como hipótese de saída de uma sociedade do grupo sem que a mesma dê lugar à caducidade da tributação de todo o grupo pelo RTLC (nº 11 do art. 59º do CIRC).

Como se vê, esta hipótese, a ser real, está totalmente dependente de um poder de livre apreciação por parte do MF, circunstância que consideramos extremamente grave e inconstitucional, por violação do princípio da legalidade fiscal nos termos por nós defendidos no capítulo 7º.

8.2.4.2. Efeitos

Se admitirmos que a nossa lei consente a saída de uma sociedade do grupo de sociedades tributado pelo RTLC – hipótese de que duvidamos –, os efeitos dessa saída são genericamente aplicáveis à caducidade ou ao fim de tributação, já descritos e analisados no ponto 8.1.3.2.: a anulação dos efeitos entretanto produzidos e a aplicação da 'sanção' do nº 10 do art. 59º do CIRC (art. 59º, nº 8º, b) e nº 11º).

Paralelamente, a saída dá lugar ao retomar da tributação nos termos normais, salvo o disposto no art. 60º, c) do CIRC.

8.3. Operações de reestruturação no grupo de sociedades tributado pelo RTLC

8.3.1. *Introdução*

Aspecto essencial de qualquer sistema fiscal moderno que pretenda definir um regime aplicável aos lucros das sociedades e entidades equiparadas é a sua capacidade de entender que essas entidades não são realidades rígidas e imutáveis, bem pelo contrário; hoje exige-se, cada vez mais, uma grande capacidade de adaptação no que se refere à sua estrutura e organização interna.

Neste sentido, os sistemas fiscais têm de ser capazes de prever e enquadrar em termos jurídico-fiscais uma realidade inseparável da actividade económica e inerente a qualquer processo de desenvolvimento empresarial, a sua necessidade ou capacidade de transformação, alteração, reestruturação e desenvolvimento, com vista a adaptar-se convenientemente às condições de mercado que o envolvem, em mudança cada vez mais acelerada.

Esta realidade tem levado a que os sistemas fiscais mais modernos – impulsionados até por processos de integração económica e de consequente harmonização fiscal – adoptem normas especiais aplicáveis precisamente a esses processos de reestruturação considerados essenciais à sobrevivência das empresas no mundo de hoje. Estamos a pensar nas regras aplicáveis às fusões, cisões, entradas de activos, permuta de acções e transformação de sociedades, de que temos exemplos nos arts. 61°ss do CIRC.

A característica fundamental[390] destas regras é a desconsideração fiscal, para efeitos de imposto sobre o rendimento, dos actos praticados no desenvolvimento dessas operações: tais actos não produzem efeitos fiscais em sede de IRC, tais operações são fiscalmente neutras.

Estes regimes são justificados por duas ordens de razões.

---

[390] Sobre estes regimes v. F. Pereira (1992), (1994a) e (1997).

1) Em primeiro lugar, por razões que se prendem com o princípio da neutralidade fiscal, que, neste domínio, implica a não tributação das operações necessárias para que se assuma a forma mais indicada para desenvolver certa actividade. O objectivo é não penalizar certo tipo de estruturas em favor de outras e isso implica desconsiderar certo tipo de operações de reestruturação necessárias à assunção da melhor estrutura organizativa por parte de uma empresa.

2) Em segundo lugar, por razões de natureza extra-fiscal que se prendem com a necessidade de incentivar e apoiar a reestruturação da organização empresarial, tendo em conta as condições cada vez mais competitivas dos mercados (a que não são estranhas, às vezes, práticas de concorrência fiscal prejudicial) e que se prendem também com a necessidade de apoiar a internacionalização das empresas.

Estas razões têm levado os países a adoptar soluções que funcionam como incentivo (ou, pelo menos, que não funcionam como entrave) de natureza fiscal à realização dessas operações de reestruturação.

Seria, portanto, estranho que a definição do RTLC não tivesse essa realidade em conta e que não fosse sensível a essas necessidades, quando se trata de um *grupo de sociedades*, que, pela sua própria natureza, é, como já vimos, eminentemente mutável e flexível.

Na nossa perspectiva, um adequado regime de aplicação do RTLC tem que conter normas que integrem essas realidades no seu regime e que permitam a entrada e saída de sociedades do perímetro de integração, sem que tal implique a cessação do RTLC.

Um sistema de RTLC adequado, útil e justo não pode ser fechado a essa realidade, não pode entender o grupo como uma realidade imutável. Se assim não for, corremos o risco de ter um RTLC muito perfeito em abstracto, mas incapaz de corresponder minimamente às exigências da realidade empresarial que ele visa regular, sacrificando assim os seus potenciais efeitos positivos.

À luz do que fica dito, entendemos que o modelo desejável de RTLC tem de contemplar a possibilidade de os grupos procederem a certo tipo de operações de reestruturação, sem que tal implique, mais uma vez, a cessação da tributação desse grupo de sociedades pelo RTLC.

8.3.2. Modalidades

Poderemos identificar duas modalidades.

1) Na primeira, as operações de reestruturação ou modificação abrangem apenas sociedades já integradas no perímetro de integração: trata-se de actos que vão produzir os seus efeitos dentro do perímetro de integração.

2) Na segunda, poderemos ter operações de reestruturação que abrangem sociedades externas ao grupo de sociedades e que consistem sempre na entrada de uma ou mais sociedades dentro do perímetro de integração, acompanhada ou não pela alteração da situação da(s) sociedade(s) já integrada(s).

Em termos gerais, consideramos que a regulamentação legal do RTLC deve permitir que estas operações possam realizar-se sem conduzir obrigatoriamente à cessação da tributação pelo RTLC, desde que sejam respeitados certos requisitos. Nomeadamente, deve garantir-se que, após tais operações, todas as sociedades satisfaçam as condições de elegibilidade essenciais para que se possa falar de *grupo de sociedades fiscalmente elegível*, nos termos já vistos[391].

Atenção especial devem merecer as hipóteses em que seja a sociedade-dominante a ser adquirida ou absorvida por outra sociedade. Mesmo nestas hipóteses, porém, entendermos não ser obrigatória a cessação da tributação pelo RTLC. Bastará que, estando preenchidos todos os demais requisitos de elegibilidade, a nova sociedade-dominante manifeste, no prazo devido, a vontade de que o novo grupo por ela dirigido continue a ser tributado pelo RTLC.

8.3.3. Regime legal em vigor

O CIRC (n°s 13 e 14 do art. 59°) prevê um regime aplicável às situações que aqui identificámos em primeiro lugar, ou seja, às opera-

---

[391] V. *supra,* caps. 5° e 7°.

Tributação dos grupos de sociedades pelo lucro consolidado em sede de IRC 185

ções de reestruturação nos termos definidos no art 62º do CIRC (fusões, cisões ou entrada de activos, abrangendo sociedades já pertencentes ao perímetro de integração). Tais operações são admitidas sem que haja lugar à cessação da tributação pelo RTLC. No entanto, dentro da lógica geral do sistema vigente, este regime está dependente de autorização prévia do MF.

Relativamente à segunda hipótese por nós considerada (operações de reestruturação que abrangem sociedades externas ao grupo de sociedades), a lei é totalmente omissa o que significará que, nestas situações, haverá lugar à caducidade da tributação do grupo pelo RTLC, nos termos do art. 59º, nº 6 do CIRC.

9. APURAMENTO DO *LUCRO TRIBUTÁVEL* DO GRUPO DE SOCIEDADES EM SEDE DE RTLC

9.1. Introdução

Dentro das várias modalidades enquadráveis na (ou decorrentes da) teoria da unidade[392] e tendo em conta que, como dissemos, a unidade perfeita é entendida como um modelo a alcançar de difícil se não de impossível concretização, cada país define as regras específicas de apuramento do resultado de conjunto do *grupo de sociedades* tributado pelo RTLC, à luz das suas próprias regras de determinação da matéria tributável aplicáveis ao rendimento das sociedades ou entidades equiparadas[393].

Assim, é impossível elaborar um modelo teórico ou abstracto do que seria a solução ideal no que toca às regras de apuramento e quantificação do resultado de conjunto, porque tais regras estão totalmente condicionadas pelas opções dos diferentes países em matéria de normas de determinação da base tributável em sede de IRC [394].

---

[392] V. *supra,* cap. 5°.

[393] Após a finalização deste trabalho a Lei n° 30-G/2000 que alterou o CIRC, consagra o abandono do regime de tributação conjunta dos grupos decorrente da teoria da unidade – regime de consolidação – em que, além da compensação de resultados, se procede à desconsideração fiscal das operações internas, e instituiu um mero regime de compensação de resultados do tipo do *Group Relief* inglês. Sobre estes aspectos v. *supra,* cap. 4°.

[394] Sobre o conceito de lucro tributável v. Xavier de Basto (1980), R. F. Ferreira (1984a), (1984b), M. H. F. Pereira (1984), (1988), (1990), M. P. Lousa (1992), B. M. Costa (1997:21ss), S. Sanches (1994), (1998:231ss) e Tomás Tavares (1999).

Só conhecendo e analisando as regras próprias em matérias como a tributação das mais-valias, regime de amortizações e reintegrações, dedução de prejuízos, tributação de dividendos, preços de transferência, v.g., é possível definir e avaliar o regime aplicável em sede de RTLC.

Por outro lado – já o dissemos acima – o RTLC não é mais do que um regime específico dentro do procedimento geral de liquidação aplicável, em sede de IRC, às sociedades e entidades equiparadas. As normas que determinam a matéria tributável são as mesmas: o RTLC é apenas relevante em sede de quantificação da matéria tributável e não de determinação da matéria tributável[395].

Por isso mesmo, as matérias referentes ao apuramento do resultado de conjunto são indissociáveis das regras de determinação da matéria tributável vigentes em cada país, o que impede uma abordagem teórica destas matéria para além daquela que já fizemos no capítulo 5º.

Neste contexto e em termos de definir uma posição em matéria de definição do *lucro tributável do grupo de sociedades em sede de RTLC*, podemos afirmar, em primeiro lugar, que a solução a adoptar, dentro das opções que o legislador tomou em sede de determinação da matéria tributável para as sociedades em geral em sede de IRC, deve instituir um método de apuramento do lucro tributável do grupo que – em obediência ao princípio da neutralidade fiscal e no respeito pelos interesses da AF e respeitando os princípios fundamentais do sistema fiscal – aproxime o regime tributário do grupo o mais possível daquele que incidiria sobre esse mesmo rendimento se ele fosse auferido por uma única sociedade[396].

Por outro lado, como afirmámos no capítulo anterior, o RTLC não se deve limitar a um regime que permita diferir a tributação de resultados. Deve ser um regime específico, actuante em sede de apuramento da matéria tributável das sociedades que integram o grupo, regime segundo o qual os resultados e implicações fiscais das operações de

---

[395] V. *supra*, caps. 3º e 6º.

[396] Sobre o conceito de lucro tributável para efeitos de RTLC, v. Melcón (1977:174ss), Ibañez (1983a:502ss), M. P. Lousa (1989a:74ss), Giménez (1991: 78ss), Antón (1998:1748ss) e Morgenstein (2000:147ss).

Tributação dos grupos de sociedades pelo lucro consolidado em sede de IRC 189

integração legítima e legalmente efectuadas durante o período em que o RTLC é aplicável devem ser definitivos no sentido de que constituem os lucros das sociedades integradas, durante esse período.

Dentro destes parâmetros, a análise que iremos fazer neste capítulo vai centrar-se em algumas das principais opções da legislação portuguesa neste âmbito da quantificação do lucro tributável do grupo de sociedades tributado pelo RTLC.

Começaremos pela análise da definição de lucro tributável do grupo (a concreta regulamentação do regime de apuramento do resultado unitário); faremos depois uma referência a uma das operações mais importantes inseridas no processo de apuramento do lucro tributável do grupo em sede de IRC, o regime da dedução dos prejuízos; por último, faremos uma análise do regime das deduções à colecta.

9.2. Noção de lucro tributável do *grupo fiscalmente elegível para efeitos de RTLC*

Surpreendentemente, a única referência que o CIRC faz à noção *lucro tributável do grupo de sociedades tributado pelo RTLC* e, portanto, às operações de quantificação do resultado do conjunto das sociedades que integram o *grupo* consta do art. 59º, nº 1 do CIRC, que se limita a determinar que o lucro tributável do conjunto de sociedades que constituem grupo em IRC é calculado "mediante a consolidação dos balanços e demonstrações de resultados das sociedades que o integram". Esta definição genérica é completada com referências expressas a alguns aspectos determinados, tais como o regime do reinvestimento do valor de realização de activo imobilizado (art. 59º, nº 8 CIRC), o regime da dedução de prejuízos (art. 60º CIRC), o regime aplicável a algumas alterações da composição do grupo, como as fusões e as cisões (art. 59º, nºs 13 e 14 do CIRC) e o regime das deduções à colecta (art. 71º do CIRC).

O legislador não definiu o que entende, para este efeito, por "consolidação de resultados e demonstrações", acabando também por não definir o que entende por lucro tributável do grupo de sociedades tributado pelo RTLC, já que o apuramento desse lucro se concretiza precisamente na execução dessas operações de "consolidação de resultados". Os termos genéricos utilizados pelo legislador não esclarecem o sentido de tais expressões, que podem assumir diferentes conteúdos conforme as opções, âmbito de aplicação e fins a alcançar[397].

Mais uma vez – e aqui de uma forma mais do que evidente – se coloca a questão da constitucionalidade deste regime, tendo em conta o princípio da legalidade fiscal vigente no nosso país (arts. 103°, n° 3 e 165°, n° 1, i) da CRP)[398]. É que o legislador assume que ao grupo de sociedades fiscalmente elegível deve ser aplicado um regime específico de apuramento da matéria tributável das sociedades que o compõem, mas depois limita-se a definir o lucro tributável e as regras de apuramento na forma ambígua e insuficiente que referimos.

Verdadeiramente, ao legislador nem sequer nos dá uma noção de lucro tributável consolidado, o contrário do que fez por exemplo nos arts. 15°, 17° e 47° do CIRC. Por mais estranho que pareça, esta noção consta apenas do ponto 9.1. da Circular 15/94, que determina que "o lucro tributável do conjunto de sociedades tomará como base o resultado líquido consolidado, ao qual se efectuarão as correcções positivas e negativas que resultaram das disposições do código nesta matéria". O CIRC muito menos esclarece qual o conteúdo e amplitude das operações de consolidação necessárias ao apuramento do "resultado líquido consolidado. Mais uma vez é a Circular 15/94 que esclarece este aspecto no seu n° 7.

Em resumo: no que toca ao regime aplicável em sede de eliminação de resultados internos, eliminações de participações de capital, interesses minoritários, lucros distribuídos (aspectos que em concreto definem o regime de apuramento do resultado do conjunto das sociedades integradas no grupo), mais uma vez o legislador foi totalmente omisso, não definindo qualquer regra aplicável. As regras aplicáveis a

---

[397] Neste sentido v. por todos M. P. Lousa (1994:50ss), Morgenstein (2000: 606ss).

[398] V. *supra*, cap. 7°.

essas operações em sede de RTLC constam apenas nos pontos 7° e 8° da Circular 15/94[399].

Trata-se, na nossa opinião, de mais uma violação do princípio constitucional da legalidade fiscal, já que a AF não pode definir as operações de apuramento da matéria tributável aplicável às sociedades integradas no grupo tributado pelo RTLC (muito menos através de uma Circular cujas funções e limites dentro do nosso sistema constitucional já foram esclarecidos no capítulo 7°).

De acordo com o princípio da legalidade fiscal, o conceito de lucro tributável e as regras essenciais de quantificação da matéria tributável do grupo de sociedades enquanto unidade fiscal têm de ser obrigatoriamente definidos em diploma legal. Estas são matérias que não podem, por isso mesmo, ser definidas pela AF através de uma Circular ou de qualquer outro instrumento normativo da competência da AF.

A definição das normas de quantificação da matéria tributável é uma das matérias inequivocamente abrangida pelo art. 103°, n° 2 da CRP, que define o conteúdo material do princípio da legalidade fiscal. Mais uma vez afirmamos a inconstitucionalidade do art. 59°, n° 1 do CIRC, por violação deste princípio. Consequentemente as normas dos pontos 7 e 8 da Circular 15/94 são também inconstitucionais.

Em conclusão: no que diz respeito à definição do lucro tributável dos grupos de sociedades tributados pelo RTLC, entendemos que o regime legal vigente deve ser alterado. O legislador, no respeito pelo princípio da legalidade fiscal, deve definir o que entende por *lucro tributável do grupo fiscalmente elegível para efeitos de RTLC*, bem como, definir e identificar as operações essenciais para o seu apuramento.

---

[399] Diferentemente do que se passa em Portugal, na Espanha a LIS (arts. 85°, 86°, 87° e 88°), além de dar uma noção de "base imponible" do grupo, define as regras essenciais aplicáveis nestas matérias. Também na França todos estes aspectos estão devidamente definidos e concretizados a nível legal (arts. 223°-A a 223° – H do CGI).

9.3. Reporte de prejuízos fiscais

9.3.1. *O problema*

A regulamentação do reporte dos prejuízos em sede de RTLC é um dos aspectos mais relevantes de todo o regime, já que uma das maiores vantagens do RTLC é precisamente a comunicabilidade horizontal dos prejuízos entre as várias sociedades que constituem o grupo[400].

No entanto, se não forem acautelados determinados aspectos aquando da definição das regras aplicáveis nesta sede, este é um dos elementos do RTLC que pode propiciar e potenciar um uso abusivo ou mesmo fraudulento do RTLC, por parte das sociedades por ele abrangidas.

O regime aplicável ao reporte de prejuízos é normalmente definido tendo em conta três momentos distintos: 1) reporte dos prejuízos apurados pelas sociedades antes da integração; 2) dedução dos prejuízos apurados durante a tributação pelo RTLC; 3) reporte de prejuízos apurados depois da saída de uma sociedade do grupo ou da cessação da tributação pelo RTLC[401].

9.3.2. *Reporte de prejuízos apurados pelas sociedades antes da integração*

9.3.2.1. Regime proposto

O regime aplicável aos prejuízos apurados por uma sociedade antes da sua integração no grupo, no momento em que integra o grupo tributado pelo RTLC, é um dos elementos cruciais do RTLC. Se não se

---

[400] Sobre o reporte de prejuízos em sede de RTLC v. Melcón (1977:182ss), Ibañez (1983a:511ss), Giménez (1991:89ss), M. H. F. Pereira (1993:239ss), M. P. Lousa (1989a:89ss), (1990b:13), Antón (1998:1770ss) e Morgenstein (2000:271ss).

[401] V. autores nota anterior.

definirem, a este respeito, regras claras e efectivas, a utilização do reporte de prejuízos anteriores à integração em sede de RTLC pode ser um meio muito efectivo de evasão fiscal através do mecanismo da "lavagem de prejuízos", permitindo que se integrem sociedades no grupo só para imputar os prejuízos dessas sociedades a outras sociedades que tenham atingido resultados positivos e assim diminuir o imposto a pagar.

A necessidade de regras claras e eficientes que evitem o uso abusivo do RTLC é ainda mais forte para quem, como nós, defende um regime de aplicação automática, de livre adesão, de livre escolha por parte da sociedade-dominante das sociedades a integrar[402] e um modelo de RTLC que não o reduz a mero instrumento de diferimento de resultados[403].

Assim sendo, entendemos que o direito ao reporte de prejuízos apurados por uma sociedade antes da sua integração no RTLC deve ter como limite o montante dos lucros que essa mesma sociedade venha a apurar durante o período em que integre o grupo tributado pelo RTLC. Quer dizer: ela só pode integrar prejuízos anteriores até ao montante do seu próprio resultado positivo apurado durante a integração. Se, durante os seis exercícios seguintes[404] em que estiver integrada, uma sociedade não apurar resultados positivos de acordo com as regras de integração, os prejuízos apurados antes da sua integração no RTLC nunca poderão ser reportados.

O resultado positivo a ter em conta para este efeito é obviamente o resultado apurado por cada uma das sociedades de acordo com as regras específicas do RTLC, ou seja, na prática, o resultado que elas vão transmitir para efeitos de integração e não o resultado que apurariam caso não estivessem integradas no grupo[405].

---

[402] Sobre estes aspectos, v. *supra,* cap. 7º.

[403] Sobre estes aspectos, v. *infra,* ponto 9.1.

[404] Neste aspecto é aqui aplicável a regra geral do art. 46º do CIRC.

[405] Daí a importância da declaração individual de apuramento do resultado de cada sociedade integrada, declaração a cargo da sociedade-dominante e que deve acompanhar, segundo o regime que propusemos, a declaração conjunta do grupo (v. *supra,* cap. 7º).

Aquando da cessação da tributação pelo RTLC, ou após a saída da sociedade do grupo tributado pelo RTLC, esta retoma o direito ao reporte, nos termos gerais do art. 46° do CIRC.

9.3.2.2. Regime legal

O regime em vigor de acordo com o art. 60°, a) e c) do CIRC, é, nos seus traços gerais, coincidente com aquele que propomos.

9.3.3. *Dedução dos prejuízos apurados durante a tributação pelo RTLC*

9.3.3.1. Regime proposto

Durante o período de tributação pelo RTLC, a regra geral aplicável é que os resultados negativos apurados por uma sociedade integrada de acordo com as regras específicas do RTLC são directamente imputados ao resultado global do grupo, apurado segundo as regras do RTLC, tendo apenas como limite o próprio resultado do grupo nesses anos.

São também imputáveis os prejuízos apurados antes da integração, nos termos defendidos no ponto anterior.

Por outro lado, se, em determinado ano, os prejuízos excedem o valor da matéria tributável do grupo, o excedente transmite-se, nos termos gerais (art. 46° do CIRC), para os anos posteriores, até ao sexto ano.

9.3.3.2. Regime legal

O regime legal vigente no nosso País, é na sua lógica, idêntico ao que propomos. No entanto, esta apreciação tem que ser relativizada no que diz respeito ao seu regime e efeitos, por força da "particularidade" resultante do art. 59°- A do CIRC. Com efeito, este preceito estabelece

Tribuição dos grupos de sociedades pelo lucro consolidado em sede de IRC 195

um limite mínimo à matéria tributável a apurar num determinado ano em sede de RTLC, nos termos do qual esta não pode ser inferior a 65% da matéria tributável que seria apurada se não tivesse havido lugar à consolidação, quando essa diferença resultar da imputação dos prejuízos fiscais aceites para efeitos do RTLC, nos termos que acabámos de expor.

Assim, se num determinado ano em que vigore o RTLC e após as deduções de prejuízos, a matéria tributável do grupo resultar num valor inferior a 65% daquele que resultaria se não houvesse consolidação e se essa diferença resultar da dedução de prejuízos, o art. 59 – A do CIRC determina que essa imputação não seja totalmente aceite e que a matéria tributável seja fixada em 65% do resultado apurado se não tivesse lugar a consolidação.

Coerentemente, o CIRC permite que os prejuízos não imputados por força desse limite sejam reportados em anos posteriores aos resultados do grupo tributado pelo RTLC (art. 60°, b)).

Como vimos atrás neste capítulo (9.1.), este limite constitui uma opção incoerente que o legislador português teve que assumir por não conseguir resolver de forma adequada, proporcionada e justa o grave problema da declaração de prejuízos das sociedades comerciais em sede de IRC.

Numa perspectiva política e jurídica, a solução é, em si mesma, perfeitamente admissível, já que, como dissemos, o nível de consolidação, dentro de um sistema baseado na *teoria da unidade,* depende das opções tomadas legitimamente pelo legislador. No entanto, não podemos deixar de considerar que, em termos técnicos, constitui uma solução incoerente à luz do princípio da neutralidade fiscal e de todo o regime do RTLC, solução que veio a ser acrescentada ao regime inicial apenas para tentar resolver o problema acima referido da declaração de prejuízos e das consequências que tal situação estava a ter em matéria de receitas fiscais[406].

---

[406] Reconhecendo que foram estes argumentos que determinaram a alteração legislativa que introduziu o art. 59° – A do CIRC, v. M. P. Lousa (1994:57ss).

9.3.4. *Reporte de prejuízos apurados, em caso de saída de uma sociedade do grupo ou de cessação da tributação pelo RTLC*

9.3.4.1. Regime proposto

O aspecto mais importante a ter em conta na regulação do regime dos reportes de prejuízos nos casos de saída de uma sociedade do grupo ou da cessação da tributação pelo RTLC é o de construir um justo equilíbrio entre os interesses da AF em evitar que o RTLC seja utilizado como instrumento de evasão fiscal e os interesses das sociedades integradas e do próprio sistema que define o RTLC.

Para enquadramento da nossa posição sobre este assunto, talvez valha a pena recordar aqui as posições que defendemos no cap. 8° quanto ao regime aplicável à saída de sociedades do grupo e à cessação da tributação do grupo pelo RTLC.

A nosso ver, a *saída de uma sociedade do grupo* não deve implicar a caducidade da tributação do resto do grupo pelo RTLC. Quando saem do grupo, voluntária ou imperativamente, as sociedades devem reassumir todos os direitos inerentes à sua situação de contribuintes. A saída não deve dar lugar à anulação das operações legal e legitimamente efectuadas durante o período de tempo em que o RTLC esteve em vigor e muito menos deve dar lugar à aplicação de uma "sanção especial" que afecte a matéria tributável do grupo ou das sociedades que o integraram.

A *cessação da tributação do grupo pelo RTLC* deve apenas dar lugar à neutralização do regime em vigor e das vantagens que do mesmo decorrem, reassumindo as sociedades o seu regime normal de tributação, imputando nos seus resultados os resultados e elementos do grupo, na proporção da sua participação nos mesmos.

Neste contexto, e em caso de *cessação da tributação do grupo pelo RTLC*, propomos um regime extremamente simples em sede de *reporte de prejuízos:* após a cessação da tributação pelo RTLC, cada uma das sociedades que integram o grupo reassume o direito a reportar, nos termos gerais, os prejuízos pendentes do grupo, na proporção em que o seu resultado contribuiu para o prejuízo total do grupo. Este apuramento é efectuado, obviamente, tendo em conta os resultados de cada uma das sociedades, calculados de acordo com as operações de integração do RTLC.

No que diz respeito ao regime desejável em matéria de *reporte de prejuízos* nos casos em que uma *sociedade abandona voluntária ou imperativamente o perímetro de integração,* entendemos que tal facto deve apenas dar lugar ao reassumir do direito de reporte dos prejuízos pendentes do grupo, por parte daquela sociedade, mais uma vez na proporção em que os seus resultados contribuíram para o resultado negativo do grupo.

Na nossa opinião, este regime é o que melhor realiza um justo equilíbrio entre os interesses da AF e os interesses dos próprios contribuintes.

Em primeiro lugar, porque aplica ao grupo de sociedades tributado pelo RTLC a regra geral aplicável em sede de reporte de prejuízos. Quer dizer:

– enquanto o grupo é tributado como unidade, é-lhe aplicável o regime comum do reporte de prejuízos devidamente adaptado à realidade do grupo, de acordo com as exigências do princípio da neutralidade fiscal;

– quando cessa a tributação pelo RTLC ou alguma sociedade abandona o perímetro de integração, as sociedades retomam o regime geral de tributação, reassumindo o direito a reportar os seus prejuízos na proporção em que contribuíram para os resultados negativos do grupo apurados de acordo com as regras de consolidação.

Depois, porque o reporte a efectuar por cada uma das sociedades após a cessação ou saída do grupo, ao ser efectuado na proporção em que cada sociedade contribuiu para os prejuízos do grupo, constitui um aspecto determinante para o equilíbrio da posição por nós defendida, já que a aplicação desta regra permite atingir dois objectivos essenciais:

1) em primeiro lugar impede que as sociedades transmitam os prejuízos para o grupo e depois saiam, permitindo ao grupo retirar daí vantagens (efectuando assim a "lavagem de prejuízos"), uma vez que, ao saírem, retomam esses prejuízos, na proporção da sua contribuição para os resultados do grupo;

2) por outro lado, respeita o sentido geral da figura de reporte de prejuízos, já que não invalida o reporte de prejuízos que legitima e coerentemente foi efectuado durante o período em que uma sociedade esteve integrada no grupo ou durante o período em que todo o grupo foi legal e legitimamente tributado de acordo com o RTLC.

9.3.4.2. Regime legal vigente

Consideramos que o regime vigente no nosso país é desequilibrado e marcado por duas características que consideramos inapropriadas.

Em primeiro lugar, como vimos nos capítulos anteriores, os próprios conceitos de saída e de caducidade da tributação do grupo pelo RTLC são completamente desadequados, facto que condiciona toda a definição do regime do reporte de prejuízos.

Em segundo lugar, porque entendemos que a definição do regime de reporte de prejuízos, em caso de cessação do regime de tributação pelo RTLC ou de saída de uma sociedade do perímetro de integração, está marcado pela ideia de que esses factos devem dar lugar à anulação das deduções de prejuízos até então legitima e legalmente efectuados entre as sociedades do grupo dentro do RTLC, limitando-se assim o RTLC a permitir apenas o diferimento da tributação desses resultados e não uma plena dedução ou integração horizontal de resultados entre as sociedades integradas no grupo[407].

Ora é precisamente este aspecto que, como já referimos várias vezes, consideramos inapropriado.

É por aplicação deste princípio que o legislador determina que, em caso de saída de uma sociedade do grupo, de caducidade ou de fim da tributação do grupo pelo RTLC, devem ser anulados as deduções de prejuízos que, legitima e legalmente, foram efectuadas durante o período de funcionamento do RTLC, o que implica que todas as vantagens daí decorrentes devem ser não só neutralizadas como ainda 'sancionadas'.

---

[407] Interpretando da mesma forma os preceitos em causa v. F. Pereira (1993: 242). Defendendo este regime, v. M. P. Lousa (1994:57).

Só neste contexto se pode interpretar o regime previsto nos n°s 10 e 11 do art. 59º e no art. 60º, c) do CIRC, em termos tais que, no ano de cessação, da tributação pelo RTLC ou de saída de uma sociedade do grupo, deve ser imputado ao resultado do grupo "uma importância correspondente ao produto de 1, 5 pelo valor da diferença entre os prejuízos que foram efectivamente integrados na base tributável consolidada e os que teriam sido considerados para efeitos fiscais se as sociedades tivessem sido tributadas autonomamente" (art. 59º, n° 10 *in fine*).

Ou interpretar o disposto n° 12 do art. 59º do CIRC no sentido de que, nos casos de não renovação do pedido de concessão, há lugar 'apenas' à imputação no resultado do grupo, no último ano de tributação pelo RTLC, de uma importância correspondente ao valor da diferença entre os prejuízos que foram efectivamente integrados na base tributável consolidada e os que teriam sido considerados para efeitos fiscais se as sociedades tivessem sido tributadas autonomamente.

Como se vê, estamos perante um regime que, em primeiro lugar, procede à eliminação da comunicabilidade dos prejuízos, já que só considera legítimo o reporte de prejuízos que tem como limite os resultados positivos de cada uma das sociedades individualmente consideradas, imputando ao lucro do grupo no último exercício de tributação pelo RTLC tudo o que exceda esses valores.

Em segundo lugar, o legislador veio ainda determinar que, nos dois primeiros casos – caducidade ou saída de uma sociedade do grupo –, essa imputação deve mesmo ser de um valor correspondente a 1, 5 da referida diferença. Trata-se inequivocamente de uma sanção imposta ao grupo pelo legislador (sanção que se reflecte no lucro tributável), para 'sancionar' o grupo por factos que, como dissemos no capítulo anterior, não são, na maioria dos casos, nem ilegais, nem obrigatoriamente fraudulentos e muito menos infracções.

Por último, o legislador determina (art. 60º c) do CIRC) que são dedutíveis ao resultado das sociedades que integravam o grupo, de acordo com o regime normal do art. 46º do CIRC: 1) as importâncias adicionadas ao resultado do grupo de acordo com os n°s 10, 11 e 12 do art. 59º do CIRC, sem a majoração dos 50%, nos termos em que são imputáveis a cada sociedade; 2) os prejuízos não deduzidos no resultado do grupo nos termos da alínea a) do art. 60º.

Podemos, portanto, concluir, que o regime em vigor reintegra na matéria tributável do grupo ou das sociedades do grupo a diferença entre os prejuízos que foram efectivamente integrados na base tributável consolidada e os que teriam sido considerados para efeitos fiscais se as sociedades tivessem sido tributadas autonomamente que, prejuízos que foram legalmente deduzidos ao resultado do grupo enquanto o RTLC esteve em vigor.

É uma opção que – como tentámos evidenciar – consideramos desadequada e desproporcionada e que não tem qualquer justificação. Ainda por cima, é de difícil aplicação e algo falaciosa. Com efeito, de acordo com o art. 46º, o reporte de prejuízos só pode ser feito nos seis exercícios posteriores. Ora o RTLC é válido por cinco anos renováveis, pelo que pode perfeitamente acontecer que esses prejuízos já não possam sequer ser imputados aos resultados das sociedades autonomamente tributadas.

Em conclusão: a solução consagrada na legislação portuguesa parece-nos desproporcionada, incoerente e ilógica, só explicável pelo facto de em Portugal existir uma situação de declaração de prejuízos em sede de IRC absolutamente escandalosa e de o legislador pretender corrigir uma realidade embaraçosa com soluções que, na nossa opinião, são incoerentes, que nada resolvem, e que, mais uma vez, prejudicam os cumpridores.

9.4. Deduções à colecta

9.4.1. *Regime proposto*

O regime das deduções à colecta, quando se trata de um grupo de sociedades tributado elo RTLC, é mais um daqueles aspectos em que se manifestam as divergências já por nós referenciadas em sede da definição da subjectividade do grupo[408].

---

[408] Sobre as deduções à colecta em sede de RTLC, v. Melcón (1977:184s), Ibañez (1983a:532ss), M. P. Lousa (1990b:13), Giménez (1991:89ss) e Antón (1998: 1784ss).

Uma parte da doutrina – aquela que considera o grupo como sujeito passivo em sede de imposto sobre o rendimento – defende em coerência com este posicionamento, que o regime de deduções à colecta deve permitir a consideração de todas as deduções à colecta que as várias sociedades integradas poderiam efectuar tendo como único limite a colecta apurada para o grupo.

Nestes termos, serão dedutíveis à colecta do grupo todas as deduções à colecta que as várias sociedades do grupo possam efectuar, mesmo que seja negativo o resultado individualmente apurado para essas sociedades a integrar no resultado do grupo, ou que, sendo positivo, essas deduções sejam superiores ao resultado positivo.

De acordo com esta perspectiva, o regime das deduções à colecta deve ser definido tendo como ponto de referência único a colecta do grupo[409], o que significa que, todas as deduções são admitidas tendo como único limite a colecta do grupo. Seriam admitidos mesmo aquelas que, se fossem consideradas tendo em conta o resultado isolado de cada uma das sociedades integradas não seriam aceites por ultrapassarem o valor da colecta ou por declarar essa sociedade resultados negativos, situações em que não haveria lugar a qualquer dedução à colecta (salvo os casos de retenções na fonte e dos pagamentos por conta – arts. 71º e 82º, nº 2 do CIRC).

Muito diferente desta é a perspectiva que, a propósito, defendemos no cap. 6º do presente trabalho. Em nossa opinião, contribuintes são as sociedades e o devedor de imposto é a sociedade-dominante, pelo que o grupo de sociedades não adquire a qualidade de sujeito passivo, de contribuinte ou de devedor de imposto.

Assim sendo, e no que diz respeito ao regime das deduções à colecta, consideramos que só são admissíveis as deduções que cada uma das sociedades do grupo poderia efectuar tendo em conta a colecta que resultaria da aplicação da taxa de IRC ao seu resultado individual

---

[409] Este é o regime hoje consagrado na LIS (art. 92º), em coerência com a opção da mesma LIS por considerar o grupo sujeito passivo (art. 79º). V. Antón (1998:1784ss).

apurado de acordo com as regras específicas do RTLC e que vai ser integrado para apuramento do resultado de conjunto do grupo.

Nestes termos, entendemos que as deduções à colecta em sede de grupo tributado pelo RTLC devem estar sujeitas a um duplo limite: 1) em primeiro lugar, só são transmissíveis para o grupo aquelas que seriam admitidas de acordo com as regras gerais aplicáveis a cada uma das sociedades; 2) em segundo lugar, devem ter como limite a própria colecta do grupo, e nessa sede serão mais uma vez aplicáveis as regras gerais, segundo as quais certo tipo de deduções à colecta só poderão ser consideradas até ao valor da colecta, enquanto que outro tipo de deduções poderão mesmo dar lugar a reembolso de imposto, nos termos gerais aplicáveis.

9.4.2. *Regime legal*

Parece-nos que esta última solução é a que está prevista nos arts. 71°, n° 5 e 82° do CIRC, apesar de ser pouco clara a redacção adoptada pelo legislador.

9.5. Conclusão

Encerramos esta referência às regras de determinação do resutado do grupo, reafirmando que o regime vigente em Portugal é, em nossa opinião, nos seus aspectos essenciais, omisso e muito insuficiente, a ponto de ser ferido de inconstitucionalidade. Não nos dá uma definição do *lucro tributável do grupo* e das operações necessárias ao seu apuramento, limitando-se a definir – nem sempre bem – alguns aspectos complementares desse processo de apuramento do *lucro tributável do grupo de sociedades fiscalmente elegível,* para efeitos de IRC.

10. AS INFRACÇÕES FISCAIS NÃO ADUANEIRAS E O *GRUPO DE SOCIEDADES TRIBUTADO PELO RTLC:* A NECESSIDADE DA DEFINIÇÃO DE UM REGIME ESPECÍFICO

10.1. Introdução

A tributação do grupo de sociedades[410] pelo RTLC em sede de IRC, pelos aspectos específicos que assume no que diz respeito à definição dos titulares dos vários deveres decorrentes da relação jurídico- -fiscal[411], implica a definição de um regime específico que assegura o correcto enquadramento da figura do grupo de sociedades tributado pelo RTLC em matéria de infracções fiscais[412].

A infracção fiscal consiste no facto típico, ilícito e culposo qualificado como infracção fiscal por uma lei fiscal anterior (art. 2º do RJIFNA – Regime Jurídico das Infracções Fiscais não Aduaneiras, DL 20-A/90, de 15 de Janeiro[413]). Em Portugal abrange os crimes e as contraordenações fiscais.

---

[410] Sobre as implicações do grupo de sociedades e as infracções em geral v. Pedrazzi (1982), Militelo (1989), Accini (1991), Pariente (1993:91ss) e Ruping (1994).

[411] V. *supra,* cap. 6º.

[412] Sobre as infracções fiscais em geral v. S. Dias (1990), S. Martinez (1993: 327ss), Ayuso (1996), A. J. de Sousa (1997), Perez Royo (1997), Queralt e outros (1998:563ss), Isabel Silva (2000) e N. Sá Gomes (2000)

[413] Já após a conclusão deste trabalho o RJIFNA foi revogado pela Lei 15/2001, de 05 de Junho de 2001, que aprovou o novo Regime Geral das Infracções Tributárias (RGIT) que revogou também o capítulo da LGT referente às infracções fiscais. No entanto e no que diz respeito às matérias por nós abordadas, esta Lei pouco trouxe de novo.

Nestes termos amplos, esta noção abrange as infracções fiscais cometidas pelos sujeitos passivos *lato sensu* e as infracções cometidas pelos agentes ou órgãos da AF, como aquelas que estão previstas nos arts. 27° e 27° – D e 30° do RJIFNA.

A noção do artigo 2° do RJIFNA é, neste sentido, muito abrangente, mas pouco precisa e esclarecedora quanto à verdadeira natureza das infracções fiscais em sentido próprio, ou seja, aquelas que são imputadas aos titulares do lado passivo da relação jurídico-fiscal: a *infracção fiscal em sentido próprio* consiste no facto típico, ilícito e culposo violador de uma norma fiscal que impõe um determinado dever aos sujeitos passivos da relação jurídico-fiscal, facto qualificado como infracção fiscal por uma lei fiscal anterior[414].

Nestes termos, as infracções fiscais são uma categoria específica dentro das infracções em geral, pois correspondem a violações ilícitas e culposas de normas fiscais que consagram deveres (dever principal ou deveres de colaboração[415]) a cargo dos diferentes titulares passivos da relação jurídico-fiscal decorrente de cada imposto.

As infracções fiscais mais graves, ou aquelas que assim são consideradas pelo legislador, assumem a forma de crimes; as menos graves assumem a forma contraordenação[416], de acordo com a dualidade consagrada no nosso país em matéria de infracções[417].

As infracções fiscais têm, assim, uma profunda e intrínseca ligação a cada um dos impostos[418] e deveres (dever principal ou deveres de colaboração) que, os vários titulares do lado passivo da relação jurídico-fiscal têm de cumprir de acordo com os procedimentos de liquidação e cobrança hoje existentes.

---

[414] Neste sentido E. Gersão (1973), Silva Dias (1990:29ss), S. Martinez (1993: 334, 389), Queralt e outros (1998:563), Isabel Silva (2000:74ss e 88ss), e N. Sá Gomes (2000:80ss e 134ss).

[415] Sobre estes conceitos e sobre a acepção das normas fiscais como normas de conduta v. *supra,* caps. 6° e 7°.

[416] V. art. 3° do RJIFNA e 106° da LGT.

[417] Sobre a distinção e justificação constitucional da distinção entre crimes e contraordenações v. F. Dias (1984).

[418] V. art. 1° do RJIFNA.

Segundo uma outra óptica, as infracções fiscais dividem-se em dois grandes tipos: as infracções fiscais não aduaneiras (cujo regime está definido na LGT e no RJIFNA) e as infracção fiscais aduaneiras (cujo regime está definido na LGT e no RJIFA[419]). Esta distinção justifica-se porque, como dissemos, as infracções fiscais consistem na violação ilícita e culposa dos deveres decorrentes dos procedimentos aplicáveis aos impostos, sendo que esses procedimentos e os deveres de colaboração daí decorrentes, são hoje completamente distintos, no que diz respeito a estes dois tipos de impostos[420]. Esta circunstância determina naturalmente que a tipificação das infracções fiscais seja obrigatoriamente diferente, sendo muito difícil definir uma tipificação única[421].

Tendo em conta esta distinção, é evidente que o âmbito do estudo a realizar vai necessariamente restringir-se às infracções fiscais não aduaneiras[422], já que o RTLC é relevante apenas no âmbito do IRC, e, assim sendo, restringem-se a este imposto (que é um imposto não aduaneiro) as eventuais consequências do desrespeito ilícito e culposo de normas fiscais, que previamente qualificaram certas condutas como infracções fiscais.

Centrando agora a atenção na tributação do grupo pelo RTLC, este regime suscita, em matéria de infracções fiscais,[423] um conjunto de interrogações que implicam uma abordagem e soluções específicas que importa aqui analisar e identificar.

Assim, o aspecto essencial a esclarecer no estudo do RTLC em matéria de infracções fiscais consiste em determinar quem, no seio do

---

[419] Regime Jurídico das Infracções Fiscais Aduaneiras (DL 376-A/89, de 25 de Outubro – RJIFA).

[420] Neste sentido v. A. de Sousa (1997:51) e Queralt outros (1998.603).

[421] Esta distinção tem toda a razão de ser em termos de tipificação legal das infracções. Já é mais duvidoso que se justifique um regime legal totalmente distinto, como é aquele que existe hoje em Portugal.

[422] Daqui para a frente simplesmente denominadas infracções fiscais.

[423] V. neste mesmo sentido Lidoy (1999:319ss), Molina (1997:712ss), Pistone & Cañal (1997:622).

grupo – a sociedade-dominante ou as sociedades-dominadas[424] –, vai assumir a autoria das infracções cometidas por incumprimento ilícito e culposo dos deveres relevantes em sede de tributação do grupo pelo RTLC, e, consequentemente, quem vai sofrer as sanções que venham a ser aplicadas pelo cometimento dessas infracções.

A necessidade de respeitar princípios essenciais do direito penal, nomeadamente o princípio da culpa e o princípio da personalidade das penas, exige que o modelo a adoptar para o grupo tributado pelo RTLC em sede de infracções fiscais configure um regime em que coincidam na mesma pessoa as qualidades de sujeito infractor[425] e de titular do dever decorrente da relação jurídico-fiscal que, ilegal e culposamente, não foi cumprido.

Neste sentido, é indispensável definir correctamente como se reparte, entre as várias entidades integradas no grupo de sociedades tributado pelo RTLC, a titularidade dos vários deveres decorrentes do RTLC, pois sem tal definição não é possível estruturar um correcto e adequado regime sancionatório aplicável às infracções fiscais cometidas pelas sociedades tributadas pelo RTLC.

Na perspectiva por nós defendida[426], cabe à sociedade-dominante, no seio do grupo de sociedades tributado pelo RTLC, cumprir o dever principal e os deveres de colaboração decorrentes do RTLC necessários ao apuramento do resultado de conjunto, cabendo às sociedades-dominadas e à sociedade-dominante os deveres de colaboração que, apesar do RTLC, cabem a cada uma das sociedades integrantes. É com base neste entendimento que vamos proceder à definição da responsabili-

---

[424] Sobre a questão da responsabilidade jurídico-penal das pessoas colectivas, v. F. Dias (1984), M. A. Rocha (1985), F. Costa (1992), M. M. Gonçalves (1997), Isabel Silva (2000:121ss), N. Sá Gomes (2000:180ss), autores cujos pontos de vista partilhamos. Em sentido contrário, negando essa possibilidade, S. Martinez (1993: 390ss).

[425] Em Portugal – erradamente a nosso ver – o legislador não teve o cuidado de definir, na LGT ou no RJIFNA, a noção de infractor para efeitos das infracções fiscais e de enumerar os sujeitos passíveis de assumir tal qualidade, como faz por exemplo a LGT espanhola no seu art. 77°, n° 3.

[426] V. *supra*, cap. 6°.

dade em matéria penal das sociedades integrantes do grupo de sociedades tributado pelo RTLC.

Por último, é importante ter consciência de que, por força da circunstância de o RTLC só ser aplicável em sede de IRC e não em sede de outros impostos, as soluções consagradas em matéria de infracções fiscais aplicáveis ao grupo só são válidas para as infracções fiscais decorrentes da violação ilícita e culposa de deveres resultantes dos procedimentos relacionados com o IRC.

Por isso mesmo, o âmbito de aplicação das soluções aqui definidas e das eventuais normas existentes está limitado ao IRC, devendo exigir-se do legislador a preocupação acrescida de definir soluções aplicáveis ao RTLC, que não ponham em causa a unidade e uniformidade do sistema aplicável, no seu todo, à generalidade dos impostos não aduaneiros.

10.2. A sociedade-dominante como sujeito infractor das infracções fiscais decorrentes do desrespeito culposo e ilícito dos deveres que lhe cabem, enquanto sujeito passivo e devedor de imposto, dentro do RTLC

Como já dissemos no capítulo 6º, a sociedade-dominante é a devedora originária e o sujeito passivo dos deveres de colaboração determinantes para o apuramento do resultado de conjunto do grupo de sociedades tributado pelo RTLC. Assim sendo, a sociedade-dominante vai assumir também a posição de infractor no que diz respeito às infracções fiscais relacionadas com o incumprimento ilícito e culposo dos seus deveres decorrentes do RTLC. Consequentemente, é ela que vai sofrer as sanções que forem aplicáveis[427].

Em coerência e por força dos princípios da culpa e da personalidade da pena,[428] entendemos que nenhuma outra solução seria possí-

---

[427] Neste mesmo sentido v. Frias (1997:264), Lidoy (1999:343) e Molina (1997:712).

[428] Sobre a aplicação destes princípios às infracções fiscais, v. Queralt e outros (1998: 566ss) e S. Martinez (1993:347ss).

vel. Se é a sociedade-dominante que deve cumprir esses deveres, só a sociedade-dominante pode assumir a posição de infractor quando esses deveres não são cumpridos de forma culposa e ilegal, e esse incumprimento se concretiza numa infracção fiscal.

Este incumprimento não pode, evidentemente, ser imputado ao grupo, porque o grupo não tem vontade própria ou autónoma, nem tem órgãos nem meios de manifestação de vontade. Estas circunstâncias já tinham justificado a posição que defendemos no capítulo 6° de negação da subjectividade do grupo dentro da relação jurídica fiscal. Por maioria de razão, elas justificam também, a nosso ver, a impossibilidade de imputar ao grupo a prática de uma infracção fiscal ou de uma infracção de qualquer outro tipo[429].

Por outro lado, à luz do que foi dito no capítulo 2°, a existência de um grupo em que a sociedade-dominante detém 90% do capital das outras sociedades provoca uma alteração substancial na estrutura, organização e distribuição de poderes dentro do grupo. Se o verdadeiro poder de decisão está concentrado no órgão de decisão da sociedade-dominante, a coerência impõe que sejam imputadas à sociedade-dominante as infracções cometidas por força do RTLC, nos termos definidos.

Para efeitos das infracções fiscais decorrentes do incumprimento ilícito e culposo dos deveres que lhe cabem dentro do grupo tributado pelo RTLC (dever principal e deveres de colaboração necessários ao apuramento do resultado de conjunto), a sociedade-dominante é que deve ser considerada como sujeito infractor e responsabilizada pela prática de crimes ou contraordenações fiscais.

Nestes termos, sempre que sejam cometidas infracções decorrentes do desrespeito dos deveres que a sociedade-dominante tem de cumprir dentro do grupo por força do RTLC, só a sociedade-dominante pode ser considerada o sujeito infractor em relação a essas infracções fiscais. Assim o impõe o respeito pelos princípios da culpa e da personalidade das penas.

---

[429] Mesmo fora do âmbito das infracções fiscais, as soluções tendem sempre para a imputação das infracções às sociedades do grupo. V. Pedrazzi (1982), Militelo (1989), Accini (1991) e Pariente (1993b).

Esta solução, apesar de decorrer das regras normais aplicáveis em sede penal, deverá resultar, no entanto, de uma clara e expressa tomada de posição do legislador nesse sentido. É que estamos perante matérias de natureza penal e contrardenacional, relativamente às quais vigora, como sabemos, o princípio da legalidade penal, sendo a segurança jurídica dos interessados um valor essencial a respeitar.

Porque assim é, e tendo em conta a indefinição legal existente em matéria de subjectividade do grupo[430], defendemos que esta opção deve ser assumida de forma explícita pelo legislador. A lei deve determinar que, para efeitos de infracções fiscais cometidas pela sociedade-dominante enquanto sujeito passivo e devedor por força do RTLC, só ela é o sujeito infractor, com todas as implicações daí decorrentes[431].

Paralelamente, a sociedade-dominante pode ainda cometer infracções fiscais decorrentes do incumprimento ilícito e culposo dos deveres que lhe cabem enquanto sociedade comercial obrigada a cumprir certos deveres de colaboração dentro do sistema de tributação estruturado pelo RTLC[432].

A sociedade-dominante, tomada como sociedade integrada no RTLC, tem de cumprir certos deveres de colaboração relacionados com a sua qualidade de contribuinte em sede de IRC. É lógico que lhe sejam também imputadas as infracções cometidas por incumprimento desses deveres.

Em resumo, diremos que a sociedade-dominante pode assumir a qualidade de infractor numa dupla vertente: enquanto sociedade-dominante de um grupo tributado pelo RTLC e enquanto sociedade que, apesar de integrada no grupo tributado pelo RTLC, não deixa de estar obrigada a cumprir certos deveres acessórios a título individual, decorrentes da sua qualidade de contribuinte.

---

[430] Relembre-se que, apesar do silêncio da lei, segundo o ponto de vista que defendemos no cap. 6º, o grupo não é nem pode ser sujeito passivo, antes constitui um requisito determinante para a definição do regime fiscal aplicável ao conjunto de sociedades que constituem o grupo como unidade para efeitos fiscais .

[431] Solução consagrada no art. 77º, nº 3, c) da LGT espanhola, apesar de a redacção escolhida não ter sido a mais feliz, já que não limitou essa responsabilidade nos termos que aqui defendemos.

[432] V. *supra*, cap. 6º.

10.3. As sociedade-dominadas como sujeitos infractores das infracções fiscais decorrentes do desrespeito culposo e ilícito dos seus deveres como sujeitos passivos dentro RTLC.

Mais uma vez, a nossa posição a este respeito está profundamente condicionada pela solução que defendemos no que toca ao papel assumido pelas várias sociedades dentro do lado passivo da relação jurídico-fiscal, solução nos termos da qual – recorde-se – cabe às sociedades-dominadas o dever de cumprir certos deveres de cooperação (deveres de informação e de contabilidade) que são específicos dessas sociedades, apesar do RTLC e de acordo com ele.

Neste contexto, e em coerência com o critério que adoptámos quanto à definição da posição das várias sociedades do grupo tributado pelo RTLC perante o direito sancionatório – nomeadamente a regra de identificação entre o sujeito passivo dos deveres de colaboração ou principal e o sujeito infractor no caso de existir alguma infracção fiscal previamente definida relacionada com o não cumprimento culposo desses deveres –, entendemos que a posição de sujeito infractor é ocupada, nestes casos, pelas sociedades-dominadas e não pela sociedade-dominante[433].

Esta posição é determinada essencialmente pelo respeito devido aos princípios da culpa e da personalidade das penas, segundo os quais não se pode considerar infractor um qualquer sujeito singular ou colectivo que não tenha realizado o facto ou não tenha tido tido qualquer comparticipação no mesmo, i. é, um sujeito em relação ao qual não é possível formular um juízo de culpa.

Neste sentido, quando as infracções fiscais se relacionam com o não cumprimento de deveres que continuam a caber às sociedades-dominadas e não à sociedade-dominante, tudo aconselha a que, em sede de infracções, o sujeito infractor a considerar sejam essas mesmas sociedades-dominadas e não a sociedade-dominante.

Por isso rejeitamos o ponto de vista dos que, baseando-se na ideia de que à sociedade-dominante caberia um dever especial de vigilância ou de controlo efectivo sobre todas as outras sociedades do grupo,

---

[433] Neste mesmo sentido v. Frias (1997:264) e Molina (1997:713).

acabam por defender que o sujeito infractor seria também – mesmo nestes casos – a sociedade-dominante[434]. Tal solução resultaria numa gritante e não justificada violação dos princípios da culpa e da personalidade das penas (princípios fundamentais em qualquer regime sancionatório), e traduzir-se-ia mesmo numa situação de responsabilidade objectiva da sociedade-dominante.

Em conclusão: as infracções fiscais decorrentes do não cumprimento culposo dos deveres que, dentro da estrutura do grupo aqui definida, incumbem às sociedades-dominadas, mesmo dentro do RTLC, devem ser imputadas às sociedades-dominadas e não à sociedade-dominante do grupo.

O regime sancionatório aplicável aos grupos tributados pelo RTLC deve assumir que, paralelamente às infracções cometidas pela sociedade-dominante como sujeito passivo e devedor do grupo, as várias sociedades-dominadas do grupo devem ser responsabilizadas pela prática de infracções fiscais a título individual.

10.4. Regime legal em vigor

As matérias referentes às infracções fiscais não aduaneiras estão hoje enquadradas, em Portugal, em dois diplomas: a LGT (arts. 106° a 117°) e o RJIFNA[435].

Da análise cuidada desses diplomas – nomeadamente dos arts. 111° da LGT [436], que definem o regime da responsabilidade penal e contraordenacional fiscal das pessoas colectivas – chega-se à conclusão de que ambos são totalmente omissos em relação ao enquadramento do grupo tributado pelo RTLC em matéria de infracções fiscais não aduaneiras.

---

[434] Neste sentido v. Lidoy (1999: 327).

[435] Sobre a difícil articulação entre a LGT, o RJIFNA e o RJIFA, v. N. Sá Gomes (2000:360ss).

[436] Na nossa opinião, acompanhando neste ponto a análise de N. Sá Gomes (2000:192 e 364ss), com a entrada em vigor da LGT o art. 6°, n° 3 do RJIFNA foi implicitamente revogado.

Tal omissão é grave e perigosa, tendo em conta que estamos a referir-nos a matérias de natureza penal ou contraordenacional e nomeadamente à identificação clara e necessária do sujeito infractor no âmbito do RTLC.

O silêncio da lei no que diz respeito ao grupo tributado pelo RTLC põe em causa valores essenciais do direito penal e contraordenacional, como são a segurança jurídica e a clara e expressa tipificação de todas as matérias abrangidas pelo princípio da legalidade penal.

Esta situação resultava ainda mais complexa antes de 1994, quando a AF (Circular 4/90) interpretava os preceitos legais então vigentes no sentido de considerar o grupo como sujeito passivo da relação jurídico-fiscal. Na verdade, tal poderia implicar que, em coerência com esta sua posição – que, como mostrámos no cap. 6º, era inconstitucional e não tinha cobertura legal –, a AF considerasse que a posição de sujeito infractor fosse assumida pelo grupo, o que constituiria, como já vimos, uma posição indefensável e causadora da maior insegurança.

A partir de 1994, a AF (Circular 15/94) deixou de interpretar os preceitos legais no sentido de considerar o grupo como sujeito passivo. Mas a lei não é clara no que toca ao enquadramento a dar ao grupo e às sociedades que o constituem dentro do lado passivo da relação jurídico-fiscal. E esta opacidade, conjugada com o total silêncio em relação ao enquadramento do grupo em matéria de infracções fiscais não aduaneiras, resulta num regime totalmente desadequado e inadmissível, por implicar um elevado grau de insegurança jurídica em matéria penal e contraordenacional, totalmente inaceitável num Estado de Direito como é Portugal.

É, portanto, absolutamente necessário que o legislador, de uma vez por todas, tome posição em relação a esta questão e defina quem é que, dentro do grupo tributado pelo RTLC, vai assumir a posição de sujeito infractor nas infracções fiscais relevantes em sede de IRC.

Em nossa opinião, a alteração legislativa deve determinar que cabe à sociedade-dominante, enquanto sujeito passivo e devedor, assumir a autoria das infracções fiscais cometidas por força do não cumprimento dos deveres que impendem sobre ela dentro grupo por força do RTLC. A lei deve determinar também que as sociedades-domina-

Tributação dos grupos de sociedades pelo lucro consolidado em sede de IRC 213

das, enquanto titulares de deveres acessórios nos termos expostos, são consideradas sujeitos infractores em relação às infracções fiscais que se relacionem com o não cumprimento ilícito e culposo desses deveres.

10.5. A responsabilidade criminal e contraordenacional autónoma dos gerentes e agentes das sociedades integrantes do grupo tributado pelo RTLC

Paralelamente à responsabilidade penal e contraordenacional das várias sociedades integrantes do grupo, o regime geral aplicável em matéria de infracções fiscais não aduaneiras determina que os gerentes ou agentes dessas mesmas entidades podem ser incriminados a título individual[437] [438] pela prática de infracções, nos termos do art. 111º, nº 3 da LGT [439] (a "responsabilidade fiscal penal cumulativa das sociedades e dos seus administradores e representantes"[440]).

Em relação a este aspecto, pouco há a referir, já que o RTLC não determina nenhuma alteração ou especificidade relativamente ao regime geral aplicável definido nos preceitos referidos. Deve realçar-se porém, que a correcta aplicação desses preceitos aos gerentes das sociedades pertencentes ao grupo tributado pelo RTLC em sede de IRC deve partir de uma interpretação dessas normas que tenha em conta o regime da responsabilidade criminal e contrordenacional das várias sociedades e os deveres que cabem a cada sociedade dentro do grupo tributado pelo RTLC.

Por outro lado – recordamo-lo mais uma vez – estas regras específicas aplicáveis ao RTLC só são válidas em sede de IRC.

---

[437] Sobre a responsabilidade penal dos gerentes e agentes v. em especial Isabel Silva (2000:76ss) e N. Sá Gomes (2000:188ss).

[438] Molina (1997:704) defende uma outra perspectiva para enquadrar esta questão: recusa a responsabilidade penal e contraordenacional autónoma dos gerentes, optando por um regime de co-autoria.

[439] V. nota anterior.

[440] Na feliz e conseguida expressão de Isabel Silva (2000:76ss).

10.6. Responsabilidade civil subsidiária das várias sociedades pelas sanções fiscais pecuniárias aplicadas a outra(s) sociedade(s) pertencente(s) ao grupo tributado pelo RTLC

10.6.1. *Introdução*

No âmbito da definição do regime a adoptar em sede de infracções fiscais cometidas no quadro dos grupos de sociedades tributados pelo RTLC, falta-nos abordar a validade, correcção e viabilidade da instituição de um regime de responsabilidade civil subsidiária pelo pagamento das sanções pecuniárias aplicadas a outra ou outras sociedades integradas nesse grupo tributado pelo RTLC.

A primeira questão que se coloca é de saber se será legítimo e necessário instituir um regime de responsabilidade civil subsidiária pelas sanções aplicadas às sociedades integrantes do grupo. Por outras palavras: deverá a lei determinar que uma qualquer sociedade pertencente ao grupo possa ser obrigada ao pagamento da sanção pecuniária aplicada a outra sociedade do mesmo grupo no caso de a sociedade a que foi aplicada a sanção não ter meios de liquidar essa sanção? Será legítimo responsabilizar essa sociedade, ainda que a título subsidiário, após se terem esgotados os meios ao dispor do credor para liquidar essa dívida junto do infractor?

Estamos a equacionar apenas hipóteses de responsabilidade subsidiária em relação ao infractor a quem foi aplicada a sanção pecuniária em causa.

Neste âmbito e tendo em conta o regime geral vigente em Portugal e as hipóteses equacionadas ou consagradas noutros países que instituíram regimes de RTLC parecidos com o nosso, cremos poder enunciar três hipóteses possíveis, que vale a pena avaliar: 1) a responsabilidade civil das sociedades-dominadas pelas sanções aplicadas à sociedade-dominante; 2) a responsabilidade civil da sociedade-dominante pelas sanções aplicadas às sociedades-dominadas; 3) a responsabilidade civil da sociedade-dominante pelas sanções aplicadas às sociedades-dominadas mesmo fora do âmbito do RTLC.

10.6.2. *Responsabilidade civil subsidiária das sociedades-dominadas pelas sanções pecuniárias aplicadas à sociedade-dominante*

Será necessário e correcto estabelecer um regime de responsabilidade civil subsidiária de todas as sociedades-dominadas do grupo, solidariamente entre si, pelas sanções pecuniárias aplicadas à sociedade-dominante por força do RTLC?

Os autores que defendem esta solução justificam-na com o argumento de que o grupo é uma unidade económica, pelo que deve ser todo o património do grupo a responder pelas infracções cometidas pela sociedade-dominante ou outras, no seio do grupo e por força do RTLC[441].

Por nossa parte, cremos que há aqui uma grave confusão entre a responsabilidade por dívidas fiscais e a responsabilidade civil pelo pagamento de sanções pecuniárias aplicadas a outra pessoa[442]. A aplicação da solução referida significaria um completo desrespeito pelos princípios da culpa e da personalidade das penas, princípios essenciais do direito penal[443].

A responsabilidade tributária, nos termos dos arts. 22°ss da LGT, é um expediente perfeitamente legítimo e adequado para reforçar as garantias do credor, instituindo, nos casos previstos na lei, uma garantia especial para os créditos decorrentes de dívidas fiscais. A solução que vimos criticando constituiria, no entanto, uma grave e injustificada

---

[441] V. neste sentido Lidoy (1999:345ss).

[442] Neste sentido, Silva Dias (1990:22ss), Giménez (1993:112), Pérez Royo (*Los delitos y las infracciones en materia tributaria,* IEF Madrid p. 291ss, cit. por Giménez, *ob. loc. cit.*), Molina (1997:704ss), Cañal & Pistone (1997:622ss).

[443] Parte da doutrina espanhola interpreta o art. 38°, n° 2 da LGT ("en los supuestos de declaración consolidada todas las sociedades integrantes del grupo serán responsables solidarias de las infraciones cometidas en este régimen de tributación") no sentido de que aí se determina uma responsabilidade por co-autoria no cometimento da infracção – e só se se provarem os requisitos da co-autoria já que "outra interpretación iria contra del princípio de personalidad de la pena" (Molina (1997: 713), e não no sentido de uma responsabilidade civil pelo pagamento das penas pecuniárias aplicadas. Nesta perspectiva, v. Molina (1997:712/713). Sobre esta questão e com referências aos autores que apesar de tudo perfilham a posição aqui rejeitada, v. Lidoy (1999:345).

216 Gonçalo Nuno Cabral de Almeida Avelãs Nunes

agressão ao princípio da intransmissibilidade das sanções e da personalidade das sanções (art. 29º da CRP). Não é admissível que, em nome
de objectivos que poderíamos classificar de recaudatórios, se estabeleça um regime em que certos sujeitos se vejam obrigados a suportar a
sanção quando não foram eles que praticaram a infracção[444].

Vale a pena sublinhar que estamos a falar de sanções pecuniárias
fiscais[445] aplicáveis a sociedades integradas num grupo tributado em
RTLC. A receita do estado não é, neste caso, uma receita tributária: não
estamos a analisar dívidas fiscais mas antes sanções pecuniárias não
cumpridas pelo infractor condenado. Pois bem. Sendo assim, não se
justifica que se imponha o cumprimento de uma sanção a outra pessoa
que não o infractor. Esta solução constituiria uma grave violação de
princípios fundamentais do Estado de Direito, e tanto basta para que a
rejeitemos liminarmente[446].

A única forma juridicamente correcta e adequada de equacionar uma
responsabilização conjunta das sociedades do grupo pela prática das
infracções é o instituto da co-autoria previsto no art. 26º do CP, instituto
perfeitamente aplicável neste âmbito por força do art 4º do RJIFNA.

10.6.3. *Responsabilidade civil subsidiária da sociedade-dominante pelas sanções pecuniárias aplicadas às sociedades-domina-das dentro e fora do âmbito do RTLC*

Certos sectores da doutrina espanhola (e não só)[447] defendem
também que a sociedade-dominante deveria ser instituída pela lei como

---

[444] Se não for assim, o que pode impedir que se alargue esta solução às penas
privativas da liberdade aplicadas em sede de crimes fiscais às pessoas singulares?

[445] O regime geral de execução das penas não privativas da liberdade e nomeadamente das penas de multa está previsto nos arts. 489ºss do CPP e não contempla
nenhuma figura de responsabilidade subsidiária pelo pagamento das sanções aplicáveis a outrem.

[446] Neste sentido, Giménez (1993:112) e Pérez Royo (*Los delitos y las
infracciones en materia tributaria*, IEF Madrid, p. 291ss) cit. por Giménez, *ob. loc.
cit.*), Molina (1997:704ss), Cañal & Pistone (1997:622ss).

[447] V. por todos Lidoy (1999:365).

responsável civil subsidiária pelo pagamento das sanções pecuniárias aplicadas às sociedades-dominadas por crimes ou contraordenações fiscais cometidos autonomamente por estas no âmbito do RTLC.

Justificam esta proposta com o argumento de que, por força do domínio exercido pela sociedade-dominante sobre as sociedades-dominadas, caberia à sociedade-dominante um dever especial de controlo e fiscalização sobre estas, com vista a evitar que elas cometessem essas infracções.

Sendo assim, no caso de serem aplicadas sanções pecuniárias às sociedades-dominadas e de estas não terem condições de as liquidar, caberia à sociedade-dominante, a titulo subsidiário, o pagamento dessas sanções.

Esta responsabilidade fundamentar-se-ia, portanto, no facto de a sociedade-dominante não ter exercido o dever de controlo nos termos em que estava obrigada e ter permitido que as sociedades-dominadas praticassem as infracções em causa.

Também neste caso consideramos desadequada a solução em análise. De novo se confunde o regime da responsabilidade tributária por dívidas com a responsabilidade pelo pagamento de sanções, figura estranha ao direito penal em geral e totalmente injustificada, desenquadrada e mesmo inconstitucional, nos termos defendidos no número anterior. Uma tal solução equivaleria a um regime de responsabilidade penal objectiva imposto à sociedade-dominante do grupo, independentemente da culpa, solução inadmissível à luz do nosso sistema constitucional.

Na sequência da proposta em análise e esgrimindo os mesmos argumentos, os seus defensores vão ao ponto de sustentar que a sociedade-dominante do grupo deveria ser instituída como responsável civil subsidiária pelo pagamento das sanções pecuniárias aplicadas às sociedades-dominadas do grupo, mesmo fora do âmbito do RTLC, ou seja, em matérias relevantes fora do IRC (por exemplo, em sede de IVA ou de qualquer outro imposto).

Advinha-se a justificação. A sociedade-dominante tem um dever de controlo e fiscalização sobre as sociedades-dominadas, mesmo em matérias que não digam respeito ao RTLC, por força do domínio que exerce sobre essas sociedades; logo, deve assumir, subsidiariamente, a responsabilidade civil objectiva pelo pagamento das sanções pecuniárias aplicadas às sociedades-dominadas.

Rejeitamos esta proposta pelas mesmas decisivas razões que nos levaram a recusar as duas propostas anteriores, ou seja, por entendermos que tal solução é desproporcionada, não tem justificação técnica e viola princípios estruturantes do direito penal num Estado de Direito Democrático, assumidos na nossa CRP.

10.7. Responsabilidade civil solidária das sociedades integrantes do grupo tributado pelo RTLC pelas sanções aplicadas aos seus gerentes ou agentes.

10.7.1. *Conceito*

Esta hipótese configura uma situação em que as sociedades vão ser solidariamente devedoras, a título originário, pelas sanções pecuniárias aplicadas aos seus gerentes, nos termos do art. 111º, nº 3 da LGT.

Quer dizer: a AF poderia exigir *ab initio,* aos gerentes ou às próprias sociedades, o pagamento da sanção aplicada aos seus gerentes[448].

Esta é, portanto, uma situação completamente diferente das que acabámos de analisar e diferente da que analisaremos já a seguir. Aqui, trata-se de responsabilizar as pessoas colectivas ou entidades equiparadas pelas sanções aplicadas aos seus gerentes. E trata-se de uma situação que está fora do âmbito das soluções especificamente equacionadas para os grupos de sociedades tributados pelo RTLC.

Apesar das dúvidas que esta figura nos suscita, inclinamo-nos para aceitar a justificação invocada pelos autores que a defendem. Como escreve Faria Costa, este regime justifica-se, como excepção ao princípio da intransmissibilidade das penas. Se tivermos consciência

---

[448] Sobre esta figura v. F. Costa (1992:556ss), Silva Dias (1990:22), A. J. Sousa (1997:56), N. Sá gomes (2000:187ss), I. Silva (2000:140ss). Defendendo a constitucionalidade desta norma, v. F. Costa (1992:556ss); em sentido contrário, defendendo a sua inconstitucionalidade, v. Silva Dias (1990:22) e N. Sá Gomes (2000:187ss).

que "as pessoas colectivas só «vivem» jurídico-penalmente *nos* e *com* os seus órgãos ou representantes, tem sentido fazê-las responder solidariamente pelas multas e coimas em que aqueles eventualmente venham a ser condenados pelas infracções previstas no diploma em questão. Parece ficar, assim, legitimado o desvio aos princípios gerais que uma tal responsabilidade solidária carrega ou arrasta"[449].

Vemos aqui razões suficientes para, excepcionalmente, admitir a figura da responsabilidade civil pelo pagamento das sanções pecuniárias aplicadas a outrem. Em boa verdade, a relação estabelecida entre as pessoas colectivas e os seus agentes parece ser uma relação *in altero* e não *ad alterum,* ou seja, as pessoas físicas são o meio de manifestação de uma vontade que não é sua mas sim da pessoa colectiva, justificando-se assim que, em último termo, se entenda que a vontade e a culpa são da pessoa colectiva, ficando salvaguardado o respeito pelos princípios da culpa e da intransmissibilidade das penas.

A aplicação deste regime às sociedades integradas num grupo tributado pelo RTLC não levanta qualquer particularidade susceptível de apreciação.

10.7.2. *Regime legal*

Esta hipótese estava consagrada no art. 6°, n° 3 do RJIFNA. Com Nuno Sá Gomes[450], entendemos, porém, que o art. 6° do RJIFNA foi revogado pela LGT. O novo preceito da LGT não manteve a figura da responsabilidade civil solidária das sociedades pelas sanções aplicadas aos seus gerentes ou agentes, o que nos leva a concluir que o legislador pretendeu revogar tacitamente o preceito que instituía tal figura.

---

[449] F. Costa (1992:558).

[450] V. N. Sá Gomes (2000:192 e 364ss). Este autor defende, com argumentos que nos parecem válidos e totalmente convincentes, que, com a entrada em vigor da LGT, também o n° 3 do art. 6° do RJIFNA foi tacitamente revogado. Só que, neste caso, a revogação tem uma consequência diferente, já que na LGT não existe nenhum preceito que o substitua.

Nestes termos, não faz qualquer sentido equacionar a aplicação deste regime ao RTLC, já que neste momento o mesmo não está em vigor em Portugal.

10.8. Responsabilidade civil dos gerentes pelas sanções aplicadas às sociedades integrantes do grupo de sociedades tributado pelo RTLC

10.8.1. *Introdução*

Propomo-nos analisar aqui a validade do regime vigente de responsabilidade civil subsidiária dos gerentes pelas dívidas decorrentes de sanções pecuniárias aplicadas, pela prática de infracções fiscais, às sociedades onde exerceram esse cargo, quando estas não tenham condições de liquidar essa dívida. Só depois disso estaremos em condições de analisar as consequências que esse regime implica para os gerentes da sociedade-dominante e das sociedades-dominadas de um grupo de sociedades tributado em RTLC[451].

10.8.2. *Regime legal em vigor*

Esta questão está hoje regulada no art. 112° da LGT, que revogou tacitamente o art 7°-A do RJIFNA[452].

Defendemos, no entanto, salvo melhor opinião, a inconstitucionalidade de tal preceito, ao estabelecer a responsabilidade civil subsidiária dos agentes e gerentes pelo pagamento de sanções pecuniárias fiscais aplicadas às entidades que representam, na sequência de infracções cometidas por essas entidades. Há, neste caso, clara violação do prin-

---

[451] Sobre este regime, v. A. Silva Dias (1990:22ss), A. J. Sousa (1997:61), I. Silva (2000:188ss) e N. Sá Gomes (2000:188ss).

[452] Tendo em conta o regime introduzido pelo art. 112° da LGT e apesar do silêncio da LGT, considera-se o art. 7°-A do RJIFNA tacitamente revogado.

cípio da intransmissibilidade das sanções, consagrado no art. 30°, n° 3 da CRP[453].

Em sentido contrário não colhe o argumento invocado por parte da doutrina[454], segundo o qual, a responsabilidade aí definida é apenas de natureza civil, não havendo, por isso, qualquer violação daquele princípio. Na realidade, esta responsabilidade determina que a sanção pecuniária aplicada a uma sociedade possa ter que ser cumprida por outra pessoa que na altura da prática dos actos exercia funções de gerência na mesma, o que se concretiza numa evidente violação do referido princípio constitucional[455].

Neste âmbito, a correcta ponderação dos interesses em causa tem de conduzir a uma solução que seja constitucionalmente adequada. Neste caso, o conflito perfila-se entre o interesse de garantir o pagamento de uma sanção – que, recordêmo-lo, nem sequer é um crédito de natureza fiscal mas apenas uma sanção pecuniária[456] – e os princípios fundamentais de qualquer Estado de Direito, como são os princípios da culpa e da intransmissibilidade das sanções. E ninguém duvidará de que estes são mais fortes, devendo prevalecer sobre aqueles. Tanto

---

[453] Repare-se como o legislador confirma a confusão já aqui identificada entre a responsabilidade tributária por dívidas fiscais (arts 22° ss da LGT) com esta figura incoerente e inadequada da responsabilidade civil pelo pagamento de sanções pecuniárias aplicadas a outrem, ao estabelecer no art. 112° da LGT um novo regime desta responsabilidade civil por sanções aplicáveis a outrem igual ao que está estabelecido no art. 24° da LGT para a responsabilidade tributária dos gerentes pelas dívidas fiscais. O absurdo deste regime consiste no facto de que os requisitos de aplicabilidade estabelecidos no art. 112° da LGT nada têm a ver com imputabilidade penal e, portanto, com o facto de os gerentes terem práticado ou não em co-autoria os actos em causa, mas sim com circunstâncias relevantes em termos de conservação da garantia patrimonial para o estado, ou seja, o património da sociedade. Temos assim a consagração de uma responsabilidade penal objectiva importa mesmo a quem não tenha praticado os actos, desde que tenha afectado o património da sociedade que cometeu a infracção.

[454] V. Lidoy (1999:465).

[455] Neste mesmo sentido A. Silva Dias (1990:22ss), Molina (1997:708ss), A. J. Sousa (1997:61) e N. Sá Gomes (2000:191).

[456] Multa ou coima como sanções pecuniárias aplicadas hoje a qualquer tipo de crimes ou contraordenações.

basta para rejeitar, por inconstitucional, qualquer regime que institua uma solução que concretize uma hipótese de transmissão de sanções e de responsabilidade penal objectiva[457].

Este juízo de condenação do regime prescrito no art. 112º da LGT sai reforçado se tivermos em conta a regra estabelecida no art. 111º, nº 3 da LGT. Dele resulta que a responsabilidade penal e contraordenacional das pessoas colectivas não exclui a responsabilização penal e contraordenacional autónoma dos seus gerentes ou agentes pela prática de infracções fiscais. E esta é uma solução, como já afirmámos, perfeitamente conforme aos princípios gerais do direito sancionatório.

Assim, de acordo com o art. 111º, nº 3 da LGT, da conjugação dos dois regimes estabelecidos no art. 111º, nº 3 e no art. 112º da LGT resulta que o mesmo acto vai ter uma dupla relevância.

Por um lado, implica a responsabilidade penal ou contraordenacional autónoma da pessoa singular que, como agente de uma sociedade, praticou em sua representação os actos ou omissões que são relevantes em sede de infracções fiscais (paralelamente à responsabilidade penal ou contraordenacional da pessoa colectiva pela infracção – a "responsabilidade fiscal penal cumulativa das sociedades e dos seus administradores e representantes" (art. 111º, nos 1 e 3 da LGT) nos termos já analisados).

Por outro lado, as pessoas singulares, além da responsabilidade que acabámos de referir, podem ter que assumir também, por força deste regime de responsabilidade subsidiária pelo pagamento das sanções pecuniárias aplicadas à sociedade onde exerceram a sua gerência, o pagamento das sanções que foram aplicadas a essa sociedade nos termos do art. 112º da LGT.

Assim sendo, uma análise correcta dos arts. 111º, nº 3 e 112º da LGT determina que, da conjugação dos dois preceitos, resulta um regime verdadeiramente inaceitável para um estado de direito. Em concreto, da aplicação conjunta destes preceitos resulta que o gerente de uma sociedade possa ter que assumir o pagamento de duas sanções pecuniárias fiscais pela prática do mesmo acto.

---

[457] No mesmo sentido v. A. Silva Dias (1990:22ss), A. J. Sousa (1997:61) e N. Sá Gomes (2000:191).

Em primeiro lugar, ele próprio, enquanto agente e infractor, nos termos do art. 111º, nº 3 da LGT, pode ser condenado ao pagamento de uma sanção pela prática de uma infracção. Em segundo lugar, a pessoa colectiva onde exercia as suas funções é também condenada pelos mesmos actos, nos termos do 111º, nº 1 da LGT. Se ela não paga nem tem meios para pagar, esse mesmo gerente pode ser obrigado, ao abrigo do art. 112º da LGT, a pagar uma outra sanção pelos mesmos actos em relação ao quais ele próprio já tinha sido sancionado, já que a lei o considera responsável subsidiário pela sanção pecuniária aplicada à sociedade onde exerceu as sua funções.

É uma solução obviamente inadmissível, o que reforça a nossa convicção acerca da inconstitucionalidade do regime de responsabilidade civil subsidiária dos gerentes ou agentes pela sanções pecuniárias fiscais aplicadas às pessoas colectivas (art.112º da LGT).

Por quanto fica dito, compreende-se que recusemos também a aplicação de um tal regime em sede de RTLC, onde tais efeitos perversos poderiam ser ainda mais potenciados.

Recusamos também as hipóteses propostas por parte da doutrina espanhola[458], no sentido de instituir vários tipos de responsabilidade civil subsidiária pelo pagamento de sanções aplicadas às sociedades do grupo tributadas pelo RTLC, a cargo dos gerentes das sociedades integradas no grupo[459].

O regime em vigor determina que os gerentes ou agentes de cada uma das sociedades podem ser responsabilizados pelas sanções aplicadas às sociedades em que exerçam essas funções, nos termos do art. 112º da LGT. Mesmo que se aceite a sua constitucionalidade, não existe nenhuma regra específica em sede de RTLC que determine qual-

---

[458] V. por todos Lidoy (1999:365).

[459] As hipóteses equacionadas previam a instituição de vários regimes: a responsabilidade civil dos gerentes da sociedade-dominante pelas sanções aplicadas às sociedades integrantes do grupo tributado em RTLC; a responsabilidade civil dos gerentes da sociedade-dominante pelas sanções aplicadas às sociedades integrantes do grupo tributado em RTLC, fora do âmbito do próprio RTLC; a responsabilidade civil dos gerentes das sociedades-dominadas pelas sanções aplicadas a essas mesmas sociedades integrantes do grupo tributado em RTLC.

quer regime especial nesta sede. Nada, pois, autoriza a que se pretenda aplicar tal regime aos gerentes das sociedades integradas no grupo, responsabilizando-os civilmente, nos termos definidos no art. 112° da LGT, por sanções aplicadas a outras sociedades que não aquelas onde exerceram a gerência.

10.10. Conclusão

Em conclusão: consideramos perfeitamente justificada a afirmação constante do título deste décimo capítulo quando se afirma que é necessário e urgente que o legislador defina um regime específico adequado, aplicável ao grupo tributado pelo RTLC em matéria de infracções fiscais, sob pena de o silêncio ou a aplicação automática de certas soluções existentes na nossa ordem jurídica poderem resultar em violações de princípios estruturantes do Estado de Direito.

11. O PROCEDIMENTO DE INSPECÇÃO FISCAL E A APLICAÇÃO DE MÉTODOS INDIRECTOS DE DETERMINAÇÃO DA MATÉRIA TRIBUTÁVEL AO GRUPO DE SOCIEDADES TRIBUTADO PELO RTLC

11.1. Introdução

O modelo de procedimento de aplicação do RTLC que propomos baseia-se num regime de aplicação automática por força de uma simples declaração a efectuar pela sociedade-dominante, até ao último dia antes do início do período de tributação pelo RTLC. Nessa declaração a sociedade-dominante manifesta a intenção do grupo de ser tributado pelo RTLC e afirma que todas as sociedades preenchem os requisitos de elegibilidade. À AF fica a caber o controlo da veracidade dessa declaração nos termos gerais, o que pressupõe que lhe sejam atribuídos os poderes e os meios para proceder *a posteriori* a um adequado controlo dos elementos declarados e do cumprimento dos outros deveres de colaboração decorrentes do RTLC, através de um estruturado e definido procedimento de inspecção tributária[460].

Quando, no capítulo 7°, definimos o modelo de procedimento que julgamos preferível, *de iure constituendo,* para execução do RTLC, logo referimos que a sua aplicação – por força das alterações na estruturação da relação jurídico-fiscal, nomeadamente no que toca ao seu lado passivo[461] – deveria ser acompanhada pela definição e estrutura-

---

[460] Sobre o procedimento de inspecção tributária em geral, v. P. Taboada (1983), P. Mestres (1986), J. Garcia (1986), Marquez (1996), Comissão para o Desenvolvimento da Reforma Fiscal (1996:115ss) e Queralt e outros (1998:453ss).

[461] V. *supra,* caps. 5° e 6°.

ção de um procedimento de inspecção específico aplicável aos grupos de sociedades tributados pelo RTLC. Este procedimento específico, adaptando as regras gerais aplicáveis aos procedimentos de inspecção e salvaguardando os direitos dos contribuintes, deve permitir à AF proceder ao indispensável controlo da veracidade das declarações efectuadas e dos deveres de colaboração relevantes no âmbito do RTLC[462].

Nas páginas seguintes faremos uma abordagem ao procedimento de inspecção a aplicar aos grupos tributados pelo RTLC, e, consequentemente, às regras da avaliação indirecta e seus efeitos em relação ao RTLC.

11.2. Regime proposto. Características gerais

Dentro da perspectiva que adoptámos quanto ao procedimento adequado para aplicar correctamente um sistema de RTLC, os poderes que, em sede de inspecção, devem ser atribuídos à AF assumem um papel muito importante com vista ao equilíbrio necessário entre os direitos e poderes da AF e os direitos dos sujeitos passivos. Tais poderes devem respeitar os direitos dos sujeitos passivos e devem ser devidamente enquadrados por um conjunto de preceitos legais que definam com clareza as várias situações específicas que surgem neste âmbito, por força da existência de um RTLC que tribute o rendimento dos grupos.

O primeiro aspecto a sublinhar é que o âmbito e os efeitos do procedimento de inspecção aplicável ao grupo estão limitados ao IRC, já que o RTLC não é aplicável a nenhum outro imposto.

Em segundo lugar, importa realçar que o procedimento de inspecção aplicável aos grupos tributados pelo RTLC, por força das características específicas do RTLC e do modelo de procedimento proposto, vai assumir obrigatoriamente uma dupla natureza, ou, se se quiser, vai ter um duplo objecto.

---

[462] Neste sentido v. Giménez (1991:115ss), Villegier (1992:75ss), Antón (1998:1814ss) e Morgenstein (2000:584ss), autores que acompanhamos na defesa da necessidade da estruturação de um procedimento de inspecção que obedeça a regras específicas aplicáveis ao grupo.

Como se sabe, de acordo com as regras gerais hoje existentes, cabe à AF, através do procedimento de inspecção, confirmar a veracidade das declarações dos sujeitos passivos e demais obrigados tributários, e verificar o cumprimento dos vários deveres de colaboração resultantes da lei (art. 63° da LGT e art. 2°, n° 2, a) do RCIPT[463]). Só que, tendo em conta as regras aplicáveis ao RTLC, essa verificação vai assumir duas vertentes assumidamente distintas no que diz respeito ao seu objecto e efeitos.

A) A primeira concretiza-se na verificação da veracidade dos requisitos de elegibilidade que todas as sociedades integradas no grupo têm de cumprir, nos termos definidos na lei, para que possam integrar o grupo e este possa ter acesso à tributação pelo RTLC (em termos equiparados ao procedimento de inspecção previsto no art. 2°, n° 2, h) do RCIPT). Estes elementos, de acordo com o regime proposto, constam da declaração inicial de adesão ao grupo a efectuar pela sociedade-dominante[464], ou então das declarações efectuadas pela sociedade-dominante antes do início de um novo período de tributação, quando decide proceder a alterações na composição do grupo[465].

B) A segunda consiste na verificação da veracidade dos elementos declarados, necessários ao apuramento da matéria tributável, e ao cumprimento dos vários deveres de colaboração, ou seja, consiste na verificação da veracidade dos elementos constantes das declarações de rendimento que as sociedades integradas no grupo estão obrigadas a entregar à AF, em termos idênticos ao que acontece com qualquer outro contribuinte (art. 2°, n° 2, a) do RCIPT).

Ao definir o regime legal aplicável, o legislador deve, por isso, assumir esta dupla vertente e definir os efeitos, necessariamente distintos, aplicáveis às irregularidades detectadas em resultado destas duas modalidades de inspecção.

---

[463] Regime Complementar do Procedimento de Inspecção Tributária (DL 413//98, de 31 de Dezembro).

[464] V. *supra*, cap. 7°.

[465] V. *supra*, cap. 8°.

Paralelamente e tendo em conta a estrutura do grupo, a lei deve determinar de forma clara que os procedimentos de inspecção a realizar às sociedades integradas no grupo tributado pelo RTLC podem assumir três modalidades distintas:

1) Em primeiro lugar, temos o procedimento de inspecção aplicável à sociedade-dominante enquanto sujeito passivo dos vários deveres relacionados com as obrigações do grupo no âmbito do RTLC, procedimento através do qual se vai efectuar o controlo da veracidade dos elementos declarados na dupla vertente acima referida: i) verificação do preenchimento dos requisitos que todas as sociedades têm de cumprir, nos termos da lei, para poderem integrar o grupo tributado pelo RTLC; ii) comprovação da veracidade dos elementos declarados tendentes ao apuramento do resultado do grupo para efeitos do IRC, e do cumprimento dos deveres de colaboração, de acordo com as regras do RTLC.

2) Em segundo lugar, a sociedade-dominante pode ser objecto de um procedimento de inspecção enquanto sujeito passivo isolado, na medida em que ela está obrigada, por si própria, nos termos gerais, ao cumprimento de vários deveres de cooperação e em relação a outros impostos que não o IRC.

3) Por último, as sociedades-dominadas do grupo podem ser sujeitas a um procedimento de inspecção no que toca ao cumprimento dos deveres de cooperação individuais a que estão obrigadas, apesar do RTLC e em sede de outros impostos.

11.3. Procedimento de inspecção aplicável à sociedade-dominante enquanto sujeito passivo dos vários deveres relacionados com as obrigações do grupo no âmbito do RTLC

O que importa definir, em primeiro lugar, são as principais especificidades que obrigatoriamente tem de assumir o procedimento de inspecção por força da existência do RTLC, relativamente ao regime geral aplicável em sede de procedimento de inspecção.

11.3.1. *Âmbito de aplicação*

N que diz respeito ao âmbito de aplicação deste procedimento, deve a lei assumir inequivocamente a natureza parcial do procedimento de inspecção a efectuar à sociedade-dominante como sujeito passivo dos deveres que cabem ao grupo por força do RTLC. Abrangendo este apenas o IRC, o procedimento em análise é, necessariamente, um procedimento parcial (art. 14º, nº 1, b) e nº 2 do RCIPT): a fiscalização a efectuar à sociedade-dominante a este título não pode abranger nenhum outro imposto além do IRC. A averiguação da situação da sociedade-dominante em relação aos outros impostos deve ser feita através de um normal procedimento de inspecção, no qual a sociedade-dominante seja considerada individualmente[466].

11.3.2. *Modalidades*

O objecto deste procedimento de inspecção abrange as duas vertentes já definidas: i) verificação do preenchimento dos requisitos de elegibilidade que todas as sociedades têm de cumprir, nos termos da lei, para poderem integrar o grupo tributado pelo RTLC; ii) comprovação da veracidade dos elementos declarados tendentes ao apuramento do resultado do grupo para efeitos do IRC, e verificação do cumprimento dos deveres de colaboração, de acordo com as regras do RTLC.

11.3.3. *Procedimento de inspecção aplicável à sociedade-dominante, enquanto sujeito passivo dos vários deveres relacionados com as obrigações do grupo no âmbito do RTLC, com vista à verificação do preenchimento dos requisitos de elegibilidade que todas as sociedades têm de cumprir, nos termos da lei, para poderem integrar o grupo tributado pelo RTLC*

11.3.3.1. Objecto

No que diz respeito a esta primeira vertente, o procedimento de inspecção a efectuar junto da sociedade-dominante visa determinar se

---

[466] V. *infra*, ponto 11.9.

se verificam ou não os requisitos de elegibilidade que as várias sociedades têm de preencher nos termos da lei e que constam da declaração de adesão ao RTLC efectuada pela sociedade-dominante.

Para o efeito, a AF pode examinar e verificar a veracidade dos elementos e documentos – referentes à situação da sociedade-dominante e das sociedades-dominadas – que comprovem que todas as sociedades preenchem os requisitos de elegibilidade definidos na lei e que a sociedade-dominante é obrigada a organizar e a conservar[467].

11.3.3.2. Efeitos

Razões de segurança jurídica e de respeito pelo princípio da legalidade fiscal justificam de modo particular, no que tange aos efeitos a atribuir aos procedimentos de inspecção, a necessidade de um regime legal claro e coerente, que materialize um justo equilíbrio entre os legítimos interesses do estado e os dos contribuintes integrados no grupo.

Deixar que a definição dos efeitos dos procedimentos de inspecção fique ao arbítrio da AF é uma solução que, além de duvidosas constitucionalidade (art. 103°, n° 2 da CRP) e legalidade (art.8°, n° 2 da LGT), é prejudicial para os contribuintes, para a própria AF (porque não tem um quadro devidamente definido de actuação) e, em último termo, para a construção do Estado de Direito Social.

Por isso defendemos que deve ser o legislador a definir taxativamente os efeitos dos procedimentos de inspecção, de modo a permitir que, nos casos em que se apurar não estarem satisfeitos os requisitos de elegibilidade para que todas as sociedades possam ser integradas no RTLC, as consequências daí resultantes sejam produto de uma opção ponderada e proporcionada efectuada pelo legislador, tendo em conta as várias hipóteses possíveis e não resulte de uma ponderação casuística e pouco segura a efectuar pela AF.

---

[467] V. *supra*, caps. 6° e 7°.

11.3.3.2.a. Se se verificar que a sociedade-dominante não preenche os requisitos de elegibilidade definidos na lei, defendemos que tal circunstância deve dar lugar à cessação da tributação do grupo pelo RTLC, com efeitos retroactivos ao primeiro dia do ano em que tal requisito deixou de se verificar.

11.3.3.2.b. Por outro lado, se o não preenchimento dos requisitos se verificar em relação a uma ou mais sociedades-dominadas, tal facto deve apenas dar lugar à saída dessa(s) sociedade(s) da tributação pelo RTLC. Trata-se da *saída imperativa*, como defendemos no cap. 8°, tendo essa exclusão igualmente efeitos retroactivos ao primeiro dia do ano em que tal requisito deixou de se verificar.

Nestes casos, a sociedade-dominante e as outras sociedades-dominadas, desde que exista pelo menos uma, podem continuar a ser tributadas pelo RTLC.

11.3.3.2.c. Paralelamente, e em ambos os casos, serão aplicáveis as sanções adequadas à (ou às) infracção(ões) fiscal(is) imputáveis à sociedade-dominante nos termos do RJIFNA, já que, em nossa opinião, é a ela que cabe realizar a declaração inicial de adesão ao RTLC[468].

11.3.3.3. Regime legal vigente

As normas vigentes definem um regime totalmente distinto do aqui propugnado.

Por um lado, porque, como se sabe, o acesso à tributação pelo RTLC está condicionado a uma concessão a emitir pelo Ministro das Finanças (art. 59°, n° 1 do CIRC). Nestes termos, pelo menos teoricamente, a verificação dos requisitos de elegibilidade previstos na lei e daqueles que o próprio Ministro pode definir é feita *a priori* [469].

Por outro lado, porque, quando se verificar que qualquer das sociedades não preenche os requisitos de elegibilidade exigidos, ou

---

[468] V. *supra*, caps. 6° e 10°.

[469] V. *supra*, cap. 7°.

quando, apesar de os requisitos estarem preenchidos, se verificar que outra sociedade preenche os requisitos para ser integrada como sociedade-dominada, mesmo que esta circunstância seja posterior ao início da tributação pelo RTLC, a autorização existente caduca e a sociedade-dominante é obrigada a requerer uma outra autorização incluindo a nova sociedade no perímetro de integração, nos termos do art. 59°, nos 6 e 7 do CIRC.

Por último, e como já vimos, há ainda lugar à aplicação da 'sanção' do art. 59°, n° 10 do CIRC[470]. É uma solução que resulta da regra da integração obrigatória que analisámos acima e com a qual, pelas razões então aduzidas, não podemos concordar[471].

Consideramos inadequado e desproporcionado o regime consagrado nos preceitos aplicáveis em matéria de efeitos do procedimento de inspecção referente ao controlo da veracidade dos requisitos de elegibilidade constantes da declaração de adesão ao RTLC efectuada pela sociedade-dominante e que, nos termos da lei, as várias sociedades têm que preencher. Não nos parece aceitável que o facto de uma das sociedades integradas não cumprir os requisitos de elegibilidade para ser integrada no grupo determine, pura e simplesmente, a caducidade da tributação de todo o grupo pelo RTLC. O modelo por nós proposto – distinção entre as circunstâncias que dão lugar à mera *saída imperativa* de uma ou mais sociedades do grupo daquelas que determinam a *cessação* da tributação pelo RTLC – é muito mais equilibrado e é aquele que alcança o necessário equilíbrio entre os interesses em confronto.

Por último, como já dissemos[472], não faz sentido instituir um regime em que, além das sanções fiscais aplicáveis no caso de se terem cometido infracções fiscais, da caducidade da tributação pelo RTLC, ou da saída imperativa de alguma(s) sociedade(s) do perímetro de integração do grupo, se aplique ainda, cumulativamente, uma 'sanção' absolutamente *sui generis*, desproporcionada e inconstitucional, que, em desrespeito pelo princípio da capacidade contributiva, se vai reflec-

---

[470] Sobre este regime v. *supra*, caps. 8° e 9°.

[471] V. *supra*, cap. 7°.

[472] V. *supra*, caps. 8° e 9°.

Tributação dos grupos de sociedades pelo lucro consolidado em sede de IRC 233

tir no montante da matéria tributável do contribuinte. Trata-se, de resto, de uma solução há muito abandonada nos países de onde o nosso legislador a importou (a Espanha e a França).

11.3.4. *Procedimento de inspecção aplicável à sociedade-dominante enquanto sujeito passivo dos vários deveres relacionados com as obrigações do grupo no âmbito do RTLC, com vista à comprovação da veracidade dos elementos declarados tendentes ao apuramento do resultado do grupo para efeitos do IRC e do cumprimento dos deveres de colaboração, de acordo com as regras do RTLC*

11.3.4.1. Objecto

Este procedimento, por força da natureza especial que assume, tem como objecto a declaração do resultado de conjunto do grupo a cargo da sociedade-dominante, nos termos da solução apresentada e da própria lei (art. 96°, n° 6 do CIRC), e a averiguação do cumprimento dos deveres de colaboração que cabem às várias sociedades dentro do RTLC.

Este procedimento de inspecção deve assegurar à AF o direito de acesso a todos os elementos na posse sociedade-dominante e conducentes ao apuramento do resultado declarado, elementos que a sociedade-dominante deve processar e conservar. E deve assegurar-lhe também o direito de acesso aos elementos que as várias sociedades-dominadas forneceram à sociedade-dominante para que esta determine o resultado de conjunto declarado.

Temos, portanto, um procedimento de inspecção que, apesar de formalmente respeitar apenas à sociedade-dominante, vai abranger elementos referentes a todas as sociedades integradas, mas que – a nosso ver – se devem encontrar na posse da sociedade-dominante, já que ela deve possuir todos os elementos necessários à comprovação e justificação da declaração de conjunto, que a ela cabe realizar e entregar[473].

---

[473] V. *supra*, cap.7°.

11.3.4.2. Efeitos

No que diz respeito aos efeitos desta vertente do procedimento de inspecção a efectuar à sociedade-dominante de um grupo, consideramos igualmente necessário um claro e expresso posicionamento do legislador, construindo uma solução em que as consequências sejam claramente diferenciadas tendo em conta os factos apurados. Estas consequências que podem variar entre: i) manutenção da tributação pelo RTLC, efectuando meras correcções aritméticas ao resultado de uma sociedade ou mesmo do grupo; ii) manutenção da tributação pelo RTLC, apesar de o resultado de uma ou mais sociedades ser determinado por aplicação de métodos indirectos[474]; iii) saída imperativa de uma ou mais sociedades do grupo; iv) cessação da tributação do grupo pelo RTLC.

O actual silêncio do legislador acerca da definição destes efeitos provoca uma grande insegurança e indeterminação, quer para os sujeitos passivos quer para a própria a AF[475]. Para obviar a estes inconvenientes, propomos uma tentativa de sistematização daquelas que consideramos serem as soluções mais adequadas tendo em conta os fins a atingir com os procedimentos de fiscalização e os interesses dos sujeitos passivos inseridos no RTLC, que importa salvaguardar.

Estas soluções tentam assegurar uma correcta adequação entre os resultados possíveis de um acto de inspecção, os seus efeitos em geral e o regime do RTLC, com as suas regras e exigências específicas.

Vejamos então quais as situações possíveis e as soluções adequadas.

---

[474] Sobre a aplicação dos métodos indirectos, v. Arocena (1994), S. Sanches (1995b:380ss), Comissão para o Desenvolvimento da Reforma Fiscal (1996:321ss), Martins (1999), F. S. Câmara (2000), C. Nabais (2000: 250ss) e Xavier de Basto & G. Avelãs Nunes (2000:15ss).

[475] Mais uma vez, e extrapolando as suas funções e poderes em violação do princípio da legalidade fiscal, a AF determina que há lugar à caducidade da tributação do grupo pelo RTLC se os resultados de alguma das sociedades do grupo forem determinados através de métodos indirectos (ponto 10, n° 1, e) da Circular 15/94).

11.3.4.2.a. A primeira hipótese a considerar é a de o procedimento de inspecção não dar lugar a qualquer correcção dos resultados, aplicando-se nesse caso o regime geral dos efeitos do procedimento de inspecção previstos no RCIPT e na LGT, nomeadamente a proibição de nova inspecção, nos termos do art. 63°, n° 3 da LGT, regime aliás aplicável em qualquer dos outros casos aqui equacionados.

11.3.4.2.b. Em segundo lugar, do procedimento de inspecção pode resultar a detecção por parte da AF de irregularidades que dão lugar a correcções que se reflectem nos resultados de alguma(s) da(s) sociedade(s) do grupo mas não afectam o resultado global do grupo. Nestes casos, a continuação da tributação pelo RTLC não deve ser afectada, aplicando-se apenas as sanções normais para os casos em questão, devendo ainda operar-se as correcções a efectuar nas declarações dessas sociedades.

11.3.4.2.c. Em terceiro lugar, temos aqueles casos em que as correcções a efectuar em resultado da inspecção afectam os resultados do grupo.

Nestes casos, à luz do regime geral, há que ter em conta situações bastantes diversificadas.

A) Na primeira, as alterações resultam em meras correcções aritméticas (art. 91 °, n° 14 da LGT) a efectuar ao resultado do grupo, justificadas por exemplo por deficiente aplicação das regras da consolidação, caso em que entendemos não se justificar a *cessação* ou mesmo a *saída imperativa* de qualquer sociedade do grupo tributado pelo RTLC, justificando-se apenas as normais sanções aplicáveis nessas circunstâncias.

Na verdade, se não existisse RTLC, a detecção deste tipo de irregularidades não daria lugar, nos termos do regime geral aplicável, a nenhuma alteração no regime de tributação do contribuinte em que foram detectadas tais irregularidades. E não vemos razão que possa justificar a aplicação de um regime diferente às sociedades tributadas pelo RTLC. Antes pelo contrário.

Deve, portanto, ser apurado o resultado do grupo pelas regras do RTLC com as alterações decorrentes das correcções meramente aritméticas detectadas pela AF.

B) Quando, pelo contrário, os resultados da inspecção dão lugar à aplicação da avaliação indirecta nos termos dos artigos 87°ss da LGT, com recurso aos métodos indirectos de determinação da matéria tributável, há que considerar duas hipóteses.

1) Na primeira, a aplicação dos métodos indirectos tem lugar na determinação do lucro tributável de uma ou mais sociedades do grupo e não ao nível dos resultados consolidados apurados pela sociedade-dominante.

Mesmo neste caso devemos considerar ainda duas alternativas:

a) Se a sociedade-dominante e a sociedade-dominada aceitarem os valores apurados pela AF através dos métodos indirectos, a tributação pelo RTLC faz-se tendo em conta o resultado determinado pela AF, através dos métodos indirectos, não *cessando* a tributação do grupo pelo RTLC nem implicando a *saída imperativa* de qualquer dessas sociedades do grupo.

b) Se o apuramento do resultado de uma ou mais sociedades do grupo é feito legitimamente pela AF através de métodos indirectos e o resultado apurado não é aceite, então deve haver lugar à *saída imperativa* dessas sociedades do perímetro de integração, com efeitos a partir do primeiro dia do ano em que se detectem as irregularidades, podendo as restantes sociedades (desde que se mantenham pelo menos a sociedade-dominante e uma sociedade-dominada) continuar a ser tributadas pelo RTLC.

No entanto, se a sociedade excluída nestes termos for a sociedade-dominante, esse facto dará lugar à cessação do RTLC, já que deixaria de verificar-se um dos requisitos indispensáveis para a existência do grupo tributável pelo RTLC.

Tributação dos grupos de sociedades pelo lucro consolidado em sede de IRC   237

2) A segunda hipótese verifica-se quando a detecção das irregularidades que dão lugar à aplicação de métodos indirectos tiver lugar por motivos que se prendem com o apuramento do resultado de conjunto resultante das operações de integração a efectuar pela sociedade--dominante. Também aqui há que considerar duas hipóteses:

a) Se a sociedade-dominante aceitar voluntariamente os resultados determinados pela AF em resultado do recurso a métodos indirectos, a tributação do grupo pelo RTLC deve manter-se, mas o imposto a pagar será o resultante da liquidação adicional efectuada pela AF em resultado da aplicação dos métodos indirectos.

b) Se a sociedade-dominante não aceitar voluntariamente os resultados da aplicação dos métodos indirectos por parte da AF, além das outras sanções que em geral serão aplicáveis, justifica-se que tal facto dê lugar à cessação do RTLC, que produzirá efeitos a partir do primeiro dia do ano em que se praticaram essas irregularidades[476].

Esta solução e a que defendemos no ponto B. 1. b) são um pouco contraditórias com toda a lógica que tem presidido à definição do regime dos efeitos dos procedimentos de fiscalização, com base na aplicação ao RTLC das regras gerais existentes. Em coerência com estas regras, a sanção que resultaria da aplicação dos métodos indirectos seria a tributação de acordo com o rendimento apurado pela AF com recurso a esses métodos.

No caso do ponto B. 1. b), a saída imperativa de uma sociedade do grupo justifica-se porque, aqui, os resultados dessa sociedade afectam o resultado global e as correcções não são voluntariamente aceites, o que torna razoável a exigência da saída dessa(s) sociedade(s) do perímetro de integração.

Nesta hipótese, o resultado global a tributar não é aquele a que se chega pela aplicação das regras normais. A determinação da matéria

---

[476] Mesmo que esta venha a recorrer de tal aplicação, a decisão produz efeito logo no ano da notificação, se o recurso não obtiver vencimento.

colectável do grupo de sociedades obtém-se através de um procedimento de inspecção que culmina com o recurso (legítimo) da AF à aplicação de métodos indirectos em sede de apuramento do resultado conjunto do grupo. Se os resultados obtidos por esta via não são voluntariamente aceites pelo grupo, então faz sentido que o legislador determine, como sanção, a cessação da tributação desse grupo de sociedades pelo RTLC. Trata-se de uma solução que visa desincentivar essa prática por parte do grupo e que realiza um adequado equilíbrio entre os interesses do estado e da AF e os interesses dos contribuintes.

A nosso ver, só nestes casos extremos é de admitir que a aplicação de métodos indirectos dê lugar ou à *saída imperativa* de uma sociedade do grupo ou à *cessação* da tributação do grupo pelo RTLC.

11.3.4.3. Conclusão

Expusemos o regime que consideramos mais adequado no que diz respeito aos efeitos do procedimento de inspecção aplicável à sociedade-dominante enquanto sujeito passivo dos vários deveres relacionados com as obrigações do grupo no âmbito do RTLC, com vista à comprovação da veracidade dos elementos declarados tendentes ao apuramento do resultado do grupo para efeitos do IRC de acordo com as regras do RTLC. A justificação deste regime prende-se, como já dissemos, com a correcta definição e aplicação do regime do RTLC e das regras do procedimento de inspecção. Quando o apuramento do resultado do grupo deixa de se fazer de acordo com as regras gerais aplicáveis, justifica-se que tal facto dê lugar à cessação da tributação pelo RTLC. Ora tal circunstância só tem lugar na última hipótese aqui considerada, sendo portanto justificável que, nesse caso e só nesse, se aplique a sanção da cessação da tributação pelo RTLC, como sanção mais grave e excepcional.

11.3.5. Aspectos processuais do procedimento de inspecção aplicável à sociedade-dominante enquanto sujeito passivo dos vários deveres relacionados com as obrigações do grupo no âmbito do RTLC

Abordaremos agora as regras gerais a aplicar neste tipo de procedimento de inspecção.

11.3.5.1. No que se refere ao período de tributação abrangido por este procedimento de inspecção, ele só pode abranger os anos em que a tributação foi feita através do RTLC. No entanto, no caso de os resultados do grupo reflectirem aspectos que foram apurados antes da sua aplicação, é necessário que a lei atribua à AF o poder para averiguar essas situações. Se forem detectadas irregularidades (mesmo se, ao nível de cada uma das sociedades tomadas individualmente, essas correcções já não forem relevantes)[477], e se essas irregularidades estiverem reflectidas no resultado do grupo, tais aspectos devem ser considerados e devem dar lugar à consequente e adequada correcção do resultado de conjunto.

11.3.5.2. Outra das grandes dificuldades com as quais a AF se pode confrontar na realização de um procedimento de inspecção junto de um grupo tributado pelo RTLC tem que ver com a saída de alguma(s) sociedade(s) do grupo antes da realização de uma inspecção[478].

Perante esta realidade, é necessário definir se a AF, no âmbito da inspecção ao grupo, pode averiguar a situação dessa sociedade.

No entendimento que temos desta questão, a AF deve poder, nos termos já definidos, inspeccionar os elementos referentes a essa sociedade que estão na posse da sociedade-dominante por força do RTLC.

Já não poderá, no âmbito deste procedimento de inspecção, inspeccionar as sociedades entretanto saídas do grupo. Essa inspecção só

---

[477] Porque já decorreu o prazo de caducidade (art. 45º da LGT).

[478] Saída que, em nossa opinião, deve ser encarada como uma circunstância perfeitamente normal, obedecendo às regras que deixámos enunciadas, *supra,* cap. 8º.

poderá ter lugar através de um procedimento de inspecção específico dirigido à sociedade que entretanto saiu do grupo e que deve obedecer às regras gerais.

O facto de uma sociedade sair do grupo pode colocar igualmente alguns problemas à própria sociedade-dominante, nomeadamente nos casos em que, por esse facto, a sociedade-dominante perde o controlo sobre essa sociedade. Nestes caos a sociedade-dominante fica sem condições de poder assegurar a manutenção dos elementos devidamente organizados durante o prazo em que as inspecções podem ter lugar.

Em coerência com a posição que assumimos quanto à relevância das *convenções de integração* perante a AF, entendemos que estes aspectos são totalmente irrelevantes em relação à AF, cabendo à sociedade-dominante assegurar esses elementos sempre que uma qualquer sociedade saia do grupo[479].

11.3.5.3. A realização deste procedimento de inspecção deve em regra, ser precedido de uma notificação específica da sociedade-dominante para efeitos de fiscalização em sede do RTLC, salvo nos casos especiais em que a notificação prévia é dispensada nos termos do art. 50° do RCIPT. Essa notificação deve referir obrigatoriamente que o procedimento de inspecção incide sobre esta sociedade enquanto sociedade-dominante de um grupo tributado pelo RTLC, abrangendo as duas vertentes por nós definidas.

Apesar de o procedimento poder abranger elementos referentes a todas as sociedades do grupo, entendemos que o seu início não depende da prévia notificação de todas as sociedades do grupo. Basta a notificação da sociedade-dominante, que, para este efeito, como para muitos outros, assume, perante a AF, o papel de sujeito passivo.

---

[479] Mantemos aqui o ponto de vista que defendemos, *supra,* cap. 6°, segundo o qual o direito fiscal não deve intrometer-se em aspectos que têm relevância apenas a nível particular entre as sociedades. Na França estes aspectos são regulados nas *convenções de integração* a que fizemos referência também no cap. 6°.

Tributação dos grupos de sociedades pelo lucro consolidado em sede de IRC 241

11.3.5.4. No caso de a inspecção assumir a forma de *inspecção externa*, o local da inspecção é, em regra, a sede da sociedade-dominante, só podendo ser alterado após nova notificação fundamentada da AF à sociedade-dominante e à sociedade-dominada que a AF pretenda, em concreto, inspeccionar. Nestes casos deve ser sempre assegurada a presença dos responsáveis da sociedade-dominante e da sociedade-dominada a inspeccionar.

11.5. Procedimento de inspecção aplicável à sociedade-dominante enquanto sujeito passivo obrigado por si próprio ao cumprimento de vários deveres de cooperação

Neste caso, o procedimento de inspecção assume uma natureza distinta do anterior: a sociedade-dominante vai ser objecto de um procedimento de inspecção nos mesmos termos e com os mesmos efeitos a que qualquer contribuinte está sujeito, podendo abranger outros impostos além do IRC, nos termos gerais do art. 14, nº 1, a) do RCIPT.

Admitir esta possibilidade equivale a aceitar que a sociedade-dominante pode ser objecto de dois procedimentos de inspecção em relação ao mesmo período de tributação e ao mesmo imposto (o IRC), por força da sua integração no RTLC: por um lado, um procedimento de inspecção como sociedade-dominante de um grupo; por outro lado, um procedimento de inspecção como sociedade que, por si mesma, tem de cumprir um conjunto de deveres secundários ou de cooperação.

Estamos perante uma excepção à regra do art. 63º, nº 3 da LGT, que determina que um contribuinte não pode ser objecto de mais do que um procedimento de inspecção que incida sobre o mesmo imposto e o mesmo período de tributação. Por isso defendemos que essa solução deveria estar expressamente consagrada na lei nos termos aqui apresentados.

11.5. Procedimento de inspecção aplicável às várias sociedades--dominadas do grupo, obrigadas por si próprias, enquanto sujeitos passivos, ao cumprimento de vários deveres secundários ou de cooperação

As sociedades-dominadas do grupo podem ser elas próprias objecto de um procedimento de inspecção que vise averiguar o cumprimento dos deveres de cooperação a que estão individualmente obrigadas, nos termos já aqui elucidados para efeitos do próprio IRC e paralelamente ao RTLC. E podem também ser objecto de procedimentos de inspecção que abranjam outros impostos que não o IRC.

Estes procedimentos obedecem naturalmente às regras gerais hoje previstas no RCIPT, cuja análise e crítica ultrapassa os objectivos deste trabalho.

11.6. Regime legal

As regras essenciais a que deve obedecer o procedimento de inspecção tributária estão previstas na LGT (art. 63°) e no RCIPT. No entanto, só este último diploma contém uma única referência ao RTLC (art. 2°, n° 3), que se limita a incluir o grupo de sociedades tributado pelo RTLC no seu âmbito de aplicação.

Nem neste diploma legal nem em qualquer outro em vigor estão definidas quaisquer regras específicas de adaptação dos procedimentos de inspecção ao grupo tributado pelo RTLC. As normas em vigor não esclarecem sequer quem, dentro do grupo, pode ser inspeccionado, a que título e quantas vezes, e quem deve ser notificado para o efeito.

O tratamento dado aos problemas que o RTLC levanta em sede de fiscalização tributária é, assim, claramente insuficiente, já que o correcto enquadramento do RTLC pressupõe a consagração de regras e soluções que, em alguns casos, constituem excepções às regras gerais contidas no RCIPT e, noutros casos, normas especiais em relação a essas regras gerais.

Na nossa opinião, o regime vigente, sendo omisso quanto a aspectos essenciais de uma fase fundamental da actividade da AF dentro do novo enquadramento hoje existente para os procedimentos fiscais, não só ignora direitos fundamentais dos contribuintes, como dificulta uma correcta e adequada acção da AF, pondo em causa, em último termo a realização do próprio Estado de Direito Social.

12. CONCLUSÃO

Terminamos como começámos. A tributação dos grupos de sociedades em sede de imposto sobre o rendimento é uma questão extremamente complexa, que colide com quase todos os aspectos da relação jurídico-fiscal.

A análise que fizemos da problemática em estudo levou-nos à conclusão de que a actual regulamentação legal da tributação dos grupos de sociedades pelo RTLC é insuficiente, não contempla, em aspectos essenciais, as soluções que consideramos mais acertadas e adequadas, e, em alguns aspectos, é mesmo inconstitucional.

A nossa preocupação ao longo deste trabalho foi a de tentar contribuir para o esclarecimento de alguns dos pontos do regime aplicável, centrando-nos nos aspectos jurídico-fiscais da questão, sem ignorar que a cabal compreensão dos problemas suscitados carece de um tratamento complementar extra-fiscal e mesmo extra-jurídico.

Alimentamos a esperança de termos contribuído de algum modo para um melhor esclarecimento das dificuldades envolvidas na regulamentação jurídico-fiscal da tributação dos grupos de sociedades em sede de imposto sobre o rendimento.

13. PRINCIPAL BIBLIOGRAFIA CONSULTADA

ABELLÓ, J. Villa (1983) – «El regimen de tributación consolidada y la transparencia fiscal», in *Estudios del impuesto sobre sociedades,* Madrid MBCIFT/IEF, pp. 299ss.

ABREU, J. Coutinho (1983) – *Do abuso de direito – ensaio de um critério em direito civil e nas deliberações sociais,* Coimbra, Almedina.

ABREU, J. Coutinho (1996) – *Da empresarialidade – as empresas no direito,* Colecção Teses, Coimbra, Almedina.

ABREU, J. Coutinho (2000) – *Curso de Direito Comercial,* vol. I, 2ª ed., Coimbra, Almedina.

ABREU, Miguel Teixeira (1990) – «Os preços de transferência no quadro da evasão fiscal internacional», in *Ciência e Técnica Fiscal,* nº 358, Lisboa, CEF, pp. 109ss.

ACCINNI, G. P. (1991) – «Profili penali del conflito di interessi nei gruppi di società», in *Rivista delle Società,* anno 36, pp. 1110-1070.

ALBALAT, Susan S. (1991) – «El Contribuyente», in *Comentarios a la lei general tributaria y lineas para su reforma – libro homenaje al prof. Dr. D. Fernando Sainz de Bujanda,* Madrid, IEF, vol. I, pp. 527 ss.

ALEXANDRE, Mário A. (1992), «A harmonização fiscal no processo de integração eco-nómica», in *Ciência e Técnica Fiscal,* nº 365, Lisboa, CEF, pp. 81ss,

ALLAN, Charles M. (1972) – *The theory of taxation,* London, Penguin Books.

ALMEIDA, Aníbal (1996) – *Estudos de direito tributário,* Coimbra, Almedina.

ALMEIDA, L. Rodrigues (1997) – *Introdução ao direito tributário português,* Coimbra, Almedina.

ALVAREZ, F. Peña (1978) – «Los grupos de sociedades: su problemática fiscal», in *Revista Española de Financiación y Contabilidad,* nº 25, pp. 109 ss.

AMATUCCI, A. (1994) – «L'interpretazione della lege tributaria», in *Trattato di Diritto Tributario (dir. da A. Amatucci),* Vol. I, Tomo II, Cap. XIII, Padova, Cedam.

AMBEL, F. Jiménez (1991) – «La capacidad tributaria de los grupos de sociedades», in *Comentarios a la lei general tributaria y lineas para su reforma – libro homenaje al prof. Dr. D. Fernando Sainz de Bujanda,* Madrid, IEF, vol. I, pp. 483 ss.

248   *Gonçalo Nuno Cabral de Almeida Avelãs Nunes*

AMMENDOLA, Maurizio (1986) – «Unitarietà direzionale e organizzazione nel rapporto di gruppo», in *Rivista delle Società*, anno 31, pp. 1162-1298.

ANDRADE, J. C. Vieira (1997) – *Direito administrativo e fiscal (lições ao 3º ano)*, Coimbra.

AÑOVEROS, Jaime Garcia & Gallego, J. Calero & Lopez, F. Escribano & Vazquez, R. Navas & Royo, I. Perez & Gomez, S. Ramirez & de la Torre, A. Vasquez (1996) – *Manual del sistema tributario español,* Madrid, Civitas.

ANTÓN, Alvaro (1998) – «Regimen de los grupos de sociedades (arts. 78º a 96º de la LIS)», in *Comentarios al impuesto sobre sociedades,* Tomo II, *regimenes especiales (Dir. de J. Laorden e J. Arqués),* Madrid, ed. Civitas, pp. 1677-1817.

ANTUNES, J. Engrácia (1993a) – *Os grupos de sociedades*, Coimbra, Almedina.

ANTUNES, J. Engrácia (1993b) – *Liability of corporate groups – autonomy and control at parent-subsidiary relationships,* Deventer, Kluwer ed.

ANTUNES, J. Engrácia (1994) – *Os direitos dos sócios da sociedade mãe na formação e direcção dos grupos de sociedades,* Porto, ed. UCP.

AROCENA, Carmen B. (1994) – «L´accertamento: natura e funzioni», in *Trattato di Diritto Tributario (dir. da A. Amatucci),* Vol. III, Iª parte, Cap. XXXII, Padova, Cedam.

AYALA, J. L. de Perez, (1973) – «El grupo de sociedades como unidad económica lucrativa», in *Revista de derecho financiero e de hacienda publica*, nº 103, pp. 131 ss.

AYALA, P. & GONZALEZ, E. (1975) – *Curso de Derecho Tributario* vol. I, Madrid, Edersa.

AYALA, J. L. de Perez, (1994), «La soggettività tributaria», *in Trattato di Diritto Ttributario (dir. da A. Amatucci),* vol. II, IIª parte, cap. XXVI, Padova, Cedam.

AYUSO, Isabel S. (1996) – *Circunstancias eximinentes y modificativas de responsabilidad por infracciones tributarias*, Madrid, Marcial Pons.

AZEVEDO, Maria E. (1988), «O acto único europeu», in *Ciência e Técnica Fiscal,* nº 349, Lisboa, CEF, pp. 193ss.

AZEVEDO, Maria E. (1991), «A convenção de arbitragem», in *Fisco*, nº 36, Lisboa, Edifisco, pp. 29ss.

AZEVEDO, Maria E. (1993), «A política da empresa e a fiscalidade na União Europeia», in *Cadernos de CTF nº 171 – Estudos em Homenagem a Mª de Lurdes C. Vale*, Lisboa, CEF, pp. 279ss.

AZEVEDO, Maria E. (1996), «Fiscalidade no mercado único europeu», in *Fisco*, nº 74/ /75, Lisboa, Edifisco, pp. 3ss.

BAKER, P. (1996) – «Double taxation», in *International Tax Review*, Jul/Aug, pp. 23ss.

BAKIJA, Jon & Slemrod, Joel (1996) – *Taxing ourselves – a citizen´s guide to the great debate over tax reform,* Cambridge, Mass., MIT Press.

BARTHELEMY, Jacques (1991) – *Le droit des groupes de sociétés*, Dalloz, Paris.

BASTO, J. G. Xavier de (1980) – «O imposto sobre as sociedades e o imposto pessoal de rendimento – separação ou integração?», in *Estudos em homenagem ao Prof. Doutor J. J. Teixeira Ribeiro,* do *Boletim da Faculdade de Direito da Universidade de Coimbra,* nº Especial, vol. IV, pp. 353ss.

Basto, J. G. Xavier de (1991) – «A tributação do consumo e a sua coordenação internacional», in *Cadernos Ciência e Técnica Fiscal*, n° 164, Lisboa, CEF.

Basto, J. G. Xavier de e Outros (1993) – *A fiscalidade no espaço europeu*, Lisboa.

Basto, J. G. Xavier & Nunes, Gonçalo Avelãs (2000) – *Fiscalidade*, Ed. Polic., Coimbra, FEUC.

Belo, Luis M. (1994) – «As novas da tributação pelo lucro consolidado», in *Fisco* n° 67, Lisboa, Edifisco, pp. 3ss.

Berlin, Dominique (1998), *Droit Fiscal Comunnautaire*, Paris, PUF.

Bermudez, Jesus Q. (1983a) – «Regimen de transparencia fiscal» in *Estudios del impuesto sobre sociedades*, Madrid MBCIFT/IEF, pp. 313-326.

Bermudez, Jesus Q. (1983b) – «Las relaciones intergrupo en el impuesto sobre sociedades», in *Revista de derecho financiero e de hacienda publica*, n° 166/167, pp. 995-1020.

Bernard, Catherine (1990) – *L'impôt sur les sociétés dans les pays de la CEE*, Paris.

Beisse, H. (1984) – «O critério económico na interpretação das leis segundo a mais recente jurisprudência alemã», in *Direito tributário – Estudos em homenagem ao Prof. Ruy Barbosa Nogueira (dir. B. Machado)*, São Paulo, Saraiva.

Bianchi, Luigi A. (1992) – «Consolidamento delle participacione: appunti sugli aspetti giuridici», in *Le Società*, n° 2, pp. 177ss.

Bianchi, Luigi A. (1984) – «I contratti di empresa (unternehmen vertrage) del diritto dei gruppi tedesco – valutazione e problemi», in *Rivista delle Società*, Anno 29, pp. 989-1020.

Boekhorst, Paul de (1992), «Duty of member states to implement directives», in *European Taxation*, April 1992.

Bonneli, Franco (1992) – «Conflito di interesse nei gruppi di sicietà», in *Giurisprudenza Commerciale*, Anno XIX, pp. 219-232.

Bradford (1986) – *Informe Bradford – propuesta para una reforma tributária básica*, Madrid, IEF.

Cadilhe, Miguel (1991) – «Política de dividendos e dupla tributação», in *Opúsculos do IESF*, n° 4, Porto, ASA.

Calcano, M. (1996), «L'incompatibilità fra direttiva CEE e norme interne in materia di dividendi fra società madri e figlie», in *Diritto e Pratica Tributaria*, Padova, CEDAM, Anno 1996, Vol. LXVII, parte II, pp. 1164ss.

Câmara, F. de Sousa (1992), «O regime fiscal comum aplicável às sociedades mãe e sociedades filiadas de diferentes estados membros da CE – comentário à Directiva 90/435 CEE», in *Fisco*, n° 43/44, Lisboa, Edifisco, pp. 44s.

Câmara, F. de Sousa. (1999), «A avaliação indirecta da matéria colectavel e os preços de transferência na LGT», in *Problemas fundamentais do direito tributário (Dir. D. Leite de Campos)*, Lisboa, Vislis Ed.

Campos, D. Leite de & Campos, M. L. (1997) – *Direito Tributário*, Almedina, Coimbra.

CAMPOS, D. Leite de & RODRIGUES, B & Sousa, L. (1999a) – *Lei Geral Tributária Comentada e Anotada*, Lisboa, Vislis Ed.

CAMPOS, D. Leite (1999b) – «Interpretação das normas fiscais», in *Problemas fundamentais do direito tributário (Dir. D. Leite de Campos)*, Lisboa, Vislis ed.

CANOTILHO, J. J. Gomes & MOREIRA, Vital (1991) – *Fundamentos da Constituição*, Coimbra, Coimbra Editora.

CANOTILHO, J. J. Gomes & MOREIRA, Vital (1993) – *Constituição da República Portuguesa Anotada*, 3ª. Ed., Coimbra, Coimbra Editora.

CANOTILHO, J. J. Gomes (1998) – *Direito constitucional e teoria da constituição*, Coimbra, Almedina.

CAPRIGLIONE, Francesco (1990) – «Potteri della controlante e organizzazione interna di gruppo», in *Rivista delle Società*, Anno 35, pp. 35-60.

CARBONE, Silvio (1980) – «Stabile organizazzione e gruppo di imprese nel diritto internazionale tributario», in *La strutura dell´imprese e l´imposizione fiscale – Atti del Convegno a Sanremo il 21-23 Marzo*, Padova, CEDAM, pp. 233-265.

CARDONA, Isabel (1994) – «Prescrição da obrigação tributária e caducidade do direito a liquidar o imposto», in *Revista da Ordem dos Advogados,* Ano 54, Lisboa, OA.

CARDONA, Mª. C. (1983a) – «O regime e a natureza da discricionariedade imprópria e da discricionariedade técnica», in *Ciência e Técnica Fiscal,* nº 289/291, Lisboa, CEF.

CARDONA, Mª. C. (1983b) – «A infracção fiscal no direito comparado», in *Estudos,* vol. II, XX aniversário do Centro de Estudos Fiscais, Lisboa, CEF, pp. 426ss.

CARDONA, Mª. C. (1993) – «O papel dos acordos sobre dupla tributação na internacionalização da economia», in *Colóquio sobre a internacionalização da economia e fiscalidade – XXX aniversário CEF*, Lisboa, CEF.

CARDONA, Mª. C. (1994) – «O conceito de estabelecimento estável», in *Cadernos de CTF – Estudos em Homenagem a Mª de Lurdes C. Vale*, Lisboa, CEF, pp. 45ss.

CARDONA, Mª. C. (1994) – «Faculdade da administração em matéria de determinação do tributo», in *Ciência e Técnica Fiscal,* nº 385, Lisboa, CEF, pp. 113ss.

CARDONA, Mª. C. (1999) – «Algumas notas sobre a problemática das infracções fiscais não aduaneiras», in *Problemas fundamentais do direito tributário (Dir. D. Leite de Campos)*, Lisboa, Vislis ed.

CARATOZZOLO, Matteo (1994) – *Il Bilancio consolidato di gruppo:profili economici e giuridici*, Milano, Giuffrè.

CARREIRA, Medina (1992) – «Concentração de empresas e grupos de sociedades», in *Documentos IESF,* nº 3, Porto, ASA.

CARTER (1975) – *Carter report – report of the royal commission on taxation (versão espanhola – Informe Carter)*, Madrid, IEF.

CARVALHO, A. J. (1976) – «Os problemas do grupo de sociedades como unidade», in *Ciência e Técnica Fiscal,* nº 211/213, Lisboa, CEF, pp. 11ss.

Tributação dos grupos de sociedades pelo lucro consolidado em sede de IRC   251

Castro, Carlos O. (1989) – «Sociedades anónimas em relação de participações recíprocas: alguns aspectos do regime legal», in *Revista de Direito e de Estudos Sociais*, Ano XXXI, Coimbra, Almedina, pp. 109-141.

Chaput, Yves (1991) – «Les groupes de sociétés en droit français», in *Rivista della Società*, Anno 36, pp. 1531-1547.

Charpentier, Cathrerine. (1992), «France adopts EC law and brings controversy», in *International Tax Review*, pp. 5ss.

Cipollina, S.(1988) – «Elusione fiscale», in *Rivista di diritto finanziario e scienza delle finanze*, anno XVII, vol. XVII – Parte I, Milano, Giufrè, pp. 123-137.

Cipollina, S. (1992) – *La legge civile e la legge fiscale – il problema dell'elusione fiscale*, Padova, Cedam.

Coelho, F. Pereira (1988) – «Grupos de sociedades – anotações preliminares aos arts. 488° a 508° do CSC», in *Boletim da Faculdade de Direito da Universidade de Coimbra*, Vol. LXIV, pp. 297ss.

Comparato, F. Konder (1978) – «Les groupes de sociétés dans la nouvelle loi bresilliene des sociétés par actions», in *Rivista delle Società*, Anno 23, pp. 845ss.

Cordeiro, A. Menezes (1997) *Da responsabilidade civil dos administradores das sociedades comerciais*, Lisboa, Lex.

Costa, B. Moita da (1997) – *O imposto sobre o rendimento das pessoas colectivas*, Coimbra, CEFA.

Costa, J. Faria (1992) – A responsabilidade jurídico-penal da empresa e dos seus órgãos», in *Revista Portuguesa de Ciência Criminal*, Ano 2, Fasc 4, pp. 537-559:

Costa, J. M. Cardoso da (1970) – *Curso de Direito Fiscal*, Almedina, Coimbra.

Costa, J. P. Cardoso da (1996) – «A evasão e fraude fiscais face à teoria da interpretação da lei fiscal», in *Fisco*, n° 74/75, Lisboa, Edifisco.

Cozian, M. (1981) – *Précis de la fiscalité des enterprises*, 6 ed, Paris, Librairies Techniques.

Cozian, M. (1986) – *Les grands principes de la fiscalité des enterprises*, 2 ed, Paris, Litec.

Cunha, P. Pitta e (1996) – «A harmonização fiscal europeia e o sistema fiscal português», in a *Fiscalidade nos Anos Noventa*, Coimbra, Almedina, pp. 43ss.

Cunha, P. Pitta e & Santos, Jorge C. (1999) – *Responsabilidade tributária dos administradores e gerentes*, Lisboa, Lex.

Daccó, Alessandra (1997) – «Alcune reflessione in merito a recenti orientamenti in materia di gruppi societari nel diritto statunitense», in *Rivista delle Società*, Anno 42, pp. 159ss.

Daly, Michael (1995) – «Harmonization of corporate in a single european market: recent developments and prospects», in *Canadian Tax Journal*, vol 50, pp. 1083ss.

Delgado, J. M. (1978) – «Los princípios de capacidad económica e igualdad en la constitución española de 1978», in *Hacienda Pública Española*, n° 69, pp. 61ss.

DGCI (1989) – «Parecer n° 18/89 – Não aplicação do regime de transparência fiscal às SGPS», in *Ciência e Técnica Fiscal*, n° 354, Lisboa, CEF.

252   *Gonçalo Nuno Cabral de Almeida Avelãs Nunes*

DGCI (1990) – «Circular nº 4/90 – instruções sobre o regime de tributação pelo lucro consolidado», in *Ciência e Técnica Fiscal*, nº 357, Lisboa, CEF, pp. 267ss.

DGCI (1991) – «Parecer nº 28/91 – Condições e requisitos de acesso ao regime de tributação pelo lucro consolidado referidos na alínea b) do nº 2 e nº 4 do art. 59º do CIRC», in *Ciência e Técnica Fiscal*, nº 363, Lisboa, CEF, pp. 417ss.

DGCI (1994a) – «Circular nº 15/94 – Regime de tributação pelo lucro consolidado», in *Ciência e Técnica Fiscal*, nº 374, Lisboa, CEF, pp. 320ss.

DGCI (1994a) – «Ofício circulado nº 5/94 – Assunto: DC´s 22 relativos a sociedades sujeitas ao regime de transparência fiscal ou pelo lucro consolidado», in, *Fisco,* nº 63/64, Lisboa, Edifisco, pp. 65ss.

DGCI (1994c) – «Circular nº 112/94 – Invalidade do acto administrativo que autorizou a tributação pelo lucro», in *Ciência e Técnica Fiscal*, nº 375, Lisboa, CEF, pp. 347ss.

DIAS, J. Figueiredo (1984) – *Para uma dogmática do direito penal secundário*, Coimbra, Coimbra Editora.

DIAS, A. Silva (1990) – «O novo direito penal fiscal não aduaneiro – considerações dogmáticas e político-criminais», in, *Fisco,* nº 22, Lisboa, Edifisco, pp. 16-48.

DOMINGUEZ, J. F. Duque (2000) – «Recientes desarrollos del derecho de los grupos de sociedades en el derecho español», in *Boletim da Faculdade de Direito de Coimbra, Studia Iuridica 48 – Colloquia – 6,* Coimbra, U.C. – Coimbra Editora, pp. 43-87.

DOURADO, Ana P.(1992), «A harmonização dos impostos sobre as sociedades na CEE. A situação da legislação fiscal portuguesa perante o direito comunitário», in *Fisco,* nº 43/44, Lisboa, Edifisco, pp. 92s.

DOURADO, Ana P. (1993), «Tributação da prestação de serviços por uma filial a uma empresa-mãe não residente», in *Fisco,* nº 53, Lisboa, Edifisco, pp. 45s.

DOURADO, Ana P. (1995) – «O princípio da legalidade fiscal na constituição portuguesa», in *Ciência e Técnica Fiscal*, nº 379, Lisboa, CEF, pp. 47ss.

DOURADO, Ana P. (1998) – «Substituição e responsabilidade tributária», in *Ciência e Técnica Fiscal*, nº 391, Lisboa, CEF, pp. 28ss.

DUBISSON, Michel (1985) – *Les groupements d´entreprises pour les marchés internationaux*, Paris, Libraires Techniques.

DUARTE, Maria L. (1992), «A harmonização das legislações nacionais no domínio da fiscalidade sobre as sociedades e a recente jurisprudência do T. J. das comunidades europeias sobre directivas e a responsabilidade dos estados membros», in *Fisco,* nº 43/44, Lisboa, Edifisco, pp. 21s.

EASSON, A. (1992), «Harmonization of direct taxation in the european community: from Newmark to Ruding», in *Canadian Tax Journal*, vol 40, pp. 601ss.

ESTEVES, Raúl (1999), «Princípios e orientações vigentes na U.E. em matéria fiscal», in *Ciência e Técnica Fiscal,* nº 393, Lisboa, CEF, pp. 89ss.

Tributação dos grupos de sociedades pelo lucro consolidado em sede de IRC 253

FANTOZI, A. & Lupi, R. (1993) – «Le società per azione nella disciplina tributaria», Parte I, Tomo 9 do *Trattato delle Società per Azione, (Dir. Portale, G & Colombo, G.)*, Torino.

FANTOZI, A. (1994) – «La solidarietà tributaria», in *Trattato di Diritto Tributario (dir. da A. Amatucci)*, vol. II, II parte, Cap. XXVIII, Padova, Cedam.

FARIA, Mª. T. B. Veiga de (1987), «Tratamento fiscal das fusões e cisões da sociedades de capitais», in *Ciência e Técnica Fiscal*, nº 343/345, Lisboa, CEF, pp. 211ss.

FARIA, Mª. T. B. Veiga de (1993), «Preços de transferência – problemática geral», in *Colóquio sobre a internacionalização da economia e fiscalidade – XXX aniversário CEF*, Lisboa, CEF, pp. 397ss.

FARIA, Mª. T. B. Veiga de (1995) – *Estatuto dos benefícios fiscais – notas explicativas*, 3ªed., Lisboa. Rei dos Livros.

FARIA, Mª. T. B. Veiga de (1996), «A fiscalização dos preços de transferência das operações internacionais», in *Ciência e Técnica Fiscal*, nº 381, Lisboa, CEF, pp. 141ss.

FEDELE, Andrea (1994) – «La reserva di legge», in *Trattato di Diritto Tributario (dir. da A. Amatucci)*, Vol. I, II parte, Cap. V, Padova, Cedam.

FERNANDES, João (1992) – «Eliminação da dupla tributação em caso de correcção de lucros num âmbito intracomunitário», in *Fisco*, nº 43/44, Lisboa, Edifisco, pp. 60ss.

FERREIRA, David (1991) – «Normas sobre procedimentos contabilístico-fiscais no âmbito da consolidação fiscal», in *Fisco*, nº 28, Lisboa, Edifisco, pp. 3ss.

FERREIRA, David (1992) – «Consolidação fiscal e economia de imposto (aspectos fiscais, financeiros e contabilísticos», in *Fisco*, nº 40, Lisboa, Edifisco, pp. 7ss.

FERREIRA, H. Quintino (1996) – *A Determinação da matéria colectável do IRC*, Lisboa, Rei dos Livros.

FERREIRA, R. Fernandes (1984a) – O lucro (estudo económico, contabilistico e jurídico-fiscal)», in *Estudos, Vol. II, XX Aniversário do Centro de Estudos Fiscais*, Lisboa, CEF, pp. 775ss.

FERREIRA, R. Fernandes (1984b) – «A tributação do lucro», in *Colóquio sobre o sistema fiscal – Comemoração do XX aniversário do Centro de Estudos Fiscais*, Lisboa, CEF, pp. 557ss.

FERREIRA, R. Fernandes (1989) – *O sistema fiscal português e a reforma fiscal*, Lisboa, Texto Ed.

FERREIRA, R. Fernandes (1997) – *Gestão, contabilidade e fiscalidade*, vol. I, Lisboa, Ed. Notícias.

FERREIRA, R. Fernandes (1999a) – *Gestão, contabilidade e fiscalidade*, vol. II, Lisboa, Ed. Notícias.

FERREIRA, R. Fernandes (1999b) – *Temas de gestão contabilidade e fiscalidade*, Lisboa, Ed. Notícias.

254 *Gonçalo Nuno Cabral de Almeida Avelãs Nunes*

FIGUEIRA, Eliseu (1990) – «Disciplina jurídica dos grupos de sociedades – breves notas sobre o papel e função do grupo de empresas e sua disciplina», in *Colectânea de Jurisprudência*, tomo IV, pp. 36ss.

FIGUEIREDO, Jorge (1991) – «Métodos de minimização da tributação dos accionistas», in *Fisco*, n° 22/23, Lisboa, Edifisco, pp. 7ss.

Forum Europaeum de Derecho de Grupos (1999) – «Por un derecho de los grupos de sociedades para Europa», in *Revista de Derecho Mercantil*, n° 232, pp. 438-575.

FRANCO, A. Sousa (1992) – *Finanças públicas e direito financeiro*, 4ª. Ed., Almedina, Coimbra.

FRIAS, A. Garcia (1997) – «Problemática de la subjectividad passiva de los grupos de sociedades un análisis comparado», in *Sujetos passivos y responsables tributários (Dir. Eusébio Gonzales Garcia) – XVIII Jornadas Latinoamericanas de Derecho Tributário*, Madrid, IEF, Marcial Pons.

FROMMEL, S. N. (1975) – «Filiales et succursales en droit fiscal comparé», in *Revue des Sociétés*, pp. 1-36.

FUENTE, Tomas M. (1984) – *La retención como garantia del credito tributario*, Madrid, IEF.

GALIANA, Jose A. (1997) – «Los sujetos passivos: concepto y definición legal», *in Sujetos passivos y responsables tributários (Dir. Eusébio Gonzales Garcia) – XVIII Jornadas Latinoamericanas de Derecho Tributário*, Madrid, IEF, Marcial Pons, pp. 191-215.

GALLO, F. (1977) – «Regime fiscale della famiglia e principio di capaciti contributiva», in *Rivista di diritto finanziario e scienza delle finanze*, Milano, Giufrè, pp. 92ss.

GARCIA, Eusebio G. (1997) – «Sujeción passiva y responsables tributarios», in *Sujetos passivos y responsables tributários (Dir. Eusébio Gonzales Garcia) – XVIII Jornadas Latinoamericanas de Derecho Tributário*, Madrid, IEF, Marcial Pons, pp. 17-55.

GARCIA, José R. (1986) – «La situacion juridica del asesor del contribuinte en el procedimento de inspección tributária segundo el derecho tributario aleman», in *Las inspecciones financiera y tributaria y el estatuto del contribuinte, XXI Semana de estudios de derecho financiero*, IEF, Madrid.

GARGALLO, P. C. (1994) – «Grupos de sociedades: regimen de declaración consolidada (aspectos generales)», in *Estudios en Homenaje a Jaime Basante de la Peña*, Madrid, Ed. CIVITAS, pp. 167ss.

GERSÃO, E. (1973) – «Violações de deveres tributários criminalmente sancionadas», in *Ciência e Técnica Fiscal*, n° 173/174, Lisboa, CEF, pp. 7ss.

GIMENEZ, Mª. Consuelo (1991) – *La imposición sobre la renta de los grupos de sociedades*, Madrid, La Ley.

GIORGI, S. (1997) – «Aspetti tributari dei finanziamenti infruttiferi intra-gruppo», in *Diritto e Pratica Tributaria*, Padova, CEDAM,, Vol LXVIII, parte III, pp. 626ss.

Gomes, Nuno Sá (1991) – «Teoria geral dos benefícios fiscais», in *Cadernos Ciência e Técnica Fiscal*, nº 165, Lisboa, CEF.

Gomes, Nuno Sá (1993a) – «As garantias dos contribuintes, algumas questões em aberto», in *Ciência e Técnica Fiscal*, nº 371, Lisboa, CEF, pp. 19-143.

Gomes, Nuno Sá (1993b) – «O princípio da segurança jurídica na criação e aplicação do imposto», in *Ciência e Técnica Fiscal*, nº 371, Lisboa, CEF, pp. 143ss.

Gomes, Nuno Sá (1995) – *Lições de Direito Fiscal*, vol. I, Lisboa, Rei dos Livros.

Gomes, Nuno Sá (1996a) – «Lições de Direito Fiscal» vol. II, in *Cadernos de Ciência e Técnica Fiscal*, nº 174, Lisboa, CEF.

Gomes, Nuno Sá (1996b) – «Subsídios para a revisão da constituição fiscal portuguesa», in *Ciência e Técnica Fiscal*, nº 381, Lisboa, CEF, pp. 7ss.

Gomes, Nuno Sá (2000) – *Evasão fiscal, infracção fiscal e processo penal fiscal (Lições)*, Lisboa, Rei dos Livros.

Gonçalves, M. Maia (1997) – *Código Penal Português – anotado e comentado*, Coimbra, Almedina.

Gonzalez, E. (1985) – «La tributación de las rentas familiares en los derechos alemán e italiano», in *Hacienda Pública Española*, nº 94, pp. 363ss.

Gonzalez, E. (1987) – «La familia en la Constituición de 1978: especial referencia a la tributación de las rentas familiares», in *Ciência e Técnica Fiscal*, nº 337/339, pp. 31ss.

Gouveia, J. B. (1994) – «A evasão fiscal na interpretação e integração da lei fiscal», in *Ciência e Técnica Fiscal*, nº 373, Lisboa, CEF, pp. 7ss.

Gouveia, J. B. (1996) – «Considerações sobre as constituições fiscais da União Europeia», in *Ciência e Técnica Fiscal*, nº 381, Lisboa, CEF, pp. 35ss.

Guimarães, V. B. (1985) – «Aspectos fiscais dos agrupamentos complementares de empresas», in *Ciência e Técnica Fiscal*, nº 316/318, Lisboa, CEF.

Guimarães, V. B. (1989) – «A dupla tributação económica no código do imposto sobre o rendimento das pessoas colectivas», in *Fisco*, nº 14, Lisboa, Edifisco.

Guimarães, V. B. (1990) – «Sobre a tributação das holdings», in *Fisco*, nº 19, Lisboa, Edifisco, pp. 14ss.

Guimarães, V. B. (1995) – «A estrutura da obrigação de imposto e os princípios constitucionais da legalidade, segurança jurídica e protecção da confiança», in *Cadernos de Ciência e Técnica Fiscal*, nº 171 – *Estudos em homenagem à Dra. M. L. C. e Vale*, Lisboa, CEF, pp. 517ss.

Guyénot, Jean (1974) – «Les groupes de sociétés», in *Rivista delle Società*, pp. 25ss.

Hamaekers, H. (1992), «The EC on the brink of full Corporate tax harmonization?», in *European Taxation*, April/May, pp. 102ss.

Hannon, Charley (1991) – *Le droit et les groupes de sociétés*, Paris, LGDJ.

Hirte, Herbert (1995) – «L'evoluzione del diritto delle imprese e delle società in Germania negli anni 1989-1993», in *Rivista delle Società*, pp. 172ss.

256 Gonçalo Nuno Cabral de Almeida Avelãs Nunes

HOHN, Ernest (1984) – «Evasão do imposto e tributação segundo os princípios do estado de direito», in *Direito Tributário – Estudos em homenagem ao Prof. Ruy Barbosa Nogueira (dir. B. Machado)*, São Paulo, Saraiva Ed.

HOPT, Klaus J. (1987) – «Le droit des groupes, expériences Allemandes, perspectives Européennes», in *Revue des Sociétés*, pp. 371ss.

IBAÑEZ, L. López (1983a) – «Fiscalidad de la consolidación de los grupos de sociedades», in *Comentários a las leys tributárias y financieras. Regimenes especiales*, Madrid, Edersa.

IBAÑEZ, L. López (1983b) – «Tributación del beneficio consolidado», in *Estudios del impuesto sobre sociedades*, Barcelona, MBCIFT/IEF.

IRUJO, J. M. Embid (1979) – «Los grupos de sociedades en la nueva ley Brasileña de sociedades anonimas», in *Revista de Derecho Mercantil*, n° 151, pp. 461ss.

JADAUD, Bernard (1970) – *L'impôt et les groupes de sociétés*, Paris, ed. Berga Lavraut.

JADAUD, Bernard (1972) – «Note sur l'état du droit fiscal français en matière de groupe de sociétés», in *Les groupes de sociétés – Seminaire organizé à Liège*, Le Haye, Martins Nijhoff.

JAEGER, Piere J. (1985) – «Direzione unitaria di gruppo e responsabilità degli amministratori», in *Rivista della Società*, pp. 817ss.

JANS, Philippe (1976) – *Les transfers indirects de bénéfices entre sociétés interdependentes*, Bruxelles.

JIMENEZ, Mª. Consuelo (1997) – «Régimen jurídico de la relación entre el retenedor y el retenido: el deber de retener y la obligación de soportar la retención», in *Sujetos passivos y responsables tributários (Dir. Eusébio Gonzales Garcia) – XVIII Jornadas Latinoamericanas de Derecho Tributário*, Madrid, IEF, Marcial Pons, pp. 541-562.

KAY, J. A. & King, M. A. (1990) – *The British tax system*, Oxford.

LANG, J. (1985) – «Tributación familiar», in *Hacienda Pública Española*, n° 94, pp. 407ss.

LAPATZA, José F. (1994) «Gli elementi costitutivi dell'obligazione tributaria», in *Trattato di Diritto Tributario (dir. da A. Amatucci)*, Vol. I, I parte, Cap. XXI, Padova, Cedam.

LEITÃO, J. C. (1997) – «A substituição e responsabilidade no direito português», in *Ciência e Técnica Fiscal*, n° 388, Lisboa, CEF.

LEITÃO, L. M. (1992), «Benefícios tributários à concentração e cooperação de empresas», in *Ciência e Técnica Fiscal*, n° 366, Lisboa, CEF, pp. 7ss.

LEITÃO, L. M. (1994) – «O regime fiscal da associação em participação», in *Cadernos de CTF nº171 – Estudos em Homenagem a Mª de Lurdes C. Vale*, Lisboa, CEF.

LEITÃO, L. M. (1995), «A introdução na legislação portuguesa de medidas destinadas a reprimir a evasão fiscal internacional – o DL. 37/95, de 15.02.» in *Ciência e Técnica Fiscal*, n° 377, Lisboa, CEF, pp. 91ss.

Tributação dos grupos de sociedades pelo lucro consolidado em sede de IRC 257

LEITÃO, L. M. (1997), «A evolução e situação da reforma fiscal», in *Ciência e Técnica Fiscal,* nº 387, Lisboa, CEF, pp. 7ss.

LEITÃO, L. M. (1999), *Estudos de Direito Fiscal*, Coimbra, Almedina.

LERKE & OSTERLACH. (1994), «Il diritto tributario e il diritto privato», in *Trattato di DirittoTtributario (dir. da A. Amatucci)*, Padova, CEDAM.

LIBONATI, Bernardino (1979) – «Il gruppo di società nella legge recente sull'IVA», in *Rivista delle Società*, anno 24, pp. 173ss.

LIDOY, Alejandro B. (1999) – *El régimen de los grupos de sociedades en la ley 43/1995 (fundamentos, requisitos, sujectividade, regimen sancionador e requisitos)*, Madrid, ed. Estudios financieros.

LIGUORI, M. (1978) – «Il bilancio consolidato di gruppo nella proposta di Setima Directtiva Comunitaria», in *Rivista delle Società*, anno 23, pp. 761ss.

LOPEZ, J.M. Tejerico (1972) – «Los sujetos passivos en el impuesto general sobre la renta de las sociedades y demas entidades juridicas», in *Hacienda Pública Española*, nº 18, pp. 45ss.

LOUREIRO, C. & TEIXEIRA, Manuela (1991), «Harmonização a nível comunitário», in *Fisco*, nº 36, Lisboa, Edifisco, pp. 9ss.

LOUSA, M. P. Rito (1988) – «Considerações sobre a tributação dos grupos de sociedades», in *Ciência e Técnica Fiscal,* nº 350, Lisboa, CEF, pp. 199ss.

LOUSA, M. P. Rito (1989a) – «O regime de tributação pelo lucro consolidado», in *Ciência e Técnica Fiscal,* nº 355, Lisboa, CEF, pp. 59ss.

LOUSA, M. P. Rito & NEVES, A. L. & NUNES, A. L.(1989b) – «Normas a observar na determinação do lucro tributável dos grupos de sociedades mediante consolidação de contas», in *Ciência e Técnica Fiscal,* nº 355, Lisboa, CEF, pp. 245ss.

LOUSA, M. P. Rito (1990a) – «A consolidação fiscal numa perspectiva comunitária», in *Ciência e Técnica Fiscal,* nº 359, Lisboa, CEF, pp. 177ss.

LOUSA, M. P. Rito (1990b), «Notas às instruções e normas de aplicação do regime de tributação pelo lucro consolidado», in *Fisco,* nº 17, Lisboa, Edifisco, pp. 12ss.

LOUSA, M. P. Rito (1992), «Princípios de determinação da matéria colectável. Evolução comunitária e consequências em Portugal», in *Fisco,* nº 43/44, Lisboa, Edifisco, pp. 30ss.

LOUSA, M. P. Rito (1993), «A tributação das filiais de empresas transnacionais e subcapitalização», in *Colóquio dobre a internacionalização da economia e fiscalidade – XXX aniversário CEF*, Lisboa, CEF, pp. 445ss.

LOUSA, M. P. Rito (1994) – «Consolidação de contas», in *Ciência e Técnica Fiscal,* nº 373, Lisboa, CEF, pp. 47ss.

LOUSA, M. P. Rito (1996) – «As regras fiscais sobre subcapitalização», in *Ciência e Técnica Fiscal,* n º 383, Lisboa, CEF, pp. 9ss.

LOUSA, M. P. Rito (2000) – «Preços de transferência e acordos de dupla tributação», in *Ciência e Técnica Fiscal,* n º 398, Lisboa, CEF, pp. 47ss.

LOZANO, Miguel B. (1984) – «El impuesto sobre sociedades», in *Compendio de derecho tributário español*, Escuela de Inspección financeira y tributária, Madrid.

LUTTER, Marcus (1974) – «Il gruppo di imprese (Konzern) nel diritto tedesco e nel futuro diritto Europeo», in *Rivista delle Società*, anno 19, pp. 1ss.

LUTTER, Marcus (1975) – «Dieci anni di diritto tedesco dei gruppi: valutazione di una esperienza», in *Rivista delle Società*, anno 20, pp. 13ss.

LUTTER, Marcus (1981) – «Lo svilluppo del diritto dei gruppi in Europa», in *Rivista delle Società*, anno 26, pp. 654ss.

MAISTO, G. (1992), «La direttiva CEE relativa al regime tributario dei dividendi nei raporti tra società figlie e società madri», in *Diritto e Pratica Tributaria*, Padova, CEDAM, Anno 1992, parte II, pp. 534ss.

DI MARCO, Giuseppe (1992) – «L'armonizacione contabili nella comunitá europea»; in *Le Società*, nº 2 pp. 197ss.

MARINELLI, Ugo (1992) – «Principi e criteri di consolidamento», in *Le Società*, nº 2 pp. 169ss.

MARTINEZ, J. C. & DI MALTA, P. (1986) – *Droit fiscal contemporain,* vol. I, Paris, Litec.

MARTINEZ, Pedro S. (1993) – *Direito Fiscal*, Coimbra, Almedina.

MARTINS, António (1999) – *A fiscalidade e o financiamento das empresas,* Lisboa, Vida Económica.

MARTINS, A. C. (1994) – *Responsabilidade dos administradores ou gerentes por dívidas de impostos*, Coimbra, Coimbra Editora.

MARTINS, A C. (1999) – *Revisão da matéria tributável – procedimento de avaliação e escrutínio judicial*, Coimbra, Coimbra Editora.

MASSAGUER, José (1991) – «La struttura interna dei gruppi di società (un approcio nel diritto societario spagnolo)», in *Rivista delle Società*, anno 36, pp. 1174ss.

MEADE, J. (1980) – «Meade report – the structure of direct taxation», versão espanhola – Informe Meade), Madrid, IEF.

MELCON, Sixto A. (1971) – «Los problemas del grupo de sociedades como unidad», in *Revista Española de Financiación y Contabilidad*, nº 20/21, pp. 355.

MELCON, Sixto A. & Torrecilla Angel (1973) – «El impueto sobre sociedades y los grupos de sociedades», in *Hacienda Pública Española*, nº 24/35, pp. 419ss.

MELCON, Sixto A. (1975) – «El articulo 22 del Impuesto sobre sociedades y la imposición del beneficio consolidado del grupo de sociedades», in *Revista de Derecho Financiero e Hacienda Pública*, nº 118, pp. 761ss.

MELCON, Sixto A. (1977) – «Comentários al RD 1414/1977, de 17/6, por el qual se regla la tributación sobre el beneficio de los grupos de sociedades», in *Hacienda Pública Española*, nº 48, pp. 161ss.

MELDGAARD, H. (1995) – «Denmark gets tough on outbands corporate tax planning structures : the group taxation regime restricted, CFC rules and a new corporate resident test introduce», in *Intertax*, nº 8/9, pp. 446ss.

Tributação dos grupos de sociedades pelo lucro consolidado em sede de IRC   259

MENDIZABAL, Beltran (1985) – «Los grupos de sociedades: algunos aspectos financieros, laborales y fiscales», in *Hacienda Pública Española*, n° 94, pp. 147ss.

MENÉNDEZ, J. (1977) – «Notas sobre el RD Ley 15/1977 en materia de grupo de sociedades», in *Revista de Derecho Financiero e Hacienda Pública*, n° 129.

MEIRELES, M. H. (1999) – «IRC comportamentos e perspectivas», in *Ciência e Técnica Fiscal* n° 393, Lisboa, CEF, pp. 41ss.

MESQUITA, Mª. Cordeiro (1991a), «A não discriminação no Tratado de Roma: Mais próximo do contribuinte comunitário», in *Fisco*, n° 37, Lisboa, Edifisco, pp. 11ss.

MESQUITA, Mª. Cordeiro (1992), «A directiva n°. 77/799/CEE: a troca de informações entre autoridades fiscais dos estados membros», in *Fisco*, n° 43/44, Lisboa, Edifisco, pp. 80ss.

MESQUITA, Mª. Cordeiro (1993), «Troca de informação e cooperação fiscal internacional», in *Colóquio sobre a internacionalização da economia e fiscalidade – XXX aniversário CEF*, Lisboa, CEF, pp. 331ss.

MESQUITA, Mª. Cordeiro (1996), «O art° 57° do CIRC, as convenções sobre dupla tributação e o tratado da CE», in *Ciência e Técnica Fiscal*, n° 382, Lisboa, CEF, pp. 61ss.

MESTRES, P. (1986) – «El asesor del contribuinte en el procedimiento de inspección tributaria», in *Las inspeciones financiera y tributaria y el estatuto del contribuinte, XXI Semana de estudios de derecho financiero*, IEF, Madrid.

MIGNOLI, Ariberto (1995) – «Quarenti anni della revista – Il problema dei gruppi di società», in *Rivista delle Società*, anno 40, pp. 1121ss.

MILITELLO V. (1989) – «Gruppi di società e diritto penale nell'a esperienza francese», in *Rivista delle Società*, anno 34, pp. 729-798.

MINISTÉRIO DAS FINANÇAS (1996) – *Relatório da Comissão para o Desenvolvimento da Reforma Fiscal*, Lisboa, Min. das Finanças.

MINISTÉRIO DAS FINANÇAS (1999) – «Relatório da Comissão de Reforma da Fiscalidade Internacional Portuguesa», in *Ciência e Técnica Fiscal*, n° 395, Lisboa, CEF, pp. 103-183.

MINISTÉRIO DAS FINANÇAS (1999b) – «Relatório do grupo de trabalho do regime fiscal dos contratos de investimento» in *Ciência e Técnica Fiscal*, n° 395, Lisboa, CEF, pp. 183ss.

MINISTÉRIO DAS FINANÇAS (1999c) – *A fiscalidade do sector financeiro português em contexto de internacionalização – Relatório da comissão de estudo da tributação das instituições e produtos financeiros*, Lisboa, Min. das Finanças.

MOLINA, Pedro H. (1997) – «Coautoría y participación en las infracciones tributarias y responsabilidad tributaria por actos ilícitos», in *Sujetos passivos y responsables tributários (Dir. Eusébio Gonzales Garcia) – XVIII Jornadas Latinoamericanas de derecho tributário*, Madrid, IEF, Marcial Pons, pp. 695-716.

MONIZ, C. B. (1987), «O regime jurídico dos auxílios públicos às empresas na CE», in *Revista da Ordem dos Advogados*, n° 47, Lisboa, pp. 35ss.

MONTERO, José M. Lago (1997) – «Los sujetos passivos de las prestaciones tributárias e inherentes a la aplicación de los tributos», in *Sujetos passivos y responsables tributários (Dir. Eusébio Gonzales Garcia) – XVIII Jornadas Latinoamericanas de Derecho Tributário*, Madrid, IEF, Marcial Pons, pp. 55-123.

MORENO, Alejandro (1991) – «Los sujetos passivos de la obligación tributaria», in *Comentários a la LGT y lineas para su reforma – libro Homenaje ao prof. Sainz de Bujanda*, Madrid, IEF, pp. 449ss.

MORGADO, Abílio (1997) – «Regime jurídico-tributário do consórcio de associação em participação e as associação à quota – Estudo preparatório do DL n° 3/97, de 80.01.», in *Ciência e Técnica Fiscal*, n° 385, Lisboa, CEF, pp. 7ss.

MORGENSTEIN, Patrick (2000) – *L'intégration Fiscale*, 5ª ed., Paris, Groupe Revue Fiduciaire.

MORIN, J. P. & MAZARS, Robert (1975) – *Principes et pratique des comptes consolidées*, Paris, Delmas.

MOSCHETTI, Francesco (1994) – «La capacitá contributiva», in *Trattato di Diritto Tributario (dir. da A. Amatucci)*, Vol. I, II parte, Cap. VII, Padova, Cedam.

MURAY, Roger H. A. (1990), «European direct tax harmonization – progress in 1990», in *European Taxation*, Março, pp. 74ss.

NABAIS, J. Casalta (1993) – «Jurisprudência do Tribunal Constitucional em matéria fiscal», in *Boletim da Faculdade de Direito de Coimbra*, Vol. LXIX, Coimbra, pp. 387-435.

NABAIS, J. Casalta (1994) – «Contratos fiscais (reflexões acerca da sua admissibilidade», in *Boletim da Faculdade de Direito de Coimbra, Studia Iuridica 5*, Coimbra, Universidade de Coimbra – Coimbra Editora.

NABAIS, J. Casalta (1998) – *O dever fundamental de pagar impostos*, Coimbra, Almedina.

NABAIS, J. Casalta (2000) – *Direito Fiscal*, Coimbra, Almedina.

NETO, F. Amaral (1987), «Os grupos de sociedades», in *Revista da Ordem dos Advogados*, pp. 587ss.

NEUMARK, F. (1974) – *Princípios de la imposición*, Madrid, IEF.

NEVES, António (1991) – «O conceito de estabelecimento estável», in *Fisco*, n° 29, Lisboa, Edifisco, pp. 35ss.

NOBES, Christopher & James, Simon (1992) – *The economics of taxation*, London, Prentice Hall ed.

NOVOA, Cesar G. (1997) – «La crisis del sustituto en el ordenamiento tributario español», in *Sujetos passivos y responsables tributários (Dir. Eusébio Gonzales Garcia) – XVIII Jornadas Latinoamericanas de Derecho Tributário*, Madrid, IEF, Marcial Pons, pp. 513-539.

NUNES, António Avelãs (1975) – *Os sistemas económicos*, in *Separata do Boletim da Faculdade de Direito da Universidade de Coimbra*, Vol. XVI.

Tributação dos grupos de sociedades pelo lucro consolidado em sede de IRC   261

NUNES, Gonçalo Avelãs (2000) – «A cláusula geral anti-abuso de direito em sede fiscal – art. 38°, n° 2 da LGT – à luz dos princípios constitucionais do direito fiscal», in *Fiscalidade,* n° 3, Lisboa, ISG, pp. 39-63.

OCDE (1998) – *OCDE Report – Harmful Tax Competition – an Emerging Issue.*

OLAVO, Carlos (1995) – «Supervisão em base consolidada», in *Revista da Banca,* n° 34, pp. 25ss.

OLIVAN, José S. (1975) – «Las sociedades integrantes de una unidad económica en el impuesto sobre sociedades», in *Revista de Derecho Financiero e Hacienda Pública,* n° 118, pp. 727ss.

ORTEGA, Calvo (1987) – «Aspectos tributários de las operaciones vinculadas y de los grupos de sociedades», in *Grupo de sociedades. Su adaptación a las normas de las Comunidades Europeas,* CEOE/Universidad de Alcalá de Henares, Madrid.

PALMA, Clotilde C. (1999) – «Código de conduta da fiscalidade das empresas versus relatório da OCDE sobre as práticas da concorrência fiscal prejudicial: A concorrência fiscal sob vigilância», in *Revisores & Empresas,* n° 5.

PAOLUCCI, Lugi (1992) – «La impugnazione del bilanci o consolidato», in *Le Società,* n° 2, pp. 183ss.

PARIENTE, Maggy (1993) – *Les groupes de sociétés – aspects juridique, social, comptable et fiscal,* Paris, Litec.

PAULICK, Heinz (1980) – *Ordenanza tributária alemana,* Madrid, IEF.

PARLATO, A (1994), «Il responsabili ed il sostituto d'imposta», in *Trattato di Diritto Ttributario (dir. da A. Amatucci),* vol. II, II[a] parte, cap. XXVII, Padova, Cedam.

PEDRAZZI, C. (1982) – «Gruppo di imprese e responsabilitá penale», in *Disciplina giuridica del gruppo di imprese – Atti del Convegnio a Bellagio, Giugno 1982,* Milano, Giuffrè, Ed., pp. 157ss.

PEÑA, Jaime B. (1979) – «El sujeto passivo tributário», in *Estudios de derecho tributário,* Vol. I, Madrid, IEF.

PEREIRA, M. H. Freitas (1981) – «Os incentivos fiscais e o financiamento do investimento privado», in *Cadernos Ciência e Técnica Fiscal,* n° 121, Lisboa, CEF.

PEREIRA, M. H. Freitas (1984) – «A extensão do conceito de lucro tributável», in *Colóquio sobre o sistema fiscal – Comemoração do XX aniversário do Centro de Estudos Fiscais,* Lisboa, CEF.

PEREIRA, M. H. Freitas (1988) – «A periodização do lucro tributável», in *Ciência e Técnica Fiscal,* n°s 349 e 351, Lisboa, CEF.

PEREIRA, M. H. Freitas (1990) – «A base tributável do IRC», in *Ciência e Técnica Fiscal,* n° 360, Lisboa, CEF, pp. 115ss.

PEREIRA, M. H. Freitas (1992) – «A directiva comunitária relativa ao regime fiscal comum aplicável a fusões, cisões, entradas de activos e permutas de acções», in *Fisco,* n° 47, Lisboa, Edifisco, pp. 3ss.

PEREIRA, M. H. Freitas (1993) – «Fiscalidade das empresas e harmonização fiscal comunitária, balanço e perspectivas», in *Colóquio sobre a internacionalização da economia e fiscalidade – XXX aniversário CEF*, Lisboa, CEF.

PEREIRA, M. H. Freitas (1994a) – «Consequências fiscais ao nível nacional e internacional das Cisões e operações similares», in *Ciência e Técnica Fiscal*, n° 375, Lisboa, CEF, pp. 81ss.

PEREIRA, M. H. Freitas (1994b) – «Regime fiscal do reporte de prejuízos – princípios fundamentais», in *Cadernos de CTF n°171 – Estudos em Homenagem a Mª de Lurdes C. Vale*, Lisboa, CEF.

PEREIRA, M. H. Freitas (1996) – «Benefícios fiscais e zona franca da Madeira», in *Ciência e Técnica Fiscal*, n° 382, Lisboa, CEF, pp. 34ss.

PEREIRA, M. H. Freitas (1997) – «A tributação do rendimento das empresas nos processos de integração económica», in *Ciência e Técnica Fiscal*, n° 385, Lisboa, CEF, pp. 79ss.

PEREIRA, M. H. Freitas (1998) – «Concorrência fiscal prejudicial – o código de conduta da U.E.», in *Ciência e Técnica Fiscal*, n° 390, Lisboa, CEF, pp. 205ss.

PÉREZ, G. Nuñez (1991) – «Hecho imponibile, no sujeción y exención», in *Comentários a la LGT y Lineas para su reforma – libro Homenaje ao prof. Sainz de Bujanda*, Madrid, IEF, pp. 459ss.

PETRELLA, V. (1998) – «Intra-group pricing: the impact of accouting principles on the determination of the arm´s length price – a European perspective», in *Diritto e Prática Tributaria*, vol. LXIX, n° 4, pp. 382ss.

PINHEIRO, Gabriela (1998), *A Fiscalidade Directa na União Europeia*, Porto, UCP.

PIRAS, A. (1982) «I gruppi di società nel diritto tedesco e brasiliano», in *Recherche per uno Studio Critico – Coloquio (Dir. A. La Rosa)*, Il Mulino.

PIRES, Florbela (1997) – «Participações qualificadas em instituições de crédito», in *Revista da Ordem dos Advogados*, ano 57, pp. 1099ss.

PIRES, Manuel (1977) – «Disposições da Constituição de 1976 sobre matéria fiscal», in *Ciência e Técnica Fiscal*, n° 223/225, Lisboa, CEF, pp. 7-55.

PIRES, Manuel (1981) – «Relatório nacional de Portugal das IX Jornadas Luso-Hispano-Americanas de Direito Tributário», in *CTF*, n° 265/267, pp. 5ss.

PIRES, Manuel. (1984), *Da Dupla Tributação Internacional Sobre o Rendimento*, Lisboa.

PIRES, Manuel (1990), «Procedimento arbitral – CEE», in *Ciência e Técnica Fiscal*, n° 357, Lisboa, CEF, pp. 7ss.

PIRES, Manuel (1993), «Harmonização fiscal face à internacionalização da economia – experiências recentes», in *Colóquio sobre a internacionalização da economia e fiscalidade – XXX aniversário CEF*, Lisboa, CEF.

PISTONE, A. (1986) – *Lezione di Diritto Tributario (I. L'ordinamento tributario)*, Padova, CEDAM.

Tributação dos grupos de sociedades pelo lucro consolidado em sede de IRC   263

PISTONE, Pasquale & CAÑAL, F. (1997) – «La figura del responsable en los sistemas jurídios tributarios Alemán, Español e Italiano», in *Sujetos passivos y responsables tributários (Dir. Eusébio Gonzales Garcia) – XVIII Jornadas Latinoamericanas de derecho tributário*, Madrid, IEF, Marcial Pons, pp. 599-627.

POZZO, A. (1997) – «Sui pressuposti per l´aplicazione della normativa transfer pricing», in *Diritto e Pratica Tributaria*, vol. LXVIII, n° 4, pp. 655ss.

QUERALT, J. & Lapatza, J. & Hernandez, F. & Royo, F. & Lopez, M. (1996) – *Curso de derecho tributário – parte especial sistema tributário: los tributos en particular*, Madrid, Tecnos.

QUERALT, J. & LAPATZA, J. & HERNANDEZ, F. & ROYO, F. & LOPEZ, M. (1998) – *Curso de derecho financiero y tributário*, Madrid, Tecnos.

QUINTANA, Cesar A. Garcia (1991a) – «La responsabilidad de los cotitulares», in *Comentários a la LGT y Lineas para su reforma – libro Homenaje ao prof. Sainz de Bujanda*, Madrid, IEF, pp. 585ss

QUINTANA, Cesar A. Garcia (1991b) – «Las entidades colectivas sin personalidad juridica», in *Comentários a la LGT y Lineas para su reforma – libro Homenaje ao prof. Sainz de Bujanda*, Madrid, IEF, pp. 567ss.

REAL, P. Corte (1981) – «Reflexões sobre as recentes alterações legislativas em matéria de tributação da família em Portugal», in *CTF*, n° 265/267, pp. 61ss.

RIBEIRO, J. J. Teixeira (1989) – *A reforma fiscal*, Coimbra, Coimbra Editora.

RIBEIRO, J. J. Teixeira & Lopes, Silva & Marques, Ludgero & Boúaert, Clayes (1993) – «Política de dividendos e dupla tributação- comentários», in *Opúsculos do IESF*, n° 7/8, Porto, ASA.

RIBEIRO, J. J. Teixeira (1995) – *Lições de Finanças Públicas*, 5ª. Ed., Coimbra, Coimbra Editora.

ROCHA, J. M. F. (1998) – «As modernas exigências do princípio da capacidade contributiva – sujeição a imposto dos rendimentos provenientes de actos ilícitos», in *Ciência e Técnica Fiscal*, n° 390, Lisboa, CEF, pp. 7-205.

ROCHA, Manuel A. L. (1985) – «A responsabilidade penal das pessoas colectivas – novas perspectivas», in *Ciclo de estudos de direito penal económico*, Coimbra, Centro de Estudos Judiciários, pp. 109ss.

RONCHETTI, A. (1997) – «Aspeti civilistici e fiscale della contabilizazione dei dividendi da parte della controlante», in *Diritto e Prática Tributaria*, vol. LXVIII, n° 2, pp. 244ss.

RODIÈRE, René (1980) – *Droit commercial – Groupements commerciaux*, Paris, Dalloz.

LA ROSA, A. Pavone (1984) – La responsabilitá da contrololo nei gruppi di societá», in *Rivista delle Società*, anno 29, pp. 401ss

LA ROSA, Salvatore (1982) – «I gruppi di socità nel diritto tributario», in *Richerche per uno Studio Critico – Coloquio (dir. A. La Rosa)*, Il Mulino, pp. 203ss.

264   *Gonçalo Nuno Cabral de Almeida Avelãs Nunes*

LA ROSA, Salvatore (1994), «La agevolazioni tributaria», *in Trattato di Diritto Tributario (dir. da A. Amatucci)*, vol. I, IIª parte, cap. IX, Padova, Cedam.

ROSSI, Adriano (1992) – «Rilevanse fiscale del bilancio consolidato», in *Le Società*, n° 2, pp. 185ss.

ROSSI, Guido (1995) – «Il fenomeno dei gruppi ed il diritto societario: un modo da resolvere», in *Rivista delle Società*, anno 40, pp. 1131ss.

ROSSI, Guido (1997) – «Nuove perspective per la contabilizzazione dei dividendi delle societá participate», in *Rivista delle Società*, anno 42, pp. 18ss.

RUDING, Onno (1992) – «Conclusões e recomendações do comité de reflexão de peritos independentes sobre a fiscalidade das empresas», in *Ciência e Técnica Fiscal*, n° 366, Lisboa, CEF, pp. 115ss.

RUDING, Heinrich (1994) – «La sanzione nel diritto tributario», in *Trattato di Diritto Tributario (dir. da A. Amatucci)*, vol. III, III parte, Cap. XXXVI, Padova, Cedam.

RUSSO, Pasquale (1994) – «L'obligazione tributaria», in *Trattato di Diritto Tributario (dir. da A. Amatucci)*, Vol. II, I parte, Cap. XX, Padova, Cedam.

RUSSO, Pasquale (1996) – *Manuale di diritto tributario*, Milano, Giuffrè.

SALATIA, Vincenzo (1992) – «Osservazione conclusive sui bilanci consolidati», in *Le Società*, n° 2, pp. 199ss.

SAMMARTINO, Salvatore (1994) – «La dichiarazione d'imposta», in *Trattato di Diritto Ttributario (dir. da A. Amatucci)*, vol. III, Iª parte, cap. XXIX, Padova, Cedam.

SANCHES, J. L. Saldanha (1984) – «A segurança jurídica no estado social de direito – conceitos indeterminados, analogia e retroactividade no direito tributário», in *Ciência e Técnica Fiscal*, n° 310/312, Lisboa, CEF, pp. 275ss.

SANCHES, J. L. Saldanha (1989) – «A reforma fiscal numa perspectiva constitucional», in *Ciência e Técnica Fiscal*, n° 354, Lisboa, CEF, pp. 41-75.

SANCHES, J. L. Saldanha (1990) – «Sociedades transparentes: alguns problemas no seu regime», in *Fisco*, n° 17, Lisboa, Edifisco, pp. 35ss.

SANCHES, J. L. Saldanha (1991a) – «Política tributária e investimento estrangeiro – alguns aspectos da tributação de não residentes», in *Fisco*, n° 30, Lisboa, Edifisco.

SANCHES, J. L. Saldanha (1991b) – «O novo processo tributário», in *Ciência e Técnica Fiscal*, n° 361, Lisboa, CEF, pp. 165ss.

SANCHES, J. L. Saldanha (1994) – «Acerca da hipótese de um imposto sobre o património das empresas», in *Cadernos de CTF n° 171 – Estudos em Homenagem a Mª de Lurdes C. Vale*, Lisboa, CEF.

SANCHES, J. L. Saldanha (1995a) – «Segredo bancário e tributação do lucro real», in *Ciência e Técnica Fiscal*, n° 377, Lisboa, CEF.

SANCHES, J. L. Saldanha (1995b) – «A quantificação da obrigação tributária – deveres de cooperação, autoavaliação e avaliação administrativa», in *Cadernos de CTF*, n° 173, Lisboa, CEF.

SANCHES, J. L. Saldanha (1996a) – «A interpretação da lei fiscal e o abuso de direito», in *Fisco*, n°. 74/75, Lisboa, Edifisco, pp. 99ss.

SANCHES, J. L. Saldanha (1996b) – «Alargamento da base tributária e gestão fiscal», in *Ciência e Técnica Fiscal*, n° 381, Lisboa, CEF, pp. 151ss.

SANCHES, J. L. Saldanha (1997) – «Sistema fiscal, reforma fiscal: que evolução?», in *Fisco*, n° 82/83, Lisboa, Edifisco.

SANCHES, J. L. Saldanha (1998) – *Manual de Direito Fiscal*, Lisboa, Lex.

SANCHES, J. L. Saldanha (2000a) – *Estudos de direito contabilístico e fiscal*, Coimbra, Coimbra Editora.

SANCHES, J. L. Saldanha (2000b) – «Um direito do contribuinte à tributação indirecta», in *Fiscalidade*, n° 2, Lisboa, ISG.

SANCHES, J. L. Saldanha (2000c) – «Abuso de direito em matéria fiscal: natureza, alcance e limites», in *Ciência e Técnica Fiscal*, n° 398, Lisboa, CEF, pp. 9ss.

SACCHETTO, Claudio (1994) – «L'imposta sul reddito delle persone giuridiche», in *Trattato di Diritto Tributario (dir. da A. Amatucci)*, vol. IV, I parte, Cap. XLI, Padova, Cedam.

SANDULLI, A. (1978) – «Evasione fiscale e processo penale (profili costituzionali)», in *Rivista di diritto finanziario e scienza delle finanze*, Anno XXXVII, vol. XXXVII – Parte I, Milano, Giuffrè, pp. 576-581.

SANTOS, António C. & PALMA, Clotilde (1999) – «A regulação internacional da concorrência fiscal prejudicial», in *Ciência e Técnica Fiscal*, n° 395, Lisboa, CEF, pp. 7ss.

SANTOS, J. Albano (1997) – «Os sistemas fiscais: análise normativa», in *Ciência e Técnica Fiscal*, n° 388, Lisboa, CEF, pp. 9ss.

SANTOS, J. C. Gomes (1989) – «Reforma fiscal, taxas de tributação das empresas e beneficios fiscais, alguns dados de carácter empírico», in *Ciência e Técnica Fiscal*, n° 354, Lisboa, CEF, pp. 94ss.

SANTOS, J. C. Gomes (1990) – «Atenuação da dupla tributação ou beneficio fiscal», in *Fisco*, n° 23, Lisboa, Edifisco.

SANTOS, J. C. Gomes (1993) – «Principais tendências de convergência nos sistemas fiscais dos países comunitários – uma perspectiva quantificada», in *Colóquio sobre a internacionalização da economia e fiscalidade – XXX aniversário CEF*, Lisboa, CEF.

SANTOS, J. Cardoso dos & Fernandes, F. Pinto (1993a) – *Estatuto dos benefícios fiscais – anotado e comentado*, Lisboa, Rei dos Livros.

SANTOS, J. Cardoso dos & Fernandes, F. Pinto (1993b) – *Código do Imposto sobre o rendimento das pessoas colectivas – anotado e comentado*, Lisboa, Rei dos Livros.

SARS, Francisco X. (1983) – «La transparencia fiscal en los impuestos sobre socie-dades y sobre la renta de las personas fisicas», in *Estudios del impuesto sobre sociedades*, Barcelona, MBCIFT/IEF, pp. 329ss.

SASTRE, R. (1977) – «Grupos de empresas», in *Revista española de financiación y contabilidad*, n° 20/21, pp. 161ss.

SCHENKER, Urs & KOCH, Hans (1995) – «Group taxation for VAT purposes in Switzerland», in *Intertax*, n° 8/9, pp. 444ss.

SCHICK, Walter (1994) – «Il procedimento nel dirritto tributario», in *Trattato di Diritto Tributario (dir. da A. Amatucci)*, vol. III, I parte, Cap. XXXI, Padova, Cedam.

SCHNEIDER, Uwe (1985) – «La disciplina del finanziamento nel konzern», in *Rivista delle Società*, anno 30, pp. 995ss

SEERLOTEN, P. (1997) – «Droit fiscal des affaires», in *Traité de Droit Commercial (dir. Ripert & Roblot)* – tome 3, 5ª Ed., Paris, LGDJ.

SEERLOTEN, P. (1999) – *Droit fiscal des affaires*, Paris, Dalloz.

SILVA, Catarina (1997) – «Os grupos bancários no regime geral das instituiçõs de crédito e sociedades financeiras», in *Revista da Ordem dos Advogados*, ano 57, pp. 1043ss.

SILVA, Fernando (1986) – «Das relações intersocietárias (sociedades coligadas)», in *Revista do Notariado*, n° 4, pp. 489ss.

SILVA, Isabel M. (1999) – «A responsabilidade tributária dos corpos sociais», in *Problemas fundamentais do direito tributário (Dir. D. Leite de Campos)*, Lisboa, Vislis ed.

SILVA, Isabel M. (2000) – *A responsabilidade fiscal penal cumulativa das sociedades e dos seus administradores e representantes*, Lisboa, UCP.

SIMONI, A. (1997) – «Gruppi di imprese e Dual Income Tax: una difficile convivenza», in *Diritto e Pratica Tributaria*, Parte I, Padova, CEDAM, pp. 888ss.

SIMS, Bernard (1972) – «The groups of companies in the UK tax system», *in Les groupes de sociétés – Seminaire organizé à Liège*, La Haye, Martins Nijhoff.

SNOWDEN, David (1994) – «A comparison of european holding companies», in *Eurepean Taxation*, Vol. 34, n° 3 pp. 139ss.

SOUSA, A.J. (1997) – *Infracções fiscais não aduaneiras* – 3ª ed. anotada e comentada, Coimbra, Almedina.

SOUSA, A. J. & PAIXÃO, J. (1998), *Código de Processo Tributário Comentado e Anotado*, Coimbra, Almedina.

SOUSA, A. J. & PAIXÃO, J. (2000), *Código de procedimento e de processo tributário – Comentado e Anotado*, Coimbra, Almedina.

SPOLIDORO, Marco (1986) – «Tutela dei soci della capogruppo in Germania (con un sguardo all'Italia)», in *Rivista delle Società*, anno 31, pp. 1299ss.

DI STEFANO, V. (1986) – «Il grupo di società e normativa fiscale», in *Il Fisco*, n° 25, pp. 3952ss.

TAMARINDO, E. (1995) – «Caratteristiche principalli dell´ordinamento tributario della Republica Federale Tedesca», in *Diritto e Pratica Tributaria*, Parte I, pp. 888ss.

TAVARES, Tomás M. C. de Castro (1999) – «Da relação de dependência parcial entre a Contabilidade e o Direito Fiscal na determinação do rendimento tributável das pessoas colectivas: algumas reflexões ao nível dos Custos», in *Ciência e Técnica Fiscal*, n.º 396, Lisboa, CEF, pp. 1 a 177.

TEIXEIRA, Braz (1986) – *Princípios de direito fiscal*, Coimbra. Almedina.

TEIXEIRA, Glória (1998) – *O sistema fiscal português. A tributação do rendimento*, Coimbra.

TEIXEIRA, Glória (2000) – «Corporation tax systems in the EU», in *Fiscalidade*, n.º 2, Lisboa, ISG.

TIPKE, K. (1984) – «Princípio de igualdade e ideia de sistema no direito tributário», in *Direito tributário – Estudos em homenagem ao Prof. Ruy Barbosa Nogueira (dir. B Machado)*, São Paulo, Saraiva, pp. 517ss.

TIXIER, G. & GEST, G. (1976) – *Droit Fiscal*, Paris, LGDJ.

UCKMAR, Victor (1996) – «Gruppi e disciplina fiscale», in *Diritto e Pràtica Tributaria*, Parte I, pp. 3ss.

UNIÃO EUROPEIA (1985) – «I gruppi nella CEE: lavori sulla direttiva», in *Rivista delle Società*, anno 3, pp. 1040ss.

UNIÃO EUROPEIA (1998) – *Tax competition and co-ordination of tax policy in the U.E*, Conference Procedings, Viena 13,13/7/98, Viena.

VALCAREL, Eugene (1977) – «Consederaciones criticas en torno a los possibeles esquemas de tributación de los grupos de sociedades», in *Revista de Derecho Financiero e Hacienda Pública*, n.º 128, pp. 501ss.

VALCAREL, Eugene (1994) – «L'eguaglianza», *Trattato di Diritto Tributario (dir. da A. Amatucci)*, Vol. I, II parte, Cap. VIII, Padova, Cedam.

VALE, Mª. L. Correia (1972) – «Critérios de imputação de receitas e despesas entre sociedades interdependentes em diferentes países quer sejam parte em Convenções Internacionais sobre dupla tributação, quer o não sejam», in *Ciência e Técnica Fiscal*, n.º 162, Lisboa, CEF, pp. 7ss.

VALENTE, P. Giogio (1997) – «Profilli fiscale delle international holding companies», in *Diritto e Pratica Tributaria*, Parte III, pp. 20ss.

VALKENBRUNG, Koos (1995) – «Holding structures and exemptions from capital duty», in *European Taxtion*, vol. 35, n.º 6, pp. 170ss.

Valverde, Carlos C. (1976) – «Los problemas tributários del grupo de sociedades como unidad», in *Revista española de financiación y contabilidad*, n.º 25, pp. 355ss.

VANETTI, Carlo (1980) – «La resposabilitá della capogruppo in Ingilterra», in *Rivista delle Società*, anno 25, pp. 1089ss.

VANDERMEER, J. (1994) – «Il regime tributario delle societá holding nell'ordinamento Olandese», in *Diritto e Pratica Tributaria*, Parte I, pp. 995ss.

VASQUES, Ségio (2000), «A responsabilidade dos gestores na Lei Geral Tributária», in *Fiscalidade*, n.º 1, Lisboa, ISG.

VENTURA, R. (1979) – «Participações dominantes: alguns aspectos do domínio de sociedades por sociedades», in *Revista da Ordem dos Advogados*, ano 39, p. 5.

VENTURA, R. (1980) – «Participações unilaterais de sociedades em sociedades e sociedades gestoras de participações sociais», in *Scientia Iuridica*, Tomo XXIX, p. 19-101.

VENTURA, R. (1981) – «Grupos de sociedades – uma introdução comparativa a propósito de um projecto preliminar de directiva da CEE», in *Revista da Ordem dos Advogados*, ano 41, nos I e II.

VENTURA, R. (1990) – *Fusão, cisão, transformação de sociedades – comentário ao código das sociedades comerciais*, Coimbra, Almedina.

VENTURA, R. (1994) – «Contrato de subordinação», in *Novos Estudos sobre Sociedades anónimas e sociedades em nome colectivo*, Coimbra, Almedina.

VILLEGIER, Raymond (1992) – *L'intégration fiscale des groupes de sociétés, systèmes, droit fiscal*, Paris, LGDJ.

DE VITTA, A. (1992) – «Il bilancio consolidato dei gruppi multinazionali», in *Le Società*, n° 2, pp. 190ss.

XAVIER, A. Lobo (2000) – «Preços de transferência no sector financeiro», in *Ciência e Técnica Fiscal*, n° 398, Lisboa, CEF, pp. 71ss.

XAVIER, A. P.(1971) – «O negócio indirecto em direito fiscal», in *Ciência e Técnica Fiscal*, n° 147, Lisboa, CEF, pp. 7-50.

XAVIER, A. P. (1974) – *Manual de Direito Fiscal*, Lisboa, Manuais da Faculdade de Direito de Lisboa.

XAVIER, A. P.(1993) – Direito Tributário Internacional, Coimbra, Almedina.

WREDE, M. (1997) – «Vertical and horizontal tax competition», in *Finanz – Archiv*, n° 53-3/4, pp. 461ss.

ZOLNER, W. (1978) – «Il concetto di impresa nel diritto tedesco dei gruppi», in *Rivista delle Società*, anno 33, pp. 1ss.

15. Índice

1. Introdução 11

2. Os grupos de sociedades e o direito – uma relação difícil 13

3. Fundamentos fiscais e extra-fiscais da tributação conjunta do *grupo de sociedades* em sede de imposto sobre o rendimento 45

4. Diferentes regimes de tributação conjunta dos grupos de sociedades em sede de imposto sobre o rendimento. A opção pelo RTLC 61

5. Noção de *grupo de sociedades fiscalmente elegível* para efeitos de tributação conjunta em sede de imposto sobre o rendimento 71

6. A estrutura da relação jurídico-fiscal decorrente da tributação dos grupos de sociedades pelo RTLC 85

7. Procedimento de liquidação e cobrança aplicável em sede de RTLC 129

8. Cessação da tributação, saída de sociedades do perímetro de integração e operações de reestruturação no grupo de sociedades tributado pelo RTLC. 167

9. Apuramento do *lucro tributável* do grupo de sociedades em sede de RTLC 187

10. As infracções fiscais não aduaneiras e o *grupo de sociedades* tributado pelo RTLC: a necessidade da definição de um regime específico 203

11. Procedimento de inspecção e aplicação de métodos indirectos ao *grupo de sociedades* tributado pelo RTLC 225

12. Conclusão 245

13. Principal bibliografia consultada 247

15. Índice 269